AUDITORIA TRABALHISTA E PREVIDENCIÁRIA

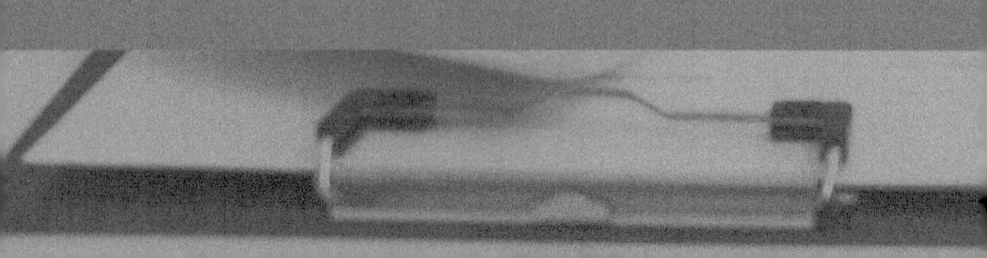

inter
saberes

AUDITORIA TRABALHISTA E PREVIDENCIÁRIA

LUIZ ANTÔNIO MEDEIROS DE ARAÚJO

intersaberes

Rua Clara Vendramin, 58 . Mossunguê . CEP 81200-170
Curitiba . PR . Brasil . Fone: (41) 2106-4170
www.intersaberes.com
editora@intersaberes.com

Conselho editorial
Dr. Ivo José Both (presidente)
Dr.ª Elena Godoy
Dr. Neri dos Santos
Dr. Ulf Gregor Baranow

Editora-chefe
Lindsay Azambuja

Gerente editorial
Ariadne Nunes Wenger

Assistente editorial
Daniela Viroli Pereira Pinto

Preparação de originais
Gilberto Girardello Filho

Edição de texto
Letra & Língua
Larissa Carolina de Andrade

Capa
Débora Gipiela (*design*)
Dean Drobot e SizeSquares/
Shutterstock (imagens)

Projeto gráfico
Laís Galvão dos Santos
nBhutinat/Shutterstock (imagens)

Diagramação
Débora Gipiela

Iconografia
Regina Claudia Cruz Prestes

Dados Internacionais de Catalogação na Publicação (CIP)
(Câmara Brasileira do Livro, SP, Brasil)

Araújo, Luiz Antônio Medeiros de
　Auditoria trabalhista e previdenciária/Luiz Antônio Medeiros de Araújo. Curitiba: InterSaberes, 2021.

　　Bibliografia
　　ISBN 978-65-5517-898-2

　　1. Fiscais (Previdência social) 2. Previdência social 3. Trabalho – Inspeção – Legislação – Brasil I. Título.

20-52796　　　　　　　　　　　　CDU-34:331.94(81)

Índice para catálogo sistemático:
1. Brasil: Auditoria trabalhista:
　　Direito do trabalho 34:331.94(81)

Cibele Maria Dias – Bibliotecária – CRB-8/9427

1ª edição, 2021.
Foi feito o depósito legal.

Informamos que é de inteira responsabilidade do autor a emissão de conceitos. Nenhuma parte desta publicação poderá ser reproduzida por qualquer meio ou forma sem a prévia autorização da Editora InterSaberes. A violação dos direitos autorais é crime estabelecido na Lei n. 9.610/1998 e punido pelo art. 184 do Código Penal.

SUMÁRIO

Prefácio, 11
Apresentação, 12

Parte 1 – Introdução, 14

Capítulo 1
Conceito de auditoria, 16

Capítulo 2
Tipos de auditoria, 20

2.1 Auditoria trabalhista e previdenciária, 24

Capítulo 3
Habilitação técnica do auditor, 26

Capítulo 4
Programa de auditoria, 32

4.1 Planejamento da auditoria, 35

4.2 Procedimentos em auditoria, 35
4.3 Roteiros de auditoria, 37

Capítulo 5
Desenvolvimento dos trabalhos em auditoria trabalhista e previdenciária, 40

Parte 2 – Objetos da auditoria trabalhista e previdenciária, 44

Capítulo 6
Auditoria em administração de pessoal, 46

6.1 Efeitos da pandemia da covid-19 sobre as relações do trabalho, 49

Capítulo 7
Procedimentos na admissão, 52

7.1 Exigência de experiência profissional superior à permitida, 55
7.2 Exigência de atestado de gravidez ou de esterilização, 56
7.3 Exigência de nada consta no SPC/Serasa, 57
7.4 Exigência de atestado de antecedentes criminais, 58
7.5 Opção ou não pelo vale-transporte, 59
7.6 Declaração de múltiplos vínculos, 60
7.7 Documentação relativa a salário-família, 62
7.8 Declaração de existência ou inexistência de dependentes para fins de dedução no imposto de renda, 63
7.9 Existência de norma coletiva aplicável, 64

Capítulo 8
Contrato de trabalho, 66

8.1 Observância de idade mínima para o trabalho e de atividades proibidas para pessoas com idade inferior a 18 anos, 69

8.2 Formalização da contração de empregados, 70
8.3 Disposições relativas a contrato por prazo determinado, 73
8.4 Alteração contratual, 76
8.5 Contrato em tempo parcial, 78
8.6 Equiparação salarial, 79

Capítulo 9
Jornada de trabalho, descanso e controle de ponto, 80

9.1 Observância dos limites legais de jornada normal, 83
9.2 Prorrogação de jornada, 86
9.3 Compensação de jornada, 93
9.4 Concessão de intervalo intrajornada, 95
9.5 Concessão de intervalo interjornadas, 99
9.6 Outros intervalos, 100
9.7 Concessão de pausas, 101
9.8 Turno ininterrupto de revezamento, 104
9.9 Trabalho noturno, 106
9.10 Concessão de descanso semanal, 110
9.11 Concessão de folga em feriado, 114
9.12 Consequência do trabalho em domingo ou feriado, 115
9.13 Trabalhadores excluídos do capítulo de jornada de trabalho, 117
9.14 Controle de ponto, 124
9.15 Jornadas especiais, 128
9.16 Jornada 12 × 36, 130

Capítulo 10
Férias, 134

10.1 Observância de período aquisitivo, 137
10.2 Concessão das férias, 138
10.3 Abono pecuniário, 146
10.4 Férias coletivas, 147
10.5 Hipóteses de perda do direito às férias, 150

Capítulo 11
Décimo terceiro salário, 152

Capítulo 12
Procedimentos na folha de pagamento, 158

12.1 Elaboração da folha de pagamento, 162
12.2 Descontos salariais, 187
12.3 Observância do prazo legal para pagamento, 197
12.4 Formalização do recibo de pagamento de salário, 198

Capítulo 13
Encargos sobre a folha de pagamento, 202

13.1 Fundo de Garantia do Tempo de Serviço (FGTS), 205
13.2 Contribuição previdenciária, 212

Capítulo 14
Rescisão contratual, 222

14.1 Aviso-prévio, 225
14.2 Rescisão de contrato por acordo entre as partes, 230
14.3 Incidências fundiárias e tributárias, 231
14.4 Cálculos das verbas, 232
14.5 Descontos rescisórios, 241
14.6 Termo de rescisão e formalização da rescisão, 244
14.7 Recolhimento do FGTS, 248
14.8 Observância de garantia de emprego ou estabilidade, 249
14.9 Aposentadorias, 255

Capítulo 15
Outras formas de contratação de trabalhadores, 260

15.1 Trabalho autônomo, 263
15.2 Estagiários, 264
15.3 Trabalho intermitente, 266
15.4 Contrato verde e amarelo, 268
15.5 Terceirização e trabalho temporário, 268

Capítulo 16
Segurança e saúde no trabalho, 276

16.1 Elaboração de programas de SST, 279
16.2 Realização de exames médicos ocupacionais, 280
16.3 Fornecimento de Equipamentos de Proteção Individual (EPI), 282
16.4 Constituição de Comissão Interna de Prevenção de Acidentes (Cipa), 283
16.5 Constituição de Serviço Especializado em Engenharia de Segurança e em Medicina do Trabalho (SESMT), 286
16.6 Comunicação de acidente de trabalho (CAT), 287
16.7 Gestão de afastamentos motivados por doença ou acidente, 289

Capítulo 17
Outras obrigações trabalhistas e previdenciárias, 292

17.1 Cumprimento de cota de contratação de aprendiz, 295
17.2 Cumprimento de cota de contratação de pessoa com deficiência (PCD), 297
17.3 Trabalho da mulher, 298
17.4 Vale-transporte, 302
17.5 Alimentação, 304
17.6 Educação, 306
17.7 Assistência à saúde, 307
17.8 Observância de legislação relativa a profissões regulamentadas, 309
17.9 Constituição de comissão de representantes de empregados, 310

Capítulo 18
Auditoria trabalhista e previdenciária e a implantação do eSocial, 312

18.1 Saneamento de cadastros, 315
18.2 Substituição de obrigações, 316
18.3 Possibilidades de malhas trabalhistas e previdenciárias, 320

Parte 3 – Realização da auditoria, 322

Capítulo 19
Papéis de trabalho, 324

19.1 Elaboração e revisão dos papéis de trabalho, 327

Capítulo 20
Relatório de auditoria, 330

Parte 4 – Desdobramentos da auditoria trabalhista e previdenciária, 334

Capítulo 21
Planejamento das correções (cronograma de ações) e aperfeiçoamento dos controles internos, 336

21.1 *Compliance* relativo à auditoria trabalhista e previdenciária, 339

Considerações finais, 342
Lista de siglas, 344
Referências, 348
Apêndice, 370
Sobre o autor, 398

Ao prefaciar esta obra do Prof. Luiz Medeiros, corro o risco da suspeição. Mas, esse risco, vale a pena. Ao folhear este livro, mesmo que rapidamente, o leitor constatará a veracidade de minhas palavras.

A admiração que tenho pelo autor decorre de meu testemunho de sua valiosa contribuição à Inspeção do Trabalho em quase trinta anos de profissão. Como parceiro na coordenação de cursos de pós graduação, tenho a preciosa oportunidade de desfrutar da materialização de sua vocação para compartilhar conhecimentos.

Em que pese sua incansável dedicação ao estudo, nunca foi dado a discussões doutrinárias. É de fácil constatação que sua obra está muito mais perto do "chão da fábrica", que das salas de aula da academia. Medeiros nos ensina que o Direito deve ser aplicado com segurança e justiça.

Este livro, muito além de uma exposição das ideias de seu autor, se afigura como um valioso instrumento de trabalho para aquele que quer e precisa interpretar e aplicar a norma trabalhista de maneira segura e correta.

O Prof. Luiz não direciona o leitor por caminhos desconhecidos ou pouco iluminados. Antes, mostra que, na lida com o direito do trabalhador, não cabe ao intérprete experimentar fórmulas mágicas, as quais, muitas vezes, geram apenas economia de palitos.

Sem dúvida, trata-se de um livro de grande contribuição à Auditoria Trabalhista. O autor transpõe os muros da Inspeção do Trabalho e, com isso, oportuniza que o profissional do direito conheça a visão daquele que, ao fim e ao cabo, verifica a conformidade do trabalho dos que militam na área trabalhista.

José Alberto Maia
Auditor-Fiscal do Trabalho e Membro titular e coordenador do Comitê Gestor do eSocial do Ministério da Economia

APRESENTAÇÃO

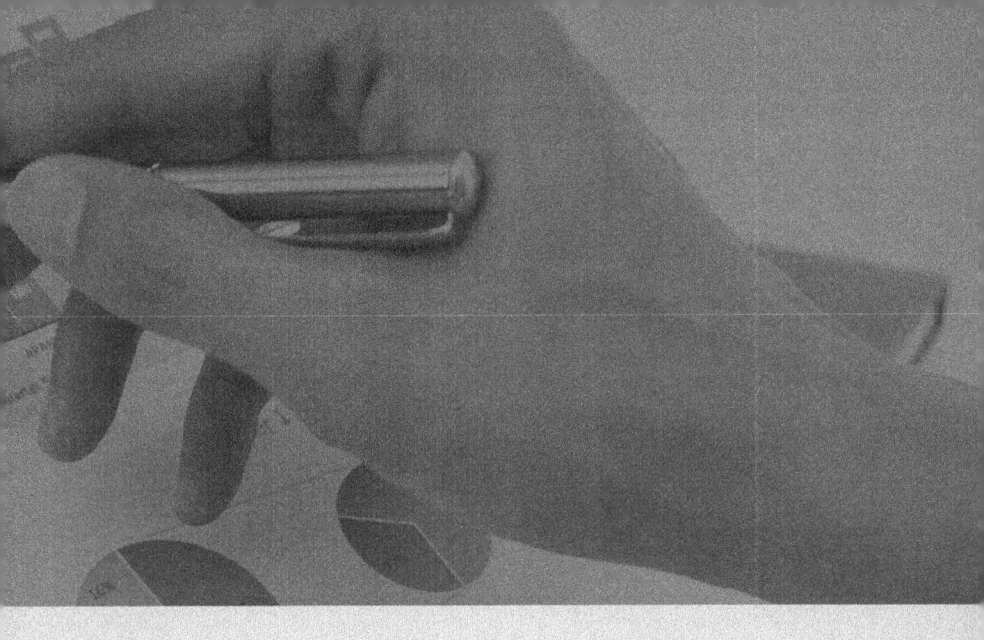

Uma atividade que vem ganhando importância na área trabalhista nos últimos anos é a auditoria trabalhista e previdenciária, motivada pela necessidade de as empresas atuarem preventivamente na identificação de eventuais desconformidades para prevenir a formação de passivos e autuações administrativos.

Para o exercício dessa atividade, é exigido do profissional que a executa um profundo conhecimento tanto das técnicas e dos procedimentos relativos à auditoria quanto das legislações trabalhistas e previdenciárias, sobretudo no que se refere à aplicação prática pelos profissionais de departamento de pessoal e recursos humanos.

Sob essa ótica, elaboramos esta obra com o intuito de oferecer aos interessados no tema aspectos relacionados aos dois campos ora mencionados, abordando de forma clara e simples os cuidados que os auditores devem tomar quando da realização de seu trabalho, com o objetivo de identificar eventuais desconformidades existentes. Além disso, reunimos aqui aspectos relacionados à realização do trabalho, desde o planejamento da auditoria até a elaboração do correspondente relatório de auditoria.

Esperamos que este material contribua de forma efetiva para os que se dedicam ao exercício da auditoria trabalhista e previdenciária.

PARTE 1

INTRODUÇÃO

CONCEITO DE AUDITORIA

1

A partir da expansão das empresas, que deixaram de pertencer somente a grupos familiares, tornou-se necessária, muitas vezes, a obtenção de recursos externos para seu financiamento. O mercado, por sua vez, visando à segurança dos investidores, exigiu que suas demonstrações contábeis fossem submetidas a exame de especialistas, com o objetivo de verificar se elas, efetivamente, refletiam as verdadeiras situações patrimoniais. Essa é uma das razões do surgimento da auditoria contábil.

O item 3 da Resolução n. 1.203, de 27 de novembro de 2009, do Conselho Federal de Contabilidade (CFC), estabelece que o objetivo da auditoria de demonstrações contábeis é

> aumentar o grau de confiança nas demonstrações contábeis por parte dos usuários. Isso é alcançado mediante a expressão de uma opinião pelo auditor sobre se as demonstrações contábeis foram elaboradas, em todos os aspectos relevantes, em conformidade com uma estrutura de relatório financeiro aplicável. No caso da maioria das estruturas conceituais para fins gerais, essa opinião expressa se as demonstrações contábeis estão apresentadas adequadamente, em todos os aspectos relevantes, em conformidade com a estrutura de relatório financeiro. (CFC, 2009)

Por sua vez, o item 12.1.1.3 da Resolução n. 986, de 2003, do CFC conceitua auditoria interna nos seguintes termos:

> A Auditoria Interna compreende os exames, análises, avaliações, levantamentos e comprovações, metodologicamente estruturados para a avaliação da integridade, adequação, eficácia, eficiência e economicidade dos processos, dos sistemas de informações e de controles internos integrados ao ambiente, e de gerenciamento de riscos, com vistas a assistir a administração da entidade no cumprimento de seus objetivos. (CFC, 2003)

Esses são, portanto, os contornos gerais da auditoria. Nos próximos capítulos, abordaremos com mais detalhes as questões específicas da auditoria trabalhista e previdenciária.

TIPOS DE AUDITORIA

2

Podemos classificar os tipos de auditoria adotando diversas formas: uma delas é levando em conta a origem dos auditores: externa ou interna.

Na auditoria externa, ou independente, o trabalho é realizado por empresa ou por profissional de auditoria contratada. Já a auditoria interna é realizada por empregado(s) da empresa.

Outra possibilidade é considerando o objeto da auditoria: auditoria contábil, trabalhista e previdenciária, médica etc.

A auditoria contábil visa, na maioria das vezes, emitir parecer sobre a situação de determinada empresa, mediante o exame de suas demonstrações contábeis. Tal auditoria pode ter a missão de cumprir as exigências contidas, por exemplo, na Lei das Sociedades por Ação ou imposta por empresas, bancos ou investidores com os quais pretende estabelecer relações negociais.

Já a auditoria trabalhista e previdenciária pode ter por objetivo a simples verificação, a pedido do próprio empregador, se ele cumpre com todas as disposições legais atinentes e decorrentes da contratação de mão de obra, prevenindo a formação de passivos trabalhistas e previdenciários e a ocorrência de autuações pelos órgãos fiscalizadores. Também pode ter objetivos mais amplos.

Há, ainda, a auditoria fiscal trabalhista, vinculada à Secretaria do Trabalho do Ministério da Economia. Essa auditoria encontra respaldo no inciso XXIV do art. 21 da Constituição Federal (Brasil, 1988b), na Convenção n. 81 da Organização Internacional do Trabalho (OIT, 1947), na própria Consolidação das Leis Trabalhistas (Brasil, 1943), na Lei n. 10.593, de 6 de dezembro de 2002 (Brasil, 2002c), e no Regulamento da Inspeção do Trabalho, instituído pelo Decreto n. 4.552, de 27 de dezembro de 2002 (Brasil, 2002a). A auditoria fiscal do trabalho é realizada por servidores públicos federais, ocupantes do cargo de auditor-fiscal do trabalho, a quem compete a fiscalização do cumprimento da legislação trabalhista. Constatado descumprimento dessa legislação por parte de algum empregador, é lavrado auto de infração com o fim de, após a tramitação do devido processo administrativo, quando for o caso, ser imposta multa administrativa ao empregador.

Portanto, a auditoria-fiscal do trabalho difere da auditoria trabalhista privada, entre outros parâmetros, pelo seu objetivo e pelos profissionais que a realizam. Registramos que o objeto de estudo deste livro é a auditoria trabalhista e previdenciária privada.

2.1 Auditoria trabalhista e previdenciária

Podemos conceituar *auditoria trabalhista e previdenciária* como um conjunto de ações, compreendendo exames e análises acerca de procedimentos e documentação relacionados à utilização e contratação de mão de obra, visando identificar o nível de cumprimento das legislações trabalhistas e previdenciárias e, quando for o caso, apontar as ações que devem ser desenvolvidas para a correção das desconformidades detectadas.

Na maioria das vezes, essa auditoria não tem o objetivo de apontar responsáveis por eventuais descumprimentos, mas sim de apresentar soluções e medidas a serem adotadas com vistas a resolver os problemas encontrados.

Os resultados de uma auditoria trabalhista e previdenciária podem significar a prevenção de passivos, de autuações administrativas etc.

HABILITAÇÃO TÉCNICA DO AUDITOR

3

A habilitação técnica do auditor depende do objeto da auditoria. Em se tratando de uma auditoria contábil, no Brasil, a Lei n. 6.404, de 15 de dezembro de 1976 (Lei das Sociedades por Ações) estabelece, em seu art. 177, parágrafo 3º, que "as demonstrações financeiras das companhias abertas observarão, ainda, as normas expedidas pela Comissão de Valores Mobiliários (CVM) e serão obrigatoriamente submetidas a auditoria por auditores independentes nela registrados" (Brasil, 1976).

A Resolução n. 308, 14 de maio de 1999, da Comissão de Valores Mobiliários (CVM) dispõe que, para a realização de auditoria contábil que vise ao cumprimento do dispositivo na Lei n. 6.404/1976, faz-se necessário que o profissional ou a empresa que vão realizar a auditoria estejam devidamente registrados na CVM. Para isso, é condição que ele seja registrado como contador ou, em caso de ser empresa, que ela tenha todos seus sócios registrados como contadores (Brasil, 1999a).

No caso de uma auditoria trabalhista e previdenciária, em regra, não se faz necessário o registro na CVM e, dependendo do objetivo da auditoria, tampouco o registro do profissional em órgão de classe. Certamente, o objeto de uma auditoria trabalhista pode abranger não só o exame da conformidade perante a legislação trabalhista e previdenciária, mas também envolver o confronto com a documentação e os lançamentos contábeis realizados. Nesse caso, faz-se necessário que o profissional detenha a qualificação necessária e o registro como contador.

Não sendo esse caso, ou seja, sendo o objeto da auditoria trabalhista e previdenciária apenas verificar se o empregador está regular quanto ao cumprimento das legislações trabalhista e previdenciária, o que se exige do profissional para o desempenho do trabalho é que ele detenha os conhecimentos acerca dessas legislações e domine as diversas hipóteses de suas aplicações. Um contador pode deter os requisitos necessários ao exercício dessa atividade, mas outros profissionais também podem reunir as condições, como advogado, administrador etc.

O auditor precisa ter profundo conhecimento sobre a matéria objeto da auditoria e, portanto, dependendo desse objeto e do nível de profundidade de uma auditoria trabalhista e previdenciária, é possível que seja necessária uma equipe multidisciplinar para a realização do trabalho.

Aliado ao conhecimento técnico sobre a matéria objeto da auditoria, é necessário que o auditor conheça as técnicas de auditoria. O conhecimento dessas técnicas ajudará o auditor em seu trabalho, tanto na realização da auditoria em si quanto para contornar eventuais desafios surgidos durante os trabalhos, como a falta de confiança dos empregados do empregador auditado, por exemplo.

Segundo Gonçalves (2006, p. 13), "os auditores necessitam obter a confiança dos clientes e dos auditados sobre sua imparcialidade e justiça no julgamento das evidências". Não há como negar que essa conquista depende muito da boa utilização das técnicas de auditoria.

Outra dificuldade que pode existir é com relação à obtenção da documentação necessária à realização da auditoria. Por isso, é importante que o auditor tenha um bom planejamento acerca dos procedimentos de solicitação da documentação, com a devida antecedência, quando possível, a fim de que os trabalhos não tenham problema em seu andamento.

PROGRAMA DE AUDITORIA

4

Um programa de auditoria deve abranger desde o planejamento até os procedimentos a serem adotados na execução dos trabalhos, com o objetivo de que eles possibilitem os melhores resultados possíveis.

4.1 Planejamento da auditoria

O planejamento da auditoria deve englobar todas as etapas, fases e cuidados que devem ser adotados durante a realização da auditoria, a fim de que ela obtenha o resultado esperado.

Esse planejamento abrange o dimensionamento do número de horas exigido e da quantidade de pessoas envolvidas no desenvolvimento do trabalho de auditoria. E é com base nesse dimensionamento que o auditor externo vai preparar sua proposta de preço para a realização dos trabalhos de auditoria.

4.2 Procedimentos em auditoria

Attie (2009) lista vários procedimentos de auditoria: exame físico, confirmação, exame de documentos originais, conferência de cálculos, exame da escrituração, investigação minuciosa, inquérito, exame dos registros auxiliares, correlação das informações obtidas e observação.

Destacamos, a seguir, os que consideramos aplicáveis aos trabalhos de auditoria trabalhista e previdenciária, que não demandam confronto com os documentos e livros contábeis:

- **Exame físico**: envolve a visita aos estabelecimentos e aos setores do empregador auditado, visando identificar situações que dificilmente seriam constatadas apenas por meio de simples exame de documentos.

- **Exame de documentos originais:** ao auditor cabe o exame de documentos originais importantes para verificar se refletem a realidade, por exemplo: recibos de pagamento de salários, guias de recolhimento de tributos autenticadas etc. Se possível, a auditoria deve abranger também, no caso de guias de recolhimento, consulta a extratos perante os órgãos responsáveis pela arrecadação, com vistas a verificar se realmente as guias autenticadas foram devidamente processadas em seus bancos de dados.
- **Conferência de cálculos:** é importante para averiguar se os procedimentos adotados pelos sistemas utilizados pelo empregador auditado estão em conformidade com o que determina a legislação trabalhista, considerando, ainda, a jurisprudência dominante sobre a matéria, a fim de identificar eventuais falhas nos cálculos, visando à adoção de medidas corretivas.
- **Inquérito:** a auditoria deve envolver a fase de entrevistas com diversas pessoas envolvidas no desenvolvimento das rotinas trabalhistas e previdenciárias e também de trabalhadores. Tal procedimento é de suma relevância para a detecção de eventuais desvios de conduta existentes na organização.
- **Observação:** o trabalho de auditoria pode envolver a fase de observação, que consiste na realização de verificações a fim de identificar se os procedimentos adotados pelos setores encarregados das práticas das rotinas estão em conformidade com as normas atinentes à matéria.

Aos procedimentos descritos por Attie (2009), acrescentamos a entrevista inicial, elemento fundamental na auditoria trabalhista e previdenciária, destacada no tópico a seguir.

4.2.1 Entrevista inicial

Uma importante etapa no trabalho da auditoria trabalhista e previdenciária é a entrevista inicial, a fim de que seja conhecido o real objetivo da auditoria. Ela deve acontecer com o representante do empregador contratante, bem como com profissionais de todos os setores envolvidos, sobretudo do departamento de recursos humanos e do departamento de pessoal. Mas deve envolver, também, os demais setores do empregador, que tangenciam as relações trabalhistas, a exemplo do setor de segurança e saúde, quando existente, e dos representantes dos setores que utilizam mão de obra.

Nessa entrevista, o auditor tenta identificar possíveis pontos frágeis do empregador, para uma posterior verificação mais detida no exame da documentação. Por fim, no processo de entrevistas, o auditor não deve deixar de entrevistar empregados do empregador, de diversos setores, a fim de colher suas impressões acerca do funcionamento dos processos internos, visando identificar eventuais pontos que dificilmente ele identificaria apenas com um simples exame da documentação.

4.3 Roteiros de auditoria

A auditoria trabalhista e previdenciária deve ter seus trabalhos realizados pautados em roteiros de auditoria – uma espécie de *checklist* –, nos quais são apontados os procedimentos, os documentos e o que deve ser averiguado sobre cada item objeto da auditoria.

Adiante, na Parte 2 deste livro, apontaremos vários exemplos de roteiros aplicáveis a determinados itens a serem verificados em um trabalho de auditoria trabalhista e previdenciária.

4.3.1 Roteiro da solicitação de documentos

Um importante passo a ser adotado na realização dos trabalhos de auditoria é a solicitação de documentos aos diversos setores que os detêm. Um bom planejamento prévio desse passo facilitará o trabalho de realização, considerando que a obtenção dos documentos necessários poderá ser mais ágil se eles forem solicitados previamente e a quem realmente os detêm, eliminando solicitações sem sucesso.

O auditor deve formalizar um documento no qual relaciona a documentação que precisa lhe ser apresentada.

4.3.2 Montagem de roteiros

Demonstramos, no Apêndice deste livro, um exemplo de roteiro de solicitação e de verificação de documentos, destacando que os setores podem variar de acordo a organização de cada empregador. A indicação do número de um item ao final de cada ponto que pode ser verificado corresponde ao número da seção deste livro.

Os próprios nomes dos setores podem variar de empregador a empregador, como, por exemplo, o setor de pessoal pode ser chamado de *departamento pessoal*, *recursos humanos*, *RH* etc.

DESENVOLVIMENTO DOS TRABALHOS EM AUDITORIA TRABALHISTA E PREVIDENCIÁRIA

5

Os trabalhos da auditoria trabalhista e previdenciária começam com a entrevista inicial e passam, também, preferencialmente, por uma visita do auditor aos estabelecimentos do empregador auditado. Há certas situações que só podem ser identificadas com essa visita *in loco*, pois é o olho do auditor que pode constatar determinadas situações, como identificar trabalhadores que trabalham sem a devida formalização ou que não utilizam os Equipamentos de Proteção Individual (EPIs), por exemplo.

Certamente, é possível que, na primeira visita, o auditor talvez não consiga identificar algumas situações que demandam conhecimento técnico especializado. Assim, só após o exame da documentação do empregador é que ele terá condições de fazer essa identificação, o que poderá levar à necessidade de realização de uma ou mais visitas ao estabelecimento do empregador auditado e, também, de solicitação de documentação adicional.

Um importante passo para a realização dos trabalhos de auditoria é o mapeamento de todos os estabelecimentos do empregador auditado, pois é a partir dele que o auditor pode identificar a existência de Acordo Coletivo de Trabalho/Convenção Coletiva de Trabalho (ACT/CCT) aplicável a cada um desses estabelecimentos e verificar se há regras especiais constantes nesses instrumentos coletivos que devem ser observadas. Tal identificação é fundamental para os trabalhos de auditoria, pois é possível que alguma obrigação esteja sendo descumprida por algum estabelecimento do empregador auditado.

Após a visita, o trabalho deve continuar, dessa vez com o exame da documentação do empregador por meio de um minucioso exame, conforme descreveremos adiante. É bem verdade que nem sempre a auditoria trabalhista e previdenciária fará o exame de todos os itens que serão aqui elencados. Sua extensão dependerá do objeto da auditoria e da amplitude desejada. Uma importante ferramenta de trabalho de auditoria consiste no uso de papéis de trabalho.

Identificadas as desconformidades, o auditor consolida-as a fim de que, ao final dos trabalhos, possa elaborar seu relatório da auditoria.

PARTE 2

OBJETOS DA AUDITORIA TRABALHISTA E PREVIDENCIÁRIA

AUDITORIA EM ADMINISTRAÇÃO DE PESSOAL

6

A auditoria trabalhista e previdenciária pode ter por objetivo promover um diagnóstico acerca do nível de cumprimento das legislações atinentes à contratação de mão de obra, visando à prevenção de passivos trabalhistas e à ocorrência de autuações pelos órgãos fiscalizadores.

No entanto, ela pode também ocorrer com vistas a atender às exigências de empresas com as quais se pretende fazer negócios ou de instituições financeiras perante as quais se busca obter financiamentos, por exemplo.

A auditoria pode abranger não apenas as exigências contidas na legislação trabalhista, mas também envolver toda a legislação previdenciária aplicável à contratação de mão de obra. Por exemplo, as corretas incidências de contribuição previdenciária patronal, a obrigação de retenções previdenciárias na contratação de serviços mediante cessão de mão de obra ou o recolhimento do adicional de financiamento da aposentadoria especial, nos casos de trabalhadores expostos a condições que geram, para eles, o direito de pleitear essa aposentadoria.

Portanto, a auditoria trabalhista e previdenciária pode ser bastante ampla, o que, nesse caso, exige do auditor um vasto conhecimento de todas as legislações aplicáveis.

6.1 Efeitos da pandemia da covid-19 sobre as relações do trabalho

No ano de 2020, o Brasil e o mundo atravessaram uma pandemia causada pelo novo coronavírus, causador da doença covid-19. Para tentar barrar as infecções, os governos determinaram a suspensão das atividades de empresas que atuavam em diversos segmentos, a fim de que as pessoas ficassem em isolamento social, em suas próprias residências.

Isso causou vários impactos nas relações trabalhistas, forçando a edição de várias normas para regular tais relações durante esse período.

Portanto, em um eventual trabalho de auditoria que abranja o período da pandemia causada pelo novo coronavírus, o auditor deve levar em consideração, quando for o caso, as normas especiais que estavam vigentes à época. Neste livro, dentro de cada item impactado por uma dessa legislação especial, foi inserido um item intitulado "Efeitos da pandemia da covid-19", demonstrando as regras especiais aplicáveis.

PROCEDIMENTOS NA ADMISSÃO

7

Os trabalhos de auditoria nos procedimentos de admissão envolvem vários pontos, os quais demonstraremos a seguir.

7.1 Exigência de experiência profissional superior à permitida

É ilegal ser exigido do candidato que ele demonstre que tem experiência profissional superior a seis meses no cargo que pretende ocupar. Essa vedação está contida no art. 442-A da Consolidação das Leis do Trabalho – CLT (Brasil, 1943).

Procedimento na auditoria

Para a verificação da regularidade desse item, o auditor deve examinar os anúncios de emprego publicados pelo empregador auditado, visando identificar se neles há exigência de experiência superior à permitida. Para tanto, deve buscar se há uma pasta onde esses anúncios ficam arquivados ou identificar quais canais a empresa utiliza para fazer os anúncios, para analisá-los diretamente. É possível, também, que no dossiê do empregado esteja uma cópia do anúncio feito pela empresa.

Possíveis consequências

A violação a essa proibição pode sujeitar o empregador a ser autuado pela auditoria fiscal do trabalho com base no descumprimento do art. 442-A da CLT. Há, ainda, possibilidade de a empresa ser demandada judicialmente pelo trabalhador ou ser objeto de procedimento perante o Ministério Público do Trabalho em razão dessa desconformidade.

7.2 Exigência de atestado de gravidez ou de esterilização

O art. 373-A, inciso IV, da CLT (Brasil, 1943) proíbe que o empregador exija que a trabalhadora apresente atestado ou exame, de qualquer natureza, para a comprovação de esterilidade ou gravidez, na admissão ou para a permanência no emprego. Já o art. 2º da Lei n. 9.029, de 13 de abril de 1995, tipifica como crime do empregador a referida conduta (Brasil, 1995a).

Portanto, os empregadores não podem fazer essa exigência às mulheres no processo de admissão.

Procedimento na auditoria

Para a verificação da regularidade desse item, o auditor deve analisar se, na lista de documentos exigidos aos candidatos ao emprego, consta um desses itens proibidos.

Possíveis consequências

A violação a essa proibição pode sujeitar o empregador a ser autuado pela auditoria-fiscal do trabalho com base no descumprimento do art. 373-A, inciso IV, da CLT. Além disso, em razão da tipificação como crime, o empregador pode ser sujeito de ação penal, visando à punição pela ocorrência do crime.

7.3 Exigência de nada consta no SPC/Serasa

O art. 1º da Lei n. 9.029/1995, proíbe a adoção de qualquer prática discriminatória e limitativa para efeito de acesso à relação de trabalho ou de sua manutenção, por motivo de sexo, origem, raça, cor, estado civil, situação familiar, deficiência, reabilitação profissional, idade, entre outros, ressalvadas (Brasil, 1995a).

Apesar de não haver menção expressa a "nada consta" no SPC/Serasa, é possível a interpretação de que a menção a "entre outros" permite que se estenda para esse documento.

Há decisões judiciais exaradas em processos movidos pelo Ministério Público do Trabalho que reconhecem a ilegalidade dessa exigência e condenam o empregador a pagamento de indenização por danos morais coletivos.

Procedimento na auditoria

Para a verificação da regularidade desse item, o auditor deve analisar se, na lista de documentos exigidos aos candidatos ao emprego, consta um desses itens proibidos.

Possíveis consequências

A violação a essa proibição pode sujeitar o empregador a ser autuado pela auditoria fiscal do trabalho com base no descumprimento do art. 1º da Lei nº 9.029/1995, bem como a responder a procedimento instaurado pelo Ministério Público do Trabalho e, em consequência, ser condenado a pagamento de indenização por danos morais coletivos. Pode, ainda, ser objeto de demanda judicial movida por algum empregado que se sinta prejudicado em razão da exigência.

7.4 Exigência de atestado de antecedentes criminais

Semelhante ao que ocorre com relação à exigência de "nada consta" no SPC/Serasa, não há menção expressa na legislação quanto à proibição de ser exigido atestado de antecedentes criminais.

Sobre esse documento, o Tribunal Superior do Trabalho (TST) firmou no julgamento do Tema Repetitivo n. 1 as seguintes teses:

> I – não é legítima e caracteriza lesão moral a exigência de certidão de antecedentes criminais de candidato a emprego, quando traduzir tratamento discriminatório ou não se justificar em razão de previsão de lei, natureza do ofício ou do grau especial de fidúcia exigido.
>
> II – A exigência de certidão de antecedentes criminais de candidato a emprego é legítima e não caracteriza lesão moral quando amparada em expressa previsão legal ou justificadas em razão da natureza do ofício ou do grau especial de fidúcia exigido, a exemplo de empregados domésticos, cuidadores de crianças, **idosos e deficientes, motoristas rodoviários de carga, empregados do setor de agroindústria, de manejo de ferramentas ou trabalho perfurocortante, bancário e afins, trabalhadores que manejam substâncias tóxicas, entorpecentes e armas, trabalhadores que atuam com informações sigilosas**. (Correio Forense, 2016, grifo nosso)

Por essa razão, os empregadores só podem fazer exigência do atestado de antecedentes criminais para os casos de empregados que forem exercer os cargos descritos no item 2 da tese ou que pelo menos tenham similaridade com estes.

Procedimento na auditoria

Para a verificação da regularidade desse item, o auditor deve analisar se, na lista de documentos exigidos aos candidatos ao emprego, consta um desses itens proibidos.

Possíveis consequências

A violação a essa proibição pode sujeitar o empregador a responder a procedimento instaurado pelo Ministério Público do Trabalho e, em consequência, ser condenado a pagamento de indenização por danos morais coletivos. Pode, ainda, ser objeto de demanda judicial movida por algum empregado que se sinta prejudicado em razão da exigência.

7.5 Opção ou não pelo vale-transporte

O direito dos empregados ao vale-transporte está regulamentado pela Lei n. 7.418, de 16 de dezembro de 1985, e pelo Decreto n. 95.247, de 17 de novembro de 1987 (Brasil, 1985b; 1987a). Conforme dispõe o referido decreto, cabe ao empregado informar ao empregador se opta ou não pelo vale-transporte. Essa opção deve ser renovada anualmente ou, antes disso, caso haja alterações que ensejam modificação na opção ou não pelo vale-transporte.

Todavia, o TST tem o entendimento, constante na Súmula n. 460, de 1º de junho de 2015, de que é do empregador o ônus de comprovar que o empregado não satisfaz os requisitos indispensáveis para a concessão do vale-transporte ou não pretenda fazer uso do benefício (Brasil, 2015e). Por essa razão, o empregador deve colher do empregado, no momento da admissão, a assinatura em termo de opção ou não opção pelo vale-transporte. Dessa forma, o empregador não pode alegar que não concedeu o vale-transporte em razão de empregado não ter solicitado.

Procedimento na auditoria

Para a verificação da regularidade desse item, o auditor deve analisar se, no dossiê do empregado, consta o termo de opção ou não opção pelo vale-transporte, devidamente assinado por este.

Possíveis consequências

O não cumprimento dessa obrigação pode sujeitar o empregador a ser autuado pela auditoria fiscal do trabalho com base no descumprimento do art. 1º da Lei n. 7.418/1985, bem como a ser condenado, em reclamação trabalhista movida pelo empregado, a pagar a este indenização decorrente de não ter concedido vale-transporte durante o contrato de trabalho.

7.6 Declaração de múltiplos vínculos

O cálculo do valor do desconto da contribuição previdenciária dos empregados deve levar em conta o somatório de seus salários de contribuição relativos a todos os seus vínculos empregatícios e, se for o caso, aos decorrentes de prestação de serviço como autônomo. O empregador deve receber do empregado a informação acerca dos valores dos salários de contribuição dos empregadores e tomadores que lhe antecedem no pagamento, na ordem escolhida pelo empregado. O empregado deve informar, ainda, qual é a ordem escolhida para o empregador. Isso servirá para que este identifique a faixa de alíquota incidente sobre o salário de contribuição relativo ao vínculo mantido e, se for o caso, o teto máximo do salário de contribuição.

De acordo com o disposto no parágrafo 1º do art. 64 da Instrução Normativa n. 917, de 9 de fevereiro de 2009, da Receita Federal do Brasil (RFB), o empregado deve apresentar os comprovantes de pagamento das remunerações como segurado empregado, inclusive o doméstico, relativos à competência anterior à da prestação de serviços, ou declaração, sob as penas da lei, de que é segurado empregado, inclusive o doméstico, consignando o valor sobre o qual é descontada a contribuição naquela atividade ou que a remuneração recebida atingiu o limite máximo do salário-de-contribuição, identificando o nome empresarial da empresa ou empresas, com o número do CNPJ, ou o empregador doméstico que efetuou ou efetuará o desconto sobre o valor por ele declarado (Brasil, 2009a). Acrescemos a esses itens a indicação pelo empregado de qual posição o empregador ocupa na ordem dos vínculos. Essa indicação é de suma importância para o empregador fazer o cálculo correto do valor do desconto da contribuição previdenciária.

Procedimento na auditoria

Para a verificação da regularidade desse item, o auditor deve analisar se, no dossiê do empregado, constam cópias dos comprovantes de pagamentos mensais relativos aos demais vínculos do empregado e da declaração referida. Em ambos os casos, deve ser colhida do empregado pelo menos a declaração indicando sua escolha da ordem em que o empregador se encontra.

Possíveis consequências

Apesar de não vislumbrarmos consequência direta para o empregador em razão de não ter feito o cálculo correto do desconto por conta da ausência da informação pelo empregado, aconselhamos a conduta da coleta da informação, com vistas a dar maior segurança jurídica ao empregador.

7.7 Documentação relativa a salário-família

O salário-família é um direito previdenciário do empregado, mas é pago diretamente pelo empregador, o qual abate o valor pago dos que ele deve relativos à contribuição previdenciária.

Por conta disso, é importante o empregador verificar se o empregado apresentou a documentação exigida no art. 361 da Instrução Normativa n. 77, de 21 de janeiro de 2015, do Instituto Nacional do Seguro Social (Brasil, 2015b). Além disso, deve observar se o empregado apresenta, periodicamente, a documentação prevista no parágrafo 2º do referido artigo para fins de manutenção do direito ao recebimento do salário-família. Por fim, o empregado deve assinar o termo de responsabilidade para concessão de salário-família, cujo modelo foi instituído pela Portaria n. 3.040, de 15 de julho de 1982, do Ministério da Previdência e Assistência Social (Brasil, 1982a).

Uma boa prática que deve ser adotada pelos empregadores refere-se ao caso de o empregado ter salário na faixa que lhe dá direito ao salário-família e ele, no momento da admissão, não entrega documentação de dependentes com fins de recebimento desse benefício, que colha dele a assinatura no termo de responsabilidade referido, indicando que não tem dependentes que satisfazem as condições para o recebimento do salário-família. Isso evita alegações futuras do empregado de que o empregador não lhe pagou mensalmente esse benefício.

Procedimento na auditoria

Para a verificação da regularidade desse item, o auditor deve analisar se, no dossiê do empregado, consta cópia da documentação para recebimento do salário-família e, em caso negativo, se consta declaração assinada pelo empregado indicando a inexistência de dependentes que satisfazem as condições para tal recebimento.

Possíveis consequências

O pagamento de salário-família a empregado sem que tenha sido recebida a documentação pode sujeitar o empregador a ser obrigado a restituir os valores relativos a esse direito que foram abatidos dos valores que ele tinha a recolher referentes à contribuição previdenciária. Portanto, em uma fiscalização da RFB, não sendo comprovada a regularidade da documentação relativa aos dependentes, a RFB pode não reconhecer a validade do abatimento dos valores relativos ao salário-família.

Por outro lado, a falta de pagamento do referido benefício ao empregado pode acarretar ao empregador a condenação a pagamento de indenização substitutiva em reclamação trabalhista movida pelo empregado, em que alega o não recebimento em razão de não ter lhe sido solicitada a documentação.

7.8 Declaração de existência ou inexistência de dependentes para fins de dedução no imposto de renda

O cálculo da retenção do imposto de renda mensal deve observar, quando é o caso, a existência de dependentes do trabalhador.

Por conta disso, o trabalhador deve informar ao seu empregador a existência ou inexistência de dependentes que podem ser considerados para fins de dedução para o imposto de renda. Em caso de existência, deve informar os dados relativos a nome, grau de parentesco, data de nascimento e CPF.

Procedimento na auditoria

Para a verificação da regularidade desse item, o auditor deve analisar se, no dossiê do empregado, consta declaração deste acerca de existência ou inexistência de dependentes que podem ser considerados para fins de dedução no imposto de renda.

Possíveis consequências

O cálculo do desconto do Imposto de Renda Retido na Fonte (IRRF) feito sem que o empregador tenha conhecimento sobre a existência de dependentes do empregado pode ser realizado a maior, sujeitando o empregador a ter de devolver o valor descontado indevidamente.

7.9 Existência de norma coletiva aplicável

Além do cumprimento da legislação trabalhista, o empregador deve, se for o caso, dar cumprimento também à norma coletiva (Acordo Coletivo de Trabalho – ACT – celebrado pelo empregador auditado ou Convenção Coletiva de Trabalho – CCT – celebrada por sindicato patronal que o represente). Não é necessário que o empregador seja filiado ao sindicato para ele que tenha de cumprir as CCT por ele celebradas. Basta que o sindicato patronal represente a categoria econômica da qual o empregador faz parte.

Todavia, o empregador não tem de cumprir CCT celebrada por outros sindicatos, ainda que referentes à categoria diferenciada, mesmo que esse empregador contrate empregados para exercer cargos dessa categoria. Por exemplo, um supermercado contrata vigilantes diretamente. Mesmo assim, embora haja CCT celebrada entre o sindicato patronal das empresas de vigilância e o sindicato laboral dos vigilantes, este não é obrigado a cumprir essa CCT se o sindicato patronal também não a assinou. Esse é o entendimento do TST, constante na Súmula n. 374 (Brasil, 2005a).

Um ponto que merece atenção é que o auditor deve analisar a norma coletiva com olhar crítico, visando identificar cláusulas que configuram objeto ilícito, conforme definido no art. 611-B da CLT (Brasil, 1943). Nesses casos, o cumprimento dessas cláusulas pode resultar em formação de passivo e sujeição a autuações.

Procedimento na auditoria

Para a verificação da regularidade desse item, o auditor deve analisar o ACT/CCT com vistas a identificar se há disposições neles diferentes do que dispõe a legislação trabalhista. Caso haja, nos trabalhos de auditoria, deve averiguar o fiel cumprimento das disposições constantes nas referidas normas coletivas. Deve, por fim, identificar eventuais cláusulas que tratam de matérias consideradas objeto ilícito.

Possíveis consequências

O não cumprimento dessa obrigação pode sujeitar o empregador a ser autuado pela auditoria fiscal do trabalho com capitulação no art. 444 da CLT, bem como a ser condenado a, em reclamação trabalhista movida pelo empregado, ter de pagar-lhe verbas que deixaram de ser quitadas ao longo do contrato de trabalho.

**CONTRATO
DE TRABALHO**

8

Neste item, serão tratadas as questões relativas ao contrato de trabalho, indicando as possíveis desconformidades existentes nas empresas auditadas.

8.1 Observância de idade mínima para o trabalho e de atividades proibidas para pessoas com idade inferior a 18 anos

A Constituição Federal (Brasil, 1988b) estabelece a idade mínima para o trabalho em 16 anos, salvo na condição de aprendiz. Para os adolescentes entre 16 e 18 anos, a Carta Magna proíbe o trabalho em algumas situações: trabalho noturno, insalubre ou perigoso. Além disso, o Brasil ratificou a Convenção OIT n. 182, que visa eliminar as piores formas de trabalho infantil, ficando a cargo de cada país defini-las. Trata-se do Decreto n. 6.481, de 12 de junho de 2008, que lista as piores formas de trabalho infantil no Brasil (Brasil, 2008a).

Há outras normas que mencionam idade mínima para o trabalho: vigilante – idade mínima de 21 anos – Lei n. 7.102, de 20 de junho de 1983; propagandista e vendedor de produtos farmacêuticos – idade mínima de 18 anos – Lei n. 6.224, de 14 de julho de 1975; trabalhador em minas de subsolo – idade mínima de 21 anos – art. 301 da Consolidação das Leis do Trabalho (CLT); *motoboy* ou mototaxista – idade mínima de 21 anos – Lei n. 12.009, de 29 de julho de 2009 (Brasil, 1983a; 1975b; 1943; 2009d).

Portanto, a auditoria deve verificar se a empresa observa o limite mínimo de idade para as contratações e, ainda, se os adolescentes entre 16 e 18 anos estão trabalhando em atividades e horários proibidos.

Procedimento na auditoria

Para a verificação da regularidade desse item, o auditor deve analisar, no registro dos empregados, os cargos exercidos pelas pessoas com idade inferior a 18 ou 21 anos. Pode, ainda, nesse mesmo registro, analisar o horário contratual dessas pessoas, bem como observar as escalas de trabalho a fim de concluir pela inexistência de trabalho noturno. Há casos, todavia, em que a constatação de desconformidade só será possível mediante uma visita do auditor ao local de trabalho. Por exemplo, uma empresa auditada que exerce a atividade de bar e mantém um adolescente contratado como garçom. É muito provável que esse adolescente se envolva na atividade de servir bebida alcóolica, o que é proibido pela alínea "d" do parágrafo 3º do art. 405 da CLT (Brasil, 1943).

Possíveis consequências

A contratação e a manutenção de empregados em desrespeito aos limites ora descritos podem sujeitar o empregador a ser autuado pela auditoria fiscal do trabalho com base no descumprimento dos arts. 403 a 405 da CLT (Brasil, 1943), bem como nas legislações específicas para determinados cargos.

8.2 Formalização da contração de empregados

A contratação de empregados exige uma série de formalidades. A primeira delas é o registro do empregado. O art. 41 da CLT (Brasil, 1943) permite que ele seja feito em livro, ficha ou sistema eletrônico. Os empregadores que optaram pelo sistema eletrônico devem declarar essa opção no eSocial, por meio de informação constante no evento S-1000 (Informações do empregador). A partir dessa opção, a obrigação relativa ao registro de empregados passa a ser cumprida por meio do envio de informações ao eSocial.

O registro de empregados, feito em livro, ficha ou sistema eletrônico, atualmente é regulamentado pela Portaria n. 1.195, de 30 de outubro de 2019, da Secretaria Especial de Previdência e Trabalho (Brasil, 2019f).

Essas informações são enviadas no evento S-2200 (Admissão de trabalhador) no dia anterior ao do início das atividades do empregado. Caso não seja possível o envio desse evento nesse dia, o empregador pode enviar o evento S-2190 (Registro preliminar), o qual tem um volume menor de informações. Nele constam apenas CPF, data de nascimento, data de admissão, matrícula, código de categoria e natureza da atividade do trabalhador. Para fins de cumprimento da obrigação relativa à anotação da Carteira de Trabalho e Previdência Social (CTPS) digital, nesse evento devem ser informados, ainda, a Classificação Brasileira de Ocupações (CBO), o valor do salário contratual, o tipo de contrato – se por prazo indeterminado ou determinado – e, se for o caso, a data prevista para o término.

Enviado esse evento no dia anterior, o empregador tem até o dia 15 do mês seguinte ao da admissão para enviar o evento S-2200 (Admissão do trabalhador), contendo todas as informações.

Os empregadores que não optaram pelo sistema eletrônico devem lançar no livro ou na ficha de registro de empregados essas mesmas informações e nos mesmos prazos, sem prejuízo do envio dos referidos eventos, pois precisam cumprir as obrigações relativas à anotação na CTPS digital, Cadastro Geral de Empregados e Desempregados (Caged) e Relação Anual de Informações Sociais (Rais).

Há outras informações que compõem o registro e que são informadas em eventos próprios, por exemplo: no evento S-2230, o início e término dos afastamentos por gozo de férias, afastamentos por motivo de doença, acidente de trabalho ou aposentadoria por invalidez; no evento S-2299, o desligamento do trabalhador; no evento S-2210, a ocorrência de acidente de trabalho; no evento S-2220, as informações relativas ao monitoramento da saúde do trabalhador, ou seja, a realização dos exames admissional, demissional, de mudança de função, de retorno ao trabalho ou periódico; e no evento S-2240, as informações relativas às condições ambientais de trabalho, ou seja, aos riscos ocupacionais, os Equipamentos de Proteção Individual/Equipamentos de Proteção Coletiva (EPI/EPC) utilizados e adotados e se a atividade é insalubre, perigosa ou se gera direito à aposentadoria especial.

As informações do registro de empregados devem estar devidamente atualizadas e, por isso, os empregadores que optam pelo sistema eletrônico, sempre que houver alteração nas condições cadastrais ou contratuais, devem enviar o evento S-2205 (Alterações cadastrais) ou S-2206 (Alterações contratuais), respectivamente, para retratar essas mudanças. Se houver alteração nas informações prestadas nos eventos mencionados no parágrafo anterior, os empregadores devem reenviar os correspondentes eventos, para manter as informações atualizadas.

Procedimento na auditoria

Para a verificação da regularidade desse item, o auditor deve analisar se estão sendo enviados os eventos referidos, para manter atualizadas e corretas as informações relativas ao registro dos empregados. De igual forma, mesmo com relação aos empregadores que não optaram pelo sistema eletrônico, ele deve verificar se os eventos S-2200 e S-2299 estão sendo enviados nos prazos definidos pelo eSocial, pois estes servem, também, para o cumprimento das obrigações contidas no art. 29 da CLT (anotação da CTPS digital), na Lei n. 4.923, de 23 de dezembro de 1965 (Lei do Caged), e na Lei n. 7.998, de 11 de janeiro de 1990 (Lei da Rais) (Brasil, 1943; 1965c; 1990b). Especificamente com relação aos empregadores que não optaram pelo sistema eletrônico, devem ser analisados os livros ou as fichas de registro de empregados a fim de ser verificado se eles estão com as informações atualizadas e corretas.

Possíveis consequências

A ausência da prestação ou atualização das informações referidas pode sujeitar o empregador a ser autuado pela auditoria fiscal do trabalho com base no descumprimento do art. 41 da CLT, do art. 29 da CLT (anotação da CTPS digital), da Lei n. 4.923/1965 (Lei do Caged) e da Lei n. 7.998/1990 (Lei da Rais) (Brasil, 1943; 1965c; 1990b).

8.3 Disposições relativas a contrato por prazo determinado

A contratação por prazo determinado só é lícita nas hipóteses permitidas por lei. A CLT elenca em seu art. 443, parágrafo 2º, as hipóteses permitidas: serviço, por sua natureza ou transitoriedade, que justifique a predeterminação; atividade empresarial de caráter transitório; e a contratação por experiência, que é a mais comum. Além dessas, há outras previsões em outras normas, como, por exemplo, o contrato de obra certa (Lei n. 2.959, de 17 de novembro de 1956) e o contrato de safrista (Lei n. 5.889, de 8 de junho de 1973) (Brasil, 1956; 1973a).

Embora a lei não exija que esses contratos sejam escritos, sugerimos como boa prática a ser adotada a celebração do contrato escrito. Isso porque, sendo o contrato por prazo determinado uma exceção à regra, cabe ao empregador provar que o empregado tinha conhecimento de que estava sendo contratado por prazo determinado. Se ele não tem o contrato escrito, tem de provar por outros meios.

Quatro pontos merecem destaque: o primeiro é que, em regra, o contrato por prazo determinado só pode ser prorrogado uma vez, desde que observado o prazo máximo: 90 dias para o contrato de experiência e 2 anos para os demais contratos.

O segundo diz respeito ao contrato de experiência, pois ele não pode ser celebrado com empregado que já trabalhou para a mesma empresa para o exercício do mesmo cargo. Tendo ele trabalhado para outra empresa, não há impedimento legal, salvo se houver previsão em Acordo Coletivo de Trabalho/Convenção Coletiva de Trabalho (ACT/CCT) estabelecendo essa proibição.

O terceiro refere-se ao contrato por obra certa. Muitos desses contratos não dizem especificamente em qual serviço o empregado trabalhará. Há alguns cargos que, pela sua própria natureza, é possível inferir em qual serviço ele vai trabalhar – por exemplo, carpinteiros e armadores. Terminadas as fases de formas e armaduras, a obra para esses empregados se acaba. Todavia, um servente contratado para trabalhar em determinada obra, sem que sejam especificadas em quais fases ele vai atuar, não pode ter seu contrato rescindido por término de obra antes que ela finde definitivamente. Por outro lado, se um servente é contratado, por exemplo, para trabalhar apenas na fase de alvenaria, quando esta acaba, embora a obra ainda não tenha chegado ao seu fim, a rescisão desse empregado pode ocorrer por término de obra.

O quarto ponto é relativo à existência nos contratos por prazo determinado de cláusula assecuratória do direito recíproco de rescisão antecipada de contrato por prazo determinado. Inexistindo a cláusula e sendo o contrato rescindido por iniciativa do empregador antes do término do prazo, ele tem de pagar ao empregado uma indenização correspondente à metade dos dias que faltam para esse término. Se o contrato contém a cláusula e ele é rescindido antes do término previsto, serão devidas as mesmas verbas decorrentes de uma rescisão sem justa causa de um contrato por prazo indeterminado, ou seja, o aviso-prévio indenizado. Portanto, sobretudo em um contrato de prazo longo, como é o caso de um contrato para uma obra de porte médio ou grande, é aconselhável que ele contenha a referida cláusula. Por exemplo, se é celebrado um contrato para uma obra cujo prazo previsto é de dois anos e ele não contém a cláusula, e dois meses depois a empresa resolve dispensar o empregado, ela terá de pagar-lhe uma indenização correspondente à metade de 22 meses, no caso, 11 meses de salário. Se esse mesmo contrato contém a referida cláusula, a empresa só terá de lhe pagar o correspondente ao aviso-prévio indenizado.

Procedimento na auditoria

Para a verificação da regularidade desse item, o auditor deve examinar se as contratações por prazo determinado dos empregados foram realizadas conforme as hipóteses legais permitidas e, também, se foi celebrado contrato escrito, devidamente assinado pelos empregados. Além disso, deve examinar os quatro pontos ora elencados. Para tanto, deve averiguar os contratos por prazo determinado celebrados pelo empregador auditado. Tais documentos geralmente se encontram nos dossiês dos empregados.

Possíveis consequências

A não observância dessas disposições e sugestões pode sujeitar o empregador a ter descaracterizado o contrato por prazo determinado e, em consequência, arcar com o pagamento das verbas rescisórias devidas em uma rescisão sem justa causa de um contrato por prazo indeterminado, como, por exemplo, o aviso-prévio indenizado e a multa correspondente a 40% do montante dos depósitos do Fundo de Garantia do Tempo de Serviço (FGTS). No caso do contrato por obra certa em que não foram definidos os serviços nos quais os empregados trabalharão, e não havendo nesse contrato a referida cláusula assecuratória, pode o empregador ser condenado a pagar a metade dos dias que faltam até o término da obra, o que pode significar uma indenização de montante considerável.

8.4 Alteração contratual

A CLT (Brasil, 1943) só considera lícita a alteração contratual se ela ocorrer mediante a aceitação do empregado e, mesmo assim, desde que ela não lhe cause prejuízo.

Cabe, entretanto, averiguar se as alterações se enquadram no *jus variandi*, que consiste na possibilidade de o empregador fazer pequenas alterações nas condições, sem que haja impacto significativo na vida do empregado e, nesse caso, não se submeter às exigências ora descritas.

Em todo caso, essas alterações devem ser refletidas no registro do empregado, por meio do envio do evento S-2206 ao eSocial, caso o empregador tenha optado pelo sistema eletrônico. Caso não haja opção por esse sistema, tais alterações devem ser atualizadas no livro ou na ficha de registro de empregados.

Procedimento na auditoria

Para a verificação da regularidade desse item, o auditor deve examinar a ocorrência de alterações contratuais, como de cargo, horário, local de trabalho etc., para constatar se houve aceitação do empregado e, ainda, se mesmo assim não lhe trouxe prejuízo. Deve, ainda, atentar se as alterações foram refletidas no registro de empregados.

Possíveis consequências

A prática de alteração contratual em desconformidade com o exposto pode sujeitar o empregador a ser autuado pela auditoria fiscal do trabalho com base no descumprimento do art. 468 da CLT (Brasil, 1943). Já a ausência de atualização do registro de empregado no tocante às alterações contratuais podem sujeitar o empregador à autuação capitulada no parágrafo único do art. 41 da CLT (Brasil, 1943).

Efeitos da pandemia da covid-19

O art. 2º da Medida Provisória (MP) n. 927, de 22 de março de 2020, estatui que,

> durante o estado de calamidade pública a que se refere o art. 1º, o empregado e o empregador poderão celebrar acordo individual escrito, a fim de garantir a permanência do vínculo empregatício, que terá preponderância sobre os demais instrumentos normativos, legais e negociais, respeitados os limites estabelecidos na Constituição. (Brasil, 2020a)

Pela redação desse artigo, em tese, pode haver alteração contratual mediante acordo individual mesmo que prejudicial ao trabalhador. Ressaltamos que essa MP não foi convertida em lei e perdeu sua vigência no dia 19 de julho de 2020. Assim, a partir do dia seguinte, essas alterações contratuais deixaram de ser consideradas legais.

O art. 7º da MP n. 936, de 1º de abril de 2020 (convertida na Lei n. 14.020/2020), autoriza os empregadores, mediante acordo individual escrito, a reduzir jornada e salário na mesma proporção, por um prazo de até 90 dias, exclusivamente nos percentuais de 25%, 50% ou 70%. Nesse período, os empregados recebem o salário reduzido do empregador, mas ganham um benefício emergencial do governo (Brasil, 2020b).

Já o art. 8º dessa mesma MP prevê a possibilidade de haver, também mediante acordo individual escrito, a suspensão temporária do contrato de trabalho pelo prazo de até 60 dias e, durante esse período, o empregado fica recebendo o benefício emergencial do governo. Caso a empresa tenha faturamento superior a 4,8 milhões anuais, ela é obrigada a pagar ao empregado uma ajuda compensatória equivalente a 30% do valor do salário, ao passo que o benefício emergencial será de apenas 70% do valor da base de cálculo, que corresponde ao mesmo valor do seguro-desemprego a que o empregado teria direito. Para empregados das demais empresas, o benefício corresponde a 100% da base de cálculo, e não é devida a referida ajuda compensatória.

A MP ressalva também que, no caso de empregados com salário superior a R$ 3.135,00, só poderá ser feita redução de jornada e de salário mediante acordo individual se esta for no percentual de 25%. Para os casos de percentual superior e de suspensão contratual, o acordo não pode ser individual, necessitando de negociação coletiva com o sindicato dos empregados.

8.5 Contrato em tempo parcial

A CLT, no art. 58-A, prevê a possibilidade de contratação de empregados em tempo parcial (Brasil, 1943). Essa contratação pode ser por 26 horas semanais, podendo haver prestação de seis horas extras semanais, ou por 30 horas semanais, não sendo permitida a prestação de horas extras.

Procedimento na auditoria

A auditoria deve verificar se há casos de empregados contratados em tempo parcial para trabalhar 30 horas semanais e que prestam horas extras. Tal verificação pode ser feita mediante o exame do registro do empregado, onde consta o tipo de contratação. Ainda, deve-se identificar se, no controle de ponto e/ou na folha de pagamento, constam horas extras prestadas por esse empregado.

Possíveis consequências

A violação a esse regramento pode sujeitar o empregador a ser autuado pela auditoria fiscal do trabalho com base no art. 58-A da CLT.

8.6 Equiparação salarial

O art. 461 da CLT (Brasil, 1943) estabelece as regras relativas à equiparação salarial. Atendidos os requisitos nele descritos, os empregados devem receber salário igual.

Procedimento na auditoria

O trabalho de auditoria deve verificar se há casos de empregados exercendo o mesmo cargo e, atendidos os requisitos estabelecidos no art. 461 da CLT, que recebam salários distintos. Tal verificação pode ser feita mediante a averiguação dos registros dos empregados, das folhas de pagamento e, ainda, do exame físico, já que o referido artigo estabelece um critério subjetivo, que é o exercício do cargo com mesmo desempenho e mesma perfeição técnica.

Possíveis consequências

A não observância aos preceitos relativos à equiparação salarial pode sujeitar o empregador a ser autuado pela auditoria fiscal do trabalho com base no art. 461 da CLT e, ainda, a ser condenado a pagamento de diferença salarial ao empregado prejudicado que ajuizar a reclamação trabalhista.

JORNADA DE TRABALHO, DESCANSO E CONTROLE DE PONTO

9

Um importante objeto da auditoria trabalhista é o que se relaciona à jornada de trabalho e descanso, em razão do grande volume de reclamações trabalhistas que discutem esses temas, os quais estão entre os dez mais recorrentes.

9.1 Observância dos limites legais de jornada normal

A definição dos limites de jornada de trabalho ganhou mais importância quando a Constituição Federal os introduziu em seu texto, no art. 7º (Brasil, 1988b). Os limites da jornada normal são 8 horas diárias e 44 horas semanais. Há, todavia, casos de empregados que exercem profissões regulamentadas e que, para eles, há definição de limites especiais de jornada, além dos que trabalham em regime de turno ininterrupto de revezamento.

No caso da jornada normal, as 44 horas podem ser distribuídas ao longo da semana, de forma que em nenhum dia o empregado trabalhe mais do que 8 horas.

O trabalho de auditoria deve observar, se for o caso, uma eventual adoção de prática de utilização do empregador em grupos de comunicação eletrônica (WhatsApp, por exemplo), pois tal prática pode vir a caracterizar tempo à disposição do empregador quando há trocas de mensagens fora do horário de trabalho. Em caso positivo, o relatório deve apontar o possível risco ao empregador e, se for o caso, pode ser sugerido que sejam estabelecidas regras e medidas relacionadas à utilização desse canal de comunicação, tais como o fechamento do grupo para troca de mensagens fora de determinado horário, por exemplo.

9.1.1 Minutos residuais

De acordo com o parágrafo 1º do art. 58 da Consolidação das Leis do Trabalho (CLT), as variações das batidas de ponto não excedentes de cinco minutos, desde que observado o limite máximo de dez minutos diários, não são consideradas como jornada extraordinária nem como atrasos ou saídas antecipadas (Brasil, 1943).

Portanto, o empregador deve considerar no cômputo da jornada diária de seus empregados essa diretriz, a qual resumimos: devem ser somadas todas as variações de ponto de um dia. Se esse somatório não for superior a dez minutos, as variações não superiores a cinco minutos devem ser descartadas, sendo computadas apenas as demais. Se o somatório for superior a dez minutos, todas as variações deverão ser consideradas no cômputo da jornada diária.

Vamos acompanhar no Quadro 9.1, a seguir, alguns exemplos, considerando que o horário contratual é das 8h às 12h e das 13h às 17h.

Quadro 9.1 – Demonstrativo de exemplos de horários de trabalho

Dia	Entrada	Saída	Entrada	Saída
1	7h55min Variação: 5 minutos	12h05min Variação: 5 minutos	12h55min Variação: 5 minutos	17h05min Variação: 5 minutos
	Somatório: 20 minutos. Total de 20 minutos de extra.			
2	8h05min Variação: 5 minutos	11h55min Variação: 5 minutos	13h05min Variação: 5 minutos	16h55min Variação: 5 minutos
	Somatório: 20 minutos. Total de 20 minutos de atraso/saída antecipada.			
3	8h Variação: 0 minutos	12h Variação: 0 minutos	13h Variação: 0 minutos	17h07min Variação: 7 minutos
	Somatório: 7 minutos. Total de 7 minutos de extra.			

(continua)

(Quadro 9.1 - conclusão)

Dia	Entrada	Saída	Entrada	Saída
4	7h57min Variação: 3 minutos	12h03min Variação: 3 minutos	12h57min Variação: 3 minutos	17h03min Variação: 3 minutos
	Somatório: 12 minutos. Total de 12 minutos de extra.			
5	8h02min Variação: 2 minutos	11h58min Variação: 2 minutos	13h02min Variação: 2 minutos	16h58min Variação: 2 minutos
	Somatório: 8 minutos. Descarte das quatro variações de 2 minutos e cômputo de 8 horas trabalhadas.			
6	8h02min Variação: 2 minutos	11h58min Variação: 2 minutos	13h06min Variação: 6 minutos	17h Variação: 0 minutos
	Somatório: 10 minutos. Descarte das duas variações de 2 minutos e cômputo de 6 minutos de atraso.			

Procedimento na auditoria

Verificar se os espelhos de ponto estão considerando os parâmetros mencionados. No caso de sistema eletrônico de ponto, essa verificação pode ser feita diretamente na configuração do sistema.

Possíveis consequências

A não observância de tais parâmetros pode sujeitar o empregador a ser autuado pela auditoria fiscal do trabalho em decorrência de não apurar corretamente a jornada dos empregados, com base no parágrafo 1º do art. 58 da CLT, além de não ter pagado os salários e recolhido o FGTS corretamente (Brasil, 1943). Além disso, pode vir a ser condenado em reclamação trabalhista a ter de devolver valores relativos a descontos referentes a atrasos ou saídas antecipadas ou a pagar horas extras não computadas mensalmente.

9.2 Prorrogação de jornada

Nos casos em que há necessidade de o empregado trabalhar além dos limites legais e constitucionais, devem ser obedecidas as disposições impostas à ocorrência de jornada extraordinária.

9.2.1 Existência de acordo

O primeiro ponto que deve ser observado é a existência prévia de acordo escrito entre empregado e empregador ou de Acordo Coletivo de Trabalho/Convenção Coletiva de Trabalho (ACT/CCT). Tal exigência está contida no *caput* do art. 59 da CLT (Brasil, 1943). Portanto, havendo previsão em ACT/CCT, esse requisito já terá sido cumprido, não sendo necessária a celebração de acordo individual escrito. Contudo, cabe ressaltar que não é a simples inserção de uma cláusula em ACT/CCT prevendo o percentual de horas extras que, por si só, já supre a necessidade de acordo. Nesse sentido, vale o que está mencionado no Precedente Administrativo n. 30 da Secretaria de Inspeção do Trabalho:

> Jornada. Prorrogação. Convenção ou acordo coletivo. A mera inserção em acordo ou convenção coletiva de cláusula com previsão de percentuais acima de cinquenta por cento para a remuneração das horas extraordinárias, por si só, não autoriza o elastecimento da jornada normal de trabalho. Imprescindível autorização expressa, pois o acessório, exigido pelo § 1º do art. 59, não substitui o principal, cuja obrigação decorre do caput. Referência Normativa: art. 59 da CLT. (Brasil, 2020f)

Por exemplo, se em uma CCT há uma cláusula nestes termos – "Cláusula 22: o percentual de horas extras é fixado em 80% (oitenta por cento)" –, ela não está autorizando empregadores a manter empregados trabalhando além do horário normal, mas apenas definindo o percentual de horas extras. Nesse caso, há necessidade de ser celebrado acordo individual escrito. A autorização dada em ACT/CCT tem de vir em uma cláusula com conteúdo igual ou semelhante a este: "Cláusula 23: Fica autorizado os empregadores a manterem seus empregados em regime de jornada extraordinária, observando-se o limite máximo de 2 horas diárias".

Outro ponto que merece destaque é que, mesmo com o pagamento regular das horas extraordinárias trabalhadas, a inexistência do acordo configura infração administrativa.

Procedimento na auditoria

Para a verificação da regularidade desse item, o auditor deve examinar a existência de cláusula autorizadora de prestação de horas extras em ACT/CCT. Caso não haja, deve analisar as folhas de pagamento de salário e identificar empregados que recebem horas extras ou analisar os espelhos de ponto, fazer a identificação de jornada extraordinária e solicitar os acordos individuais escritos.

Possíveis consequências

O não cumprimento dessa disposição pode sujeitar o empregador a ser autuado pela auditoria fiscal do trabalho com base no descumprimento do *caput* do art. 59 da CLT.

9.2.2 Observância de limite diário

O *caput* do art. 59 da CLT (Brasil, 1943) estabelece o limite máximo de duas horas extras diárias. O inciso I da Súmula n. 376 do TST, com muita razão, menciona que a limitação de duas horas extras diárias não exime o empregador de pagar todas as horas extras trabalhadas (Brasil, 2005b). Assim, o empregado tem direito de receber todas as horas extras trabalhadas, independentemente de ter sido observado o limite de duas horas extras diárias. Havendo a extrapolação do limite, configura-se infração administrativa, salvo o caso de necessidade imperiosa, que será tratado no item 9.2.3. Já o Precedente Administrativo n. 33 da Secretaria de Inspeção do Trabalho estatui que o pagamento do adicional por serviço extraordinário não elimina a infração pela prorrogação de jornada além dos limites legais ou convencionais (Brasil, 2020g).

Procedimento na auditoria

Para a verificação da regularidade desse item, o auditor deve examinar os espelhos de ponto a fim de verificar se há casos em que a extrapolação da jornada ultrapassa o limite de duas horas diárias. Nessa verificação, devem ser atendidas as diretrizes traçadas no item 9.1.1.

Possíveis consequências

A não observância do limite de duas horas extras diárias pode sujeitar o empregador a ser autuado pela auditoria fiscal do trabalho com base no descumprimento do *caput* do art. 59 da CLT (Brasil, 1943).

Efeitos da pandemia da covid-19

O art. 26 da Medida Provisória (MP) n. 927, de 22 de março de 2020, estabelece que, durante o estado de calamidade pública, é permitido aos estabelecimentos de saúde, mediante acordo individual escrito, mesmo para as atividades insalubres e para a jornada de 12 × 36:

> I. prorrogar a jornada de trabalho, nos termos do disposto no art. 61 da CLT; e
> II. adotar escalas de horas suplementares entre a 13ª e 24ª hora do intervalo interjornada, sem que haja penalidade administrativa, garantido o Descanso Semanal Remunerado (DSR) nos termos do disposto no art. 67 da CLT. (Brasil, 2020a)

Já o art. 27 dessa mesma MP estatui que as horas suplementares computadas em decorrência da adoção das medidas previstas nos incisos I e II do *caput* do art. 26 poderão ser compensadas, no prazo de 18 meses contados da data de encerramento do estado de calamidade pública, por meio de banco de horas ou remuneradas como hora extra (Brasil, 2020a).

Ressaltamos, contudo, que essa MP não foi convertida em lei e perdeu sua vigência no dia 19 de julho de 2020. Assim, a partir do dia seguinte, deixou de haver regulamentação especial relativa à prorrogação de jornada de trabalho para os estabelecimentos de saúde.

9.2.2.1 Pré-contratação de horas extras

Há discussões jurídicas quanto à possibilidade de haver pré-contratação de horas extras, ou seja, já na admissão do empregado, ser firmado um acordo definindo que este deve trabalhar, por exemplo, duas horas extras diárias.

A Súmula n. 199 do Tribunal Superior do Trabalho (TST) veda a pré-contratação de horas extras de bancários (Brasil, 1985c), mas a Seção de Dissídios Individuais (SDI) do TST tem decisões aplicando essa súmula a diversas outras categorias de empregados. Portanto, o auditor deve verificar a existência de pré-contratação de horas extras para, se for o caso, incluir em seu relatório essa desconformidade, orientando para que ela seja cessada. A consequência decorrente da descaracterização da pré-contratação das horas extras é a condenação do empregador a pagar pelas horas extras trabalhadas considerando como salário não apenas o valor do salário-base, mas sim este acrescido do valor das horas extras.

Por exemplo, se na contratação foi acertado o salário no valor de R$ 1.500,00, bem como acordado que o empregado trabalharia duas horas extras diárias e, por isso, receberia o valor de R$ 520,00 referente a essas horas extras, mas depois o empregador descaracteriza a pré-contratação das horas, ele poderá ser condenado a pagar por essas duas horas calculadas sobre o valor de R$ 2.020,00.

Outro argumento contrário à existência de horas extras habituais é que a jornada extraordinária não deve ser algo corriqueiro, mas, como o nome diz, extraordinário, não habitual. Há casos de empregadores que são autuados pela auditoria fiscal do trabalho quando ela encontra trabalho em jornada extraordinária habitualmente, e essa autuação se faz com base no art. 58 da CLT (Brasil, 1943), sob o argumento de que está sendo definido horário normal superior a oito horas diárias.

Além disso, outro ponto que merece reflexão é que a jornada extraordinária é bastante onerosa para o empregador. Portanto, deve-se analisar se a contratação de mais trabalhadores, inclusive nas modalidades em tempo parcial ou intermitente, não se afigura como uma melhor solução para o empregador.

9.2.3 Necessidade imperiosa

O art. 61 da CLT (Brasil, 1943) prevê casos de necessidade de o empregado trabalhar além do limite diário de oito horas, sem que haja necessidade de prévia autorização em ACT/CCT ou acordo individual escrito. Até antes da reforma trabalhista, o empregador tinha de comunicar à autoridade competente em matéria trabalhista, em dez dias, a ocorrência do fato. A reforma trabalhista eliminou essa obrigação.

A situação de necessidade imperiosa pode ocorrer por dois motivos:

1. **Para atender à realização ou conclusão de serviços inadiáveis ou cuja inexecução possa acarretar prejuízo manifesto:** nesse caso, a jornada pode ser estendida até 12 horas diárias e, mesmo assim, o empregado tem direito ao recebimento das horas com o adicional de horas extras.

2. **Diante de motivo de força maior:** nesse caso, a lei não fixa limite da jornada diária, mas o entendimento predominante é que este deve ficar dentro do razoável. Já houve discussão quanto ao fato de o empregado ter direito de receber pelas horas extraordinárias, acrescidas do correspondente adicional. Pela CLT, o adicional não é devido, mas a interpretação predominante é que em razão de o inciso XVI do art. 7º da Constituição Federal não ter feito qualquer ressalva, mesmo nessa hipótese o empregado tem direito de receber o valor da hora acrescido do adicional. O art. 501 da CLT define o que é força maior (Brasil, 1943).

É importante registrar que essas duas hipóteses de necessidade imperiosa não podem ser corriqueiras na empresa, sob pena de serem desconfiguradas. Se é algo que pode ser previsto, planejado, não se configura necessidade imperiosa, devendo o empregador fazer o devido planejamento com o objetivo de poder fazer frente à necessidade que se impõe em decorrência de determinado fator. O empregador deve guardar a documentação comprobatória da ocorrência dos fatos que caracterizam a necessidade imperiosa, a fim de que seja apresentada à auditoria fiscal do trabalho, para ter essa ocorrência caracterizada como tal ou, se for o caso, para utilizá-la em uma defesa de eventual auto de infração lavrado.

Procedimento na auditoria

Para a verificação da regularidade desse item, o auditor deve examinar as ocorrências de extrapolação de jornada registradas com essa justificativa, a fim de constatar se realmente são hipóteses de configuração de necessidade imperiosa.

Possíveis consequências

A desconsideração da ocorrência de necessidade imperiosa pode sujeitar o empregador a ser autuado pela auditoria fiscal do trabalho com base no descumprimento do *caput* do art. 59 da CLT (Brasil, 1943), seja pela inexistência de autorização dada em ACT/CCT, seja pela extrapolação do limite de duas horas extras diárias.

9.2.4 Trabalhadores que não podem prorrogar jornada

A legislação trabalhista proíbe que algumas categorias de empregados laborem jornada extraordinária. São elas:

a) empregado com idade inferior a 18 anos, salvo o trabalho em mais duas horas diárias para compensação de jornada prevista em ACT/CCT ou em caso de força maior, e quando seu trabalho for imprescindível, deve ser observado o limite diário de 12 horas – art. 413 da CLT (Brasil, 1943);

b) empregados que trabalham no regime de tempo parcial cuja jornada semanal é fixada em 30 horas – art. 58-A da CLT (Brasil, 1943);

c) empregados que laboram com intervalo de almoço reduzido – parágrafo 3º do art. 71 da CLT (Brasil, 1943);

d) aprendizes – art. 61 do Decreto n. 9.579, de 22 de novembro de 2018 (Brasil, 2018a);

e) operador de telemarketing, salvo nas hipóteses de necessidade imperiosa; nesse caso, deve-lhe ser concedido intervalo de 15 minutos antes do início da prorrogação da jornada – item 5.1.3 do Anexo II da NR 17 (Brasil, 2007);

f) empregado que labora em trabalho insalubre, salvo se houver prévia autorização dada pela SRT – art. 60 da CLT – ou se ele labora na jornada 12 × 36. O rito para concessão da autorização pela Superintendência Regional do Trabalho (SRT) segue o regramento contido na Portaria n. 702, de 28 de maio de 2015, do Ministério do Trabalho e Emprego (Brasil, 2015c).

Procedimento na auditoria

Para a verificação da regularidade desse item, o auditor deve examinar os espelhos de ponto dos empregados a fim de identificar os que laboram em jornada extraordinária e se enquadram nas vedações ora descritas.

Possíveis consequências

A violação a essa disposição pode sujeitar o empregador a ser autuado pela auditoria fiscal do trabalho com base no descumprimento dos artigos citados.

9.3 Compensação de jornada

De acordo com a interpretação dada ao parágrafo 2º do art. 59 da CLT (Brasil, 1943), pode ser adotado regime de compensação de jornada mediante ACT/CCT, que consiste na possibilidade de o empregado trabalhar jornada extraordinária em um dia e essa jornada ser compensada em outros dias, de maneira que não exceda, no período máximo de um ano, a soma das jornadas semanais previstas, nem seja ultrapassado o limite máximo de dez horas diárias. É o chamado *banco de horas anual*.

A reforma trabalhista trouxe algumas modificações no tocante ao regime de compensação de jornada, ao introduzir no referido art. 59 o parágrafo 5º, para permitir que seja adotado banco de horas semestral mediante simples acordo individual escrito. Além disso, inseriu o parágrafo 6º nesse mesmo artigo, permitindo a adoção de regime de compensação mensal mediante acordo individual, tácito ou escrito. Ao permitir acordo tácito, eliminou toda e qualquer formalidade para a adoção da compensação mensal (Brasil, 1943). Em resumo, temos os seguintes regimes de compensação de jornada: **mensal**, mediante acordo individual, tácito ou escrito; **semestral**, mediante acordo individual escrito; ou **anual**, por meio de ACT/CCT, sempre respeitando, nos três casos, o limite de dez horas diárias. Com relação aos empregados com idade inferior a 18 anos, por força do art. 413 da CLT, só pode ser adotado regime de compensação mediante ACT/CCT.

Procedimento na auditoria

Para a verificação da regularidade desse item, o auditor deve analisar se a empresa adota regime de compensação de jornada de trabalho e, em caso positivo, se está em consonância com as exigências citadas.

Possíveis consequências

A adoção de regime de compensação em desobediência ao descrito anteriormente pode sujeitar o empregador a ser autuado pela auditoria fiscal do trabalho com base no descumprimento dos parágrafos 2º, 5º ou 6º art. 59 da CLT (Brasil, 1943). Além disso, ele pode ser condenado ao pagamento de horas extraordinárias aos empregados mediante a desconsideração do regime de compensação adotado.

Efeitos da pandemia da covid-19

O art. 14 da MP n. 927/2020, autorizou os empregadores a, durante o estado de calamidade pública, adotar regime especial de compensação de jornada, por meio de banco de horas, estabelecido por meio de acordo coletivo ou individual formal, para a compensação no prazo de até 18 meses, contado da data de encerramento do estado de calamidade pública (Brasil, 2020a).

O parágrafo 1º do art. 14 da referida MP prevê que a compensação de tempo para a recuperação do período interrompido poderá ser feita por intermédio da prorrogação de jornada em até duas horas, que não poderá exceder dez horas diárias, e o parágrafo 2º estabelece que a compensação do saldo de horas poderá ser determinada pelo empregador independentemente de ACT/CCT (Brasil, 2020a).

Ressaltamos que essa MP não foi convertida em lei e perdeu sua vigência no dia 19 de julho de 2020. Assim, a partir do dia seguinte, a regulamentação especial do banco de horas deixou de ter vigência. Há dúvidas quanto ao tratamento a ser dado ao saldo de horas relativo ao período de vigência da referida MP. Considerando que, de acordo com o disposto no parágrafo 11 do art. 62 da Constituição Federal (Brasil, 1988b), diante de não ter havido publicação de decreto legislativo, as relações jurídicas constituídas e decorrentes de atos praticados durante a vigência da MP não convertida em lei conservar-se-ão por ela regidas, é possível interpretar que o eventual saldo pode ser compensado no prazo de 18 meses contados a partir do término do estado de calamidade pública, mas consideramos prudente que ele seja compensado no prazo de 6 meses contados do término da vigência da MP.

9.4 Concessão de intervalo intrajornada

Conforme dispõe o art. 71 da CLT, se o empregado trabalha mais de seis horas por dia, ele tem direito a um intervalo de, no mínimo, uma hora, e no máximo, duas horas. Esse intervalo mínimo pode ser reduzido para até 30 minutos mediante ACT/CCT (inciso III do art. 611-A da CLT). O mesmo art. 71 diz que o intervalo máximo de duas horas pode ser ampliado mediante acordo escrito ou contrato coletivo (Brasil, 1943). Há quem defenda que, depois da Constituição Federal de 1988, a ampliação do intervalo só pode ser autorizada por ACT/CCT. Mas há quem sustente que pode ser acordada diretamente com o empregado, por meio de acordo individual escrito. Cabe ao auditor, no mínimo, alertar o empregador sobre os eventuais riscos de ampliar o intervalo sem a participação do sindicato na negociação.

Em decorrência do disposto no parágrafo 1º do art. 71 da CLT, se o empregado trabalha entre quatro e seis horas por dia, tem de lhe ser concedido um intervalo de 15 minutos.

Tanto o intervalo de 15 minutos quanto o de uma a duas horas não são computados na jornada de trabalho.

Destacamos que, quanto ao intervalo de no mínimo uma hora, o TST adotou no julgamento de recursos repetitivos a Tese n. 14, que diz:

> A redução eventual e ínfima do intervalo intrajornada, assim considerada aquela de até 5 (cinco) minutos no total, somados os do início e término do intervalo, decorrentes de pequenas variações de sua marcação nos controles de ponto, não atrai a incidência do artigo 71, § 4º, da CLT. A extrapolação desse limite acarreta as consequências jurídicas previstas na lei e na jurisprudência. (Brasil, 2020n)

Essa tese trata da aplicação da regra dos minutos residuais na contagem do intervalo, em termos de se ele foi regularmente concedido ou não. Segundo a tese, se o somatório das variações relativas ao início e término do intervalo intrajornada não ultrapassarem cinco minutos, essas variações não trazem consequência para a aferição se esse intervalo intrajornada foi concedido de forma correta. Sendo ultrapassado o limite de cinco minutos, o intervalo será considerado concedido de forma irregular e gerará, para o empregado, o direito à indenização.

De acordo com o parágrafo 4º do art. 71 da CLT (Brasil, 1943), se os intervalos mínimos referidos não forem concedidos, o empregador deverá indenizar o empregado com o valor correspondente ao da hora normal, acrescido do percentual de 50%, proporcional ao tempo suprimido. Por exemplo, se o empregador concedeu intervalo intrajornada de 50 minutos apenas, ele tem de pagar ao empregado indenização correspondente a 10 minutos. Em razão de a reforma trabalhista ter atribuído natureza indenizatória a essa verba, ela não reflete em nenhuma outra nem recebe incidência de FGTS, contribuição previdenciária e imposto de renda. Todavia, mesmo havendo o pagamento dessa indenização, tal ato não afasta a caracterização de infração administrativa decorrente da não concessão do intervalo intrajornada. Apenas com relação aos empregados que trabalham na jornada 12 × 36 é que o pagamento da indenização afasta a caracterização da infração administrativa (item 9.16.2).

Observe no Quadro 9.2, a seguir, alguns exemplos, considerando que o horário contratual é das 8h às 12h e das 13h às 17h.

Quadro 9.2 – Demonstrativo de exemplos de horários de trabalho

Dia	Entrada	Saída	Entrada	Saída
1	7h58min Variação: 2 minutos	12h03min Variação: 3 minutos	12h57min Variação: 3 minutos	17h02min Variação: 2 minutos
	Somatório: 10 minutos. Não há cômputo de horas extras, mas, em razão da aplicação da tese do TST, como o somatório das variações do intervalo ultrapassou 5 minutos, será considerada a concessão de apenas 54 minutos de intervalo intrajornada e, em consequência, são devidos 6 minutos de indenização ao empregado, e o empregador está sujeito à autuação em razão de não ter concedido o intervalo mínimo de uma hora.			
2	7h57min Variação: 3 minutos	12h02min Variação: 2 minutos	12h57min Variação: 3 minutos	17h02min Variação: 2 minutos
	Somatório: 10 minutos. Não há cômputo de horas extras, e mesmo sendo aplicada a tese do TST, como o somatório das variações do intervalo não ultrapassou 5 minutos, será considerada a concessão de uma hora e, em consequência, essa concessão é tida como regular.			
3	7h58min Variação: 2 minutos	12h02min Variação: 2 minutos	12h57min Variação: 3 minutos	17h05min Variação: 5 minutos
	Somatório: 12 minutos. Há cômputo de 12 minutos de jornada extraordinária, e mesmo sendo aplicada a tese do TST, como o somatório das variações do intervalo não ultrapassou 5 minutos, será considerada a concessão de uma hora e, em consequência, essa concessão é tida como regular.			

(continua)

(Quadro 9.2 – conclusão)

Dia	Entrada	Saída	Entrada	Saída
4	7h55min Variação: 5 minutos	12h05min Variação: 5 minutos	12h55min Variação: 5 minutos	17h05min Variação: 5 minutos
	Somatório: 20 minutos. Há cômputo de 20 minutos de jornada extraordinária e, em razão da aplicação da tese do TST, como o somatório das variações do intervalo ultrapassou 5 minutos, será considerada a concessão de apenas 50 minutos de intervalo intrajornada; em consequência, são devidos 10 minutos de indenização ao empregado, e o empregador está sujeito à autuação em razão de não ter concedido o intervalo mínimo de uma hora.			

Procedimento na auditoria

Verificar se os espelhos de ponto estão considerando os parâmetros mencionados e se os intervalos intrajornada cabíveis estão sendo concedidos. Sendo detectados intervalos não concedidos ou concedidos parcialmente, o auditor deve examinar as folhas de pagamento para identificar se está ocorrendo o pagamento da indenização correspondente.

Possíveis consequências

A não concessão do intervalo intrajornada pode sujeitar o empregador a ser autuado pela auditoria fiscal do trabalho em decorrência de não observar a obrigação contida no *caput* do art. 71 (mínimo de uma hora) ou em seu parágrafo 1º (15 minutos) da CLT (Brasil, 1943). Além disso, a não concessão obriga o empregador a indenizar o empregado quanto ao tempo de intervalo que foi suprimido. Caso ele não pague, está sujeito a ser autuado, também, com base no parágrafo 4º do art. 71 da CLT (Brasil, 1943). Caso haja o pagamento, está livre dessa autuação, sendo cabível apenas a relativa à não concessão do intervalo.

9.5 Concessão de intervalo interjornadas

Os empregadores devem observar também o intervalo interjornadas, ou seja, entre o fim da jornada de um dia e o início da jornada do dia seguinte. Essa obrigação está prevista no art. 66 da CLT (Brasil, 1943). Por exemplo, se a jornada de um empregado termina às 22h de uma quarta-feira, ele só pode iniciar sua jornada na quinta-feira, no mínimo, 11 horas depois, ou seja, às 9h.

A CLT não impõe, todavia, obrigação de o empregador efetuar qualquer pagamento ao empregado quando esse limite mínimo não é concedido. Mas o TST tem o entendimento, contido na Súmula n. 110, de que, não sendo concedido esse intervalo, o empregador deve indenizar o empregado com o valor correspondente às horas suprimidas, acrescidas do adicional de 50% (Brasil, 1980). Assim, no exemplo anterior, caso o empregado retornasse ao trabalho às 8h na quinta-feira, ele teria direito ao pagamento de uma indenização correspondente a uma hora, acrescido do adicional de horas extras. Ainda conforme a referida súmula, quando o empregado goza sua folga semanal de 24 horas, o intervalo de 11 horas só começa a ser contado após o computo das 24 horas relativas à folga semanal, ou seja, nesse caso tem de ser observado o período mínimo de 35 horas (Brasil, 1980).

Procedimento na auditoria

Para a verificação da regularidade desse item, o auditor deve examinar os espelhos de ponto a fim de identificar casos de não concessão de intervalo interjornadas.

Possíveis consequências

A não concessão do referido intervalo pode sujeitar o empregador a ser autuado pela auditoria fiscal do trabalho com base no descumprimento do art. 66 da CLT (Brasil, 1943). Além disso, pode ficar sujeito a ter de pagar ao trabalhador o correspondente à indenização relativa às horas suprimidas desse intervalo, com o adicional de 50%.

9.6 Outros intervalos

Conforme visto no item 9.4, o empregador é obrigado a conceder os intervalos previstos em lei, e estes não são computados na jornada de trabalho. Por outro lado, se o empregador conceder outros intervalos não previstos em lei, o tempo desses intervalos será computado na jornada de trabalho, conforme o entendimento do TST exposto na sua Súmula n. 118 (Brasil, 1981). Exemplos comuns desses intervalos são os concedidos durante os turnos da manhã e tarde para o empregado tomar um lanche.

Procedimento na auditoria

Para a verificação da regularidade desse item, o auditor deve examinar os espelhos de ponto a fim de averiguar se o empregador concede intervalos não previstos em lei. Caso constate a concessão, deve identificar se eles estão ou não sendo computados na jornada.

Possíveis consequências

A exclusão do tempo relativo aos intervalos não previstos em lei da jornada do empregado pode sujeitar o empregador a ser autuado pela auditoria fiscal do trabalho em razão de o empregado estar trabalhando além da jornada legal e, ainda, a ser condenado em reclamação trabalhista a ter de considerar o tempo correspondente na jornada e, se for o caso, ao pagamento de horas extraordinárias.

9.7 Concessão de pausas

Há casos em que o empregador é obrigado a conceder pausas para os empregados. Diferentemente do que ocorre com os intervalos, as pausas são computadas na jornada de trabalho. Nos subitens adiante, serão demonstrados alguns exemplos de pausas.

9.7.1 Amamentação

O art. 396 da CLT (Brasil, 1943) garante à mãe duas pausas diárias de 30 minutos cada para amamentar filho de até seis meses de idade. Essas pausas são computadas na jornada de trabalho. O parágrafo 1º desse mesmo artigo diz que, quando a saúde do filho estiver em risco, o período de seis meses poderá ser dilatado, a critério da autoridade competente.
Diante das dificuldades de operacionalização do gozo dessas pausas, a reforma trabalhista permitiu que seja definido um acordo individual entre o empregador e a empregada. É o que prevê o parágrafo 2º do referido artigo. Isso certamente ocorre em razão de, na maioria das vezes, não ser possível que a empregada usufrua das duas

pausas, quando ela, por exemplo, trabalha em um bairro e mora em um bairro distinto e a empresa não dispõe de creche – de nada adiantam essas pausas nesse cenário. Por isso, pode ser combinado entre eles como a empregada irá usufruir das pausas.

Procedimento na auditoria

Para a verificação da regularidade desse item, o auditor deve identificar se as trabalhadoras, ao retornarem da licença-maternidade, celebraram o referido acordo individual e se elas tiveram suas jornadas diárias reduzidas, conforme o contido no acordo.

Possíveis consequências

O não cumprimento dessa obrigação pode sujeitar o empregador a ser autuado pela auditoria fiscal do trabalho com base no descumprimento do art. 396 da CLT (Brasil, 1943), bem como a ser condenado a pagar à empregada o correspondente ao tempo da pausa que não foi concedido como hora extra.

9.7.2 Ambiente frio

O art. 253 da CLT (Brasil, 1943) determina que os empregados que trabalham no interior das câmaras frigoríficas e os que movimentam mercadorias do ambiente quente ou com temperatura normal para o frio – e vice-versa – têm direito a uma pausa de 20 minutos depois de 1 hora e 40 minutos de trabalho contínuo. Essas pausas são computadas na jornada de trabalho.
O TST adotou o entendimento, constante na Súmula n. 438 (Brasil, 2012e), de que não é necessário que o trabalho seja realizado no interior de câmara fria, bastando que o empregado esteja submetido a trabalho contínuo em ambiente artificialmente frio.

Procedimento na auditoria

Para a verificação da regularidade desse item, o auditor deve identificar, pelo tipo de atividade do empregador ou com base na análise do ambiente de trabalho, se há empregados que laboram nessa situação. Pode também analisar o registro de empregados para identificar se há empregados contratados para cargos relacionados a esse trabalho e, por fim, examinar o Programa de Prevenção de Riscos Ambientais (PPRA) para observar se nele consta a identificação de ambientes laborais que apontam trabalho nas condições previstas no art. 253 da CLT (Brasil, 1943). Identificados os trabalhadores, o auditor deve verificar se eles estão usufruindo as referidas pausas. Embora não haja na CLT a obrigação de essas pausas serem registradas, é recomendável que o empregador adote algum tipo de controle da concessão. Tal verificação pode ser feita também por meio de entrevista com os empregados envolvidos ou com uma visita *in loco*.

Possíveis consequências

O não cumprimento dessa disposição pode sujeitar o empregador a ser autuado pela auditoria fiscal do trabalho com base no descumprimento do art. 253 da CLT (Brasil, 1943), bem como a ser condenado a pagar ao empregado o correspondente ao tempo da pausa que não foi concedido como hora extra.

9.7.3 Teleatendimento/telemarketing

Os empregados que laboram na atividade de teleatendimento/telemarketing têm direito a duas pausas de dez minutos contínuos, devendo ser usufruídos fora do posto de trabalho, após os primeiros e antes dos últimos 60 minutos de trabalho. Essas pausas são computadas na jornada de trabalho. Tal disposição está prevista no item 5.4.1 do Anexo II da NR 17 (Brasil, 2007).

Procedimento na auditoria

Para a verificação da regularidade desse item, o auditor deve identificar se há empregados laborando na atividade de teleatendimento/telemarketing e, se for o caso, verificar se eles usufruem das referidas pausas. O item 5.4.4 do referido anexo exige que a concessão das pausas seja consignada em registro impresso ou eletrônico. A verificação pode ser comprovada mediante entrevista com os empregados envolvidos ou com uma visita *in loco* (Brasil, 2007).

Possíveis consequências

O não cumprimento dessa disposição pode sujeitar o empregador a ser autuado pela auditoria fiscal do trabalho com base no descumprimento do item 5.4.1 do Anexo II da NR 17, bem como a ser condenado a pagar aos empregados o correspondente ao tempo da pausa que não foi concedido como hora extra.

9.8 Turno ininterrupto de revezamento

No item 9.1 foi apresentada a jornada normal de trabalho de 8 horas diárias e 44 semanais. Mas a Constituição Federal (Brasil, 1988b) ressalva que os empregados que trabalham no regime de turno ininterrupto de revezamento têm sua jornada reduzida para 6 horas diárias.

Para a caracterização do trabalho no referido regime, utilizamos os parâmetros constantes na Orientação Jurisprudencial n. 360 da Seção de Dissídios Individuais (SDI) (Brasil, 2008c), e do Precedente Administrativo n. 55 da Secretaria de Inspeção do Trabalho (SIT) (Brasil, 2020i). Portanto, essa caracterização ocorre quando o empregado trabalha em sistema de alternância dos turnos diurno e noturno, não sendo necessário que a empresa desenvolva-os de forma ininterrupta.

Um exemplo de empregado laborando nesse regime é o que trabalha como folguista de recepcionista de um hotel. Seu horário de trabalho varia de acordo com a existência de recepcionista de folga. No dia da folga do recepcionista do turno matutino, o folguista trabalha pela manhã; no dia que a folga é do recepcionista da tarde, ele trabalha à tarde; e se é o recepcionista da noite que está de folga, seu trabalho ocorre à noite. Esse é um típico caso de um empregado que trabalha em regime de turno ininterrupto de revezamento e, portanto, sua jornada é de 6 horas diárias, e não 8 horas. Com essa jornada, ele só deve trabalhar 36 horas por semana. Se esse empregado precisa trabalhar 8 horas nos dias que tem de substituir um recepcionista que está de folga, pode ser feito um acordo de compensação de jornada, para que ao final da semana ele não tenha ultrapassado a jornada máxima de 36 horas. Por exemplo, ele pode trabalhar 8 horas diárias em três dias na semana, 6 horas diárias em dois dias e folgar dois dias. Dessa forma, ele terá cumprido a jornada semanal de 36 horas.

Procedimento na auditoria

Para a verificação da regularidade desse item, o auditor deve analisar os espelhos de ponto, visando identificar empregados que laboram no referido regime e, se for o caso, identificar quais são as jornadas diária e semanal efetivas desses empregados.

Possíveis consequências

O não cumprimento dessa disposição pode sujeitar o empregador a ser autuado pela auditoria fiscal do trabalho com base no descumprimento do art. 58 da CLT (Brasil, 1943), segundo o qual a jornada normal deve ser fixada em 8 horas diárias, salvo se não foi fixado outro limite (no caso, limite especial previsto no inciso XIV do art. 7º da Constituição Federal – Brasil, 1988b). Além disso, o empregador pode ser condenado a pagar como horas extraordinárias as trabalhadas além da sexta hora diária e 36 horas semanais.

9.9 Trabalho noturno

A legislação trabalhista trata de forma especial o trabalho realizado durante o horário noturno. O parágrafo 2º do art. 73 da CLT (Brasil, 1943) estabelece que o trabalho noturno urbano é o realizado entre as 22h de um dia e as 5h do dia seguinte. Conforme dispõe o art. 7º da Lei n. 5.889, de 8 de junho de 1973 (Brasil, 1973a), o trabalho noturno rural na lavoura é aquele realizado entre as 21h de um dia e as 5h do dia seguinte, e na pecuária, entre as 20h um dia e as 4h do dia seguinte.
Portanto, o trabalho noturno não se inicia assim que o sol se põe. Ele só começa no horário definido pela legislação. Além disso, a hora noturna é contada a cada 52 minutos e 30 segundos de relógio. É a hora ficta noturna, tratada no próximo item.
Os efeitos financeiros do trabalho noturno (adicional noturno) serão tratados no item 12.1.3.

9.9.1 Hora ficta

O parágrafo 1º do art. 73 da CLT (Brasil, 1943) estabelece que, durante o horário noturno urbano, a hora tem duração de apenas 52 minutos e 30 segundos, ou seja, ela não dura 60 minutos. É a chamada *hora ficta noturna*. Essa redução não ocorre para o trabalho noturno rural.
Assim, há de se verificar se o empregador auditado faz a contagem das horas trabalhadas no horário noturno aplicando essa diretriz. Caso não a aplique, os empregados terminam trabalhando mais do que o devido. Na contagem, deve ser feita a conversão das horas

diurnas em noturnas. A forma mais fácil de fazer essa conversão é dividindo-se a quantidade de horas diurnas por sete e multiplicando-se esse resultado por oito, ou simplesmente multiplicando a quantidade de horas diurnas por 1,142857.

Por exemplo, se um empregado trabalha das 15h às 19h e das 20h às 00h, ele não trabalha oito horas, e sim a seguinte quantidade de horas: das 15h às 19h, quatro horas; das 20h às 22h, duas horas; e das 22h às 00h, duas horas diurnas, que correspondem a 2,29 (2 × 1,142857) horas noturnas. Esse resultado – 2,29 horas – está no formato decimal e, para que o tenhamos no formato horário, temos de multiplicar a parte fracionada 0,29 por 60 minutos, chegando ao resultado de 17,4 minutos. Portanto, esse empregado trabalhou 8 horas e 17 minutos. Se sua jornada normal é de 8 horas diárias, ele tem direito a receber o corresponde a 17 minutos como jornada extraordinária. Outra implicação é que se esse empregado trabalha em atividade em que não pode haver prorrogação de jornada (ver item 9.13.3), esse empregador está sujeito a ser autuado em razão de ter prorrogado jornada indevidamente.

Procedimento na auditoria

Para a verificação da regularidade desse item, o auditor deve analisar os espelhos de ponto dos empregados, visando identificar se a contagem da quantidade de horas dos empregados que laboram no horário noturno urbano está sendo feita levando em consideração a hora ficta noturna.

Possíveis consequências

O não cumprimento dessa disposição pode sujeitar o empregador a ser autuado pela auditoria fiscal do trabalho com base no descumprimento do parágrafo 1º do art. 73 da CLT (Brasil, 1943). Além disso, o empregador pode ser condenado a pagar horas extraordinárias relativas ao tempo que deixou de ser computado na jornada, como no exemplo mencionado.

Há, ainda, outros possíveis desdobramentos decorrentes do fato de a quantidade de horas noturnas trabalhadas não ser computada levando em conta a hora ficta, como, por exemplo, a prorrogação de jornada em atividade não permitida ou a prorrogação de jornada além do limite máximo de duas horas diárias.

9.9.2 Prorrogação do horário noturno

De acordo com o parágrafo 5º do art. 73 da CLT (Brasil, 1943), havendo prorrogação do trabalho noturno, as disposições relativas a esse tipo de trabalho noturno continuam a ser aplicadas, mesmo já não estando mais no horário noturno. Portanto, deverá ser considerada a hora ficta e incidirá o adicional noturno sobre as horas trabalhadas após as 5h. Há discussão quanto à interpretação do termo *prorrogação*, mas o que tem prevalecido no TST é que esta ocorre quando o empregado continua a trabalhar, ainda que esteja dentro de seu horário normal, após as 5h, bem como que a maior parte de sua jornada tenha ficado dentro do horário noturno. Como exemplo, podemos citar um trabalho das 22h às 6h, com uma hora de intervalo, da 1h às 2h. Temos, nesse caso, as seguintes quantidades de horas trabalhadas: das 22h à 1h, três horas contadas no relógio, que correspondem a 3,43 (3 × 1,142857) horas noturnas; das 2h às 5h, três horas contadas no relógio, que correspondem a 3,43 (3 × 1,142857) horas noturnas. Dessa forma, até as 5h, o empregado trabalhou 6,86 horas e, portanto, ainda não atingiu sua jornada máxima. Mesmo assim, das 5h às 6h será computado como horário noturno e, dessa forma, serão totalizadas mais 1,14 horas noturnas, perfazendo uma jornada total de 8 horas. Se a hora trabalhada entre as 5h e as 6h não fosse considerada noturna, o total de horas trabalhadas pelo empregado seria de 7,86 horas, que corresponde a 7 horas e 52 minutos.

Procedimento na auditoria

Para a verificação da regularidade desse item, o auditor deve analisar os espelhos de ponto dos empregados, visando identificar se a contagem da quantidade de horas dos empregados que laboram em prorrogação de horário noturno está sendo feita levando em consideração a hora ficta noturna.

Possíveis consequências

O não cumprimento dessa disposição pode sujeitar o empregador a ser autuado pela auditoria fiscal do trabalho com base no descumprimento do parágrafo 5º do art. 73 da CLT (Brasil, 1943). Além disso, o empregador pode ser condenado a pagar horas extraordinárias relativas ao tempo que deixou de ser computado na jornada, como no exemplo citado.

9.9.3 Horário misto

O cenário elencado no item anterior é diferente quando ocorre horário misto. O parágrafo 4º do art. 73 da CLT (Brasil, 1943) estabelece que, se o trabalho abrange períodos diurnos e noturnos, devem ser aplicadas as disposições relativas ao trabalho noturno apenas com relação ao trabalho realizado nesse horário. Tal situação não se confunde com a do item anterior, pois naquela a maior parte do trabalho foi realizada no horário noturno, que continua a ser realizado no horário diurno.

No horário misto, o trabalho começou no horário diurno e, no decorrer da jornada, entrou no horário noturno, ou pode ter começado no horário noturno e ter continuado sua jornada no horário diurno, sem que a maior parte dela tenha recaído no horário noturno.

Por exemplo, o empregado trabalha das 4h às 8h e das 9h às 13h. Temos, nesse caso, as seguintes quantidades de horas trabalhadas:

das 4h às 5h, uma hora contada no relógio, que corresponde a 1,14 (1 × 1,142857) hora noturna; das 5h às 8h, três horas diurnas; e das 9h às 13h, quatro horas diurnas, perfazendo uma jornada total de 8,14 horas, que corresponde a 8 horas e 8 minutos. Esse empregado, na verdade, trabalhou 8 minutos além de sua jornada normal.

Procedimento na auditoria

Para a verificação da regularidade desse item, o auditor deve analisar os espelhos de ponto dos empregados, visando identificar se a contagem da quantidade de horas dos empregados que laboram em horário misto noturno está sendo feita levando em consideração a hora ficta noturna relativa ao trabalho realizado nesse período.

Possíveis consequências

O não cumprimento dessa disposição pode sujeitar o empregador a ser autuado pela auditoria fiscal do trabalho com base no descumprimento do parágrafo 4º do art. 73 da CLT (Brasil, 1943). Além disso, o empregador pode ser condenado a pagar horas extraordinárias relativas ao tempo que deixou de ser computado na jornada, como no exemplo citado.

9.10 Concessão de descanso semanal

A legislação trabalhista garante aos empregados um descanso semanal remunerado de 24 horas consecutivas, preferencialmente aos domingos (abreviado para DSR – descanso semanal remunerado). Esse direito está previsto no inciso XV do art. 7º da Constituição

Federal (Brasil, 1988b), no art. 67 da CLT (Brasil, 1943) e no art. 1º da Lei n. 605, de 5 de janeiro de 1949 (Brasil, 1949b). Esse direito também é chamado de *repouso semanal remunerado*, o popular RSR.

Não são todas as atividades que podem manter empregados trabalhando em domingos e feriados. Apenas as que constam no anexo do Decreto n. 27.048, de 12 de agosto de 1949 (Brasil, 1949a), e o comércio em geral (de acordo com os arts. 6º e 6ºA da Lei n. 10.101, de 19 de dezembro de 2000) (Brasil, 2000) podem manter empregados trabalhando em domingos. O comércio em geral pode manter empregados laborando em feriados, desde que autorizado por CCT (não pode ser por meio de ACT). Não sendo essas atividades, o trabalho nesses dias precisa ser autorizado pela SRT. Para tanto, o empregador deve entrar com pedido administrativo, nos moldes definidos na Portaria n. 945, de 8 de julho de 2015, do Ministério do Trabalho e Emprego (Brasil, 2015d).

9.10.1 Observância do sétimo dia

Já houve discussão jurídica quanto à interpretação do termo *semanal*, mas o TST firmou o entendimento, esposado na Orientação Jurisprudencial n. 410 da SDI (Brasil, 2010d), de que o empregado não pode trabalhar por sete dias seguidos. No máximo, no sétimo dia ele tem de gozar da folga semanal, sob pena de o empregador ter de lhe pagar o correspondente valor do dia dobrado em razão de não lhe ter concedido tal folga. Até então, havia quem defendesse que o termo *semanal* deveria ser interpretado como o período entre uma segunda-feira e um domingo e, portanto, se o empregado em uma semana folgasse na segunda-feira e, na semana seguinte, folgasse no domingo, a concessão das folgas estaria sendo cumprida, mesmo que o empregado tivesse trabalhado por 12 dias seguidos. Portanto, a primeira diretriz que deve ser observada, sobretudo com relação aos empregados que laboram em regime de escala, é se há empregados que trabalham sete dias. É importante registrar que, embora o empregador efetue o pagamento do valor da dobra do dia relativa à não concessão da folga seminal, ele está sujeito à autuação decorrente do descumprimento de sua obrigação de concedê-la. Desse modo, o pagamento não afasta a configuração da infração administrativa.

Procedimento na auditoria

Para a verificação da regularidade desse item, o auditor deve analisar as escalas de serviços e os espelhos de ponto dos empregados, visando identificar se há casos de empregados que laboram em sete dias seguidos e, em caso positivo, se o empregador efetua o pagamento da dobra correspondente à não concessão da folga semanal.

Possíveis consequências

O não cumprimento dessa disposição pode sujeitar o empregador a ser autuado pela auditoria fiscal do trabalho com base no descumprimento do art. 67 da CLT (Brasil, 1943). Além disso, o empregador pode ser condenado a pagar o valor dobrado relativo à não concessão da folga semanal remunerada.

9.10.2 Coincidência periódica com domingo

A legislação trabalhista menciona que a folga semanal deve ser concedida preferencialmente aos domingos, mas há casos em que os empregados têm de trabalhar nesse dia, folgando em outro dia da semana. Para o comércio em geral, a folga semanal deve coincidir com o domingo, no máximo na 3ª semana (parágrafo único do art. 6º da Lei n. 10.101/2000 – Brasil, 2000). Para as demais atividades, essa coincidência deve ocorrer no máximo na 7ª semana (Portaria n. 417, de 1966 – Brasil, 10 de junho de 1966, do Ministério do Trabalho e Previdência Social). Para as empregadas, independentemente da atividade, o art. 386 da CLT (Brasil, 1943) determina que sua folga coincida com o domingo quinzenalmente. Há quem defenda que esse artigo não foi recepcionado pela Constituição Federal, mas o fato é que ele continua em vigor.

Um ponto que deve ser destacado refere-se à necessidade de serem observadas, em conjunto, as duas regras: concessão do DSR no máximo no sétimo dia e periodicidade máxima da coincidência obrigatória com o domingo. Há casos em que o empregador tem de conceder folga extra a fim de que consiga cumprir as duas obrigações. Por exemplo, a folga de um empregado do ramo do comércio é sempre às terças-feiras, mas, na terceira semana, ele tem direito de folgar no domingo. Nesse caso, o empregador não pode retardar a folga da terça-feira da terceira semana para o domingo, sob pena de infringir a determinação de conceder a folga, no máximo, no sétimo dia.

Procedimento na auditoria

Para a verificação da regularidade desse item, o auditor deve analisar as escalas de serviços e os espelhos de ponto dos empregados, visando identificar se há casos de empregados do ramo do comércio que laboram em três domingos seguidos ou em outras atividades em sete domingos seguidos. E, também, conforme mencionado, se as empregadas trabalham dois domingos seguidos. Deve observar, ainda, se, na semana em que a folga recaiu em domingo, a determinação de que os empregados não trabalhem sete dias seguidos foi aplicada.

Possíveis consequências

O não cumprimento dessa disposição pode sujeitar o empregador a ser autuado pela auditoria fiscal do trabalho com base no descumprimento do parágrafo 1º do art. 68 da CLT (Brasil, 1943) e do parágrafo único do art. 6º da Lei n. 10.101/2000 (Brasil, 2000). Além disso, é possível que, em reclamação trabalhista, o empregador venha a ser condenado a pagar o valor da dobra da folga semanal, em razão de não ter sido observada a periodicidade máxima de coincidência dela com o domingo.

9.11 Concessão de folga em feriado

Os empregados, por força do art. 70 da CLT (Brasil, 1943), têm direito à folga em dias feriados. Mas os empregadores podem manter empregados trabalhando nesses dias e conceder a folga compensatória do feriado em outro dia ou, se for o caso, pagar pelo dia trabalhado em dobro (ver item 9.12). A legislação não prevê, todavia, qual é o prazo para que a concessão da folga compensatória ocorra. Diante da lacuna da lei, interpretamos que ela tem de ser concedida ao longo do mês em que o feriado ocorreu, pois corresponde ao prazo para que o empregador defina se tem de efetuar o pagamento pelo dia trabalhado.

Procedimento na auditoria

Para a verificação da regularidade desse item, o auditor deve analisar os espelhos de ponto dos empregados, visando identificar se os empregados que trabalharam em dia feriado tiveram a correspondente folga compensatória em outro dia ou obtiveram o pagamento da remuneração dobrada do dia.

Possíveis consequências

O não cumprimento dessa disposição pode sujeitar o empregador a ser autuado pela auditoria-fiscal do trabalho com base no descumprimento do art. 70 da CLT (Brasil, 1943). Além disso, o empregador pode ser condenado a pagar o valor dobrado relativo à não concessão da folga compensatória do feriado e de não ter efetuado o correspondente pagamento.

9.12 Consequência do trabalho em domingo ou feriado

Havendo trabalho em dia de domingo ou feriado, o empregado tem direito de ter a folga compensatória em outro dia. O art. 70 da CLT (Brasil, 1943) menciona que, se não for concedida a folga compensatória, o trabalho deverá ser remunerado em dobro.

Já houve muita discussão jurídica em torno de como deve ser interpretada a expressão *em dobro*. A Súmula n. 146 do TST até 2003 estabelecia que o trabalho realizado em dia feriado, não compensado, é pago em dobro e não em triplo. Isso contribuía com a interpretação de que, se no valor do salário mensal já estava incluído o valor de um dia, só restava pagar ao empregado o valor de um dia, de forma simples. Por exemplo, se o salário mensal do empregado era R$ 1.200,00, o valor de um dia era R$ 40,00, e se no valor mensal já estava incluído o do dia feriado, por exemplo, o trabalho nesse dia só tinha de ser remunerado com mais R$ 40,00, sob pena de configurar o triplo. Felizmente, em 2003, o TST alterou a redação dessa súmula e passou a apregoar que "o trabalho prestado em domingos e feriados, não compensado, deve ser pago em dobro, sem prejuízo da remuneração relativa ao repouso semanal" (Brasil, 1982b). A partir de então, parece-nos que não há mais dúvidas, e não havendo concessão da folga compensatória, o empregado tem direito de receber pelo trabalho, no exemplo citado, o valor de R$ 80,00, sem prejuízo do valor incluso em seu salário mensal.

Algumas empresas, de forma incorreta, pagam o valor dobrado do DSR ou feriado como se fossem horas extras. Matematicamente, o valor pago pode até ser o mesmo, mas tecnicamente não é correto o lançamento em rubrica de horas extras, pois disso não se trata.

Apenas com relação ao trabalho em feriado é que o empregador pode escolher entre conceder a folga compensatória ou pagar em dobro pelo dia trabalhado. Quanto ao domingo, a norma determina que seja concedido outro dia de folga, isto é, não é lícita a substituição da folga semanal pelo pagamento do dia, ainda que dobrado. Dessa forma, mesmo havendo o pagamento do dia dobrado pelo trabalho em dia destinado à folga semana, o empregador está sujeito a ser autuado.

Procedimento na auditoria

Para a verificação da regularidade desse item, o auditor deve analisar os espelhos de ponto dos empregados, visando identificar aqueles que trabalharam em dia de domingo ou feriado e que não tiveram a correspondente folga compensatória e, então, verificar se houve o pagamento na correspondente folha de pagamento, observado o cálculo correto do valor, conforme explicado.

Possíveis consequências

O não cumprimento dessa disposição pode sujeitar o empregador a ser autuado pela auditoria fiscal do trabalho com base no descumprimento do art. 70 da CLT (Brasil, 1943). Além disso, o empregador pode ser condenado a pagar o valor dobrado relativo à não concessão da folga compensatória de domingo ou feriado trabalhado ou, se for o caso, o valor que deixou de ser pago em razão de erro no cálculo. Salientamos que, quanto ao DSR, mesmo que o empregador remunere em dobro o empregado em razão de não lhe ter concedido esse descanso, a configuração da infração administrativa não é afastada. Isso só ocorre com relação à remuneração dobrada do feriado trabalhado, sem concessão de folga compensatória.

9.13 Trabalhadores excluídos do capítulo de jornada de trabalho

O art. 62 da CLT (Brasil, 1943) estabelece que, com relação a alguns empregados, não são aplicadas as disposições contidas no capítulo de jornada e descanso da CLT, ou seja, tais empregados não estão abrangidos por essas regras e, portanto, não têm direito a horas extras, adicional noturno, não são obrigados a registrar ponto etc. Os empregadores devem, entretanto, observar se o enquadramento dos empregados nas hipóteses está sendo feito de forma adequada, pois posteriormente o empregado pode questioná-lo judicialmente, e se conseguir o desenquadramento, obterá a condenação do empregador no pagamento das verbas ora aludidas.

9.13.1 Empregados que exercem atividade externa incompatível com a fixação de horário de trabalho

Deve ser observado que não é qualquer atividade externa que caracteriza o enquadramento do empregado no inciso I do art. 62 da CLT (Brasil, 1943), e sim aquela que é incompatível com a fixação de horário de trabalho. Além disso, essa condição tem de estar registrada na Carteira de Trabalho e Previdência Social (CTPS) do empregado. Agora, com a CTPS digital, essa informação é lançada automaticamente pelo aplicativo que a gerencia, desde que o empregador tenha incluído esse dado quando do envio do cadastro do empregado ao eSocial.

Atualmente, é cada vez menor a possibilidade de citarmos exemplos de empregados que laboram nessas condições. Antigamente, eram utilizados como exemplos os motoristas de caminhão, quando não havia qualquer espécie de controle de horário em que eles estavam no volante. Contudo, nos dias atuais, eles não servem mais de exemplo, pois os caminhões são equipados com rastreadores, tacógrafos etc., sendo possível a identificação do tempo em que os motoristas estão no volante. Além disso, desde a entrada em vigor da Lei n. 12.619, de 30 de abril de 2012 (Brasil, 2012a), os motoristas passaram a ter os direitos previstos em seu art. 2° e, entre eles, o contido no inciso V, que consiste em ter sua jornada de trabalho e o tempo de direção controlados de maneira fidedigna pelo empregador, o que poderá ser realizado mediante anotação em diário de bordo, papeleta ou ficha de trabalho externo ou de meios eletrônicos idôneos instalados nos veículos.

Outro exemplo anteriormente utilizado era dos vendedores externos, mas, atualmente, na maioria das vezes, eles se utilizam de equipamentos eletrônicos para o registro de suas visitas e vendas, o que, por si só, em nossa interpretação, constitui uma forma de fiscalização da jornada pelo empregador e, portanto, não caracteriza as condições exigidas no inciso I do art. 62 da CLT (Brasil, 1943).

Podemos, então, finalmente apresentar um exemplo de correta inclusão no referido inciso, que se refere ao vendedor externo que não utiliza qualquer forma de equipamento eletrônico e, portanto, o empregador não dispõe de meios para acompanhar o horário de trabalho dos vendedores.

Por fim, nos casos de trabalho externo que não caracterizam as condições exigidas no inciso I do art. 62 da CLT (Brasil, 1943), os empregados estão sujeitos às disposições do capítulo de jornada de trabalho e descanso e têm de registrar o ponto na forma descrita no item 9.14.

Procedimento na auditoria

Para a verificação da regularidade desse item, o auditor deve analisar o registro dos empregados, visando identificar os que contam com a indicação de que exercem as atividades previstas no inciso I do art. 62 da CLT (Brasil, 1943) e, posteriormente, averiguar se realmente eles laboram em condições que justificam esse enquadramento. Deve analisar, ainda, se a informação desse enquadramento foi lançada na CTPS dos empregados. O auditor deve verificar, também, se, entre os empregados que não registram o ponto, constam aqueles que exercem as atividades externas, já descritas.

Possíveis consequências

O não cumprimento dessa disposição pode sujeitar o empregador a ter descaracterizado o enquadramento dos empregados no inciso I do art. 62 da CLT (Brasil, 1943) e, em consequência, a ser autuado com base no descumprimento aos diversos artigos relativos à jornada de trabalho e descanso, como, por exemplo, registro de ponto, observância de jornada máxima de trabalho, concessão de folga semanal, adicional noturno etc. Além disso, o empregador pode, em reclamação trabalhista movida por empregado, ter descaracterizado o enquadramento no referido inciso do art. 62 e, com efeito, a ser condenado a pagar ao empregado os valores relativos a horas extraordinárias, adicional noturno, folga semanal e em feriado etc.

9.13.2 Gerentes

O inciso II do art. 62 da CLT (Brasil, 1943) cita os gerentes, assim considerados os exercentes de cargos de gestão, aos quais se equiparam, para efeito do disposto neste artigo, os diretores e os chefes de departamento ou filial. O parágrafo único do referido artigo complementa as regras aplicáveis a esses empregados, mencionando que o capítulo de jornada e descanso será aplicável a esses empregados quando o salário do cargo de confiança, compreendendo a gratificação de função, se houver, for inferior ao valor do respectivo salário efetivo acrescido de 40%.

São, portanto, dois requisitos para o correto enquadramento dos empregados no inciso II: o primeiro, que eles exerçam cargo de gestão, ou seja, tenham poderes de mando, que representem o empregador naquele estabelecimento. Esse requisito é subjetivo e, muitas vezes, questionado por empregados em reclamações trabalhistas, alegando que não detinham verdadeiros poderes de mando. O segundo requisito é que eles recebam gratificação de, no mínimo, 40% em relação ao valor de seu salário. Mas a própria norma levanta a possibilidade de que não ocorra o pagamento da gratificação em separado. É possível, portanto, que o salário do gerente seja constituído de uma parcela única. Nesse caso, o entendimento predominante é que o valor de seu salário deve ser mais elevado – em média, 40% em relação aos dos empregados que ele gerencia. É comum encontrarmos empregados que exercem cargo de gerente, mas que não têm qualquer autonomia. Para toda ação que precisem tomar, devem pedir autorização à chefia superior. Tal situação certamente desconfigura a existência de cargo de gestão desse gerente.

O Precedente Administrativo n. 49 da Secretaria de Inspeção do Trabalho (SIT) (Brasil, 2020h) apregoa que o empregador não está desobrigado de controlar a jornada de empregado que detenha simples título de gerente, mas que não detenha poderes de gestão nem receba gratificação de função superior a 40% do salário efetivo.

Procedimento na auditoria

Para a verificação da regularidade desse item, o auditor deve analisar o registro dos empregados, visando identificar se os gerentes enquadrados no inciso II do art. 62 da CLT (Brasil, 1943) realmente atendem aos requisitos de exercer cargo de gestão e de ganhar o correspondente a 40% de gratificação, ou, quando seu salário é constituído de parcela única, se ele é maior, em média, do que o de 40% dos empregados que ele gerencia.

Possíveis consequências

O não cumprimento dessa disposição pode sujeitar o empregador a ter descaracterizado o enquadramento dos gerentes no inciso II do art. 62 da CLT (Brasil, 1943) e, em consequência, a ser autuado com base no descumprimento dos diversos artigos relativos à jornada de trabalho e descanso, como, por exemplo registro de ponto, observância de jornada máxima de trabalho, concessão de folga semanal, adicional noturno etc. Além disso, o empregador pode, em reclamação trabalhista movida por empregado, ter descaracterizado o enquadramento no referido inciso do art. 62 e, com efeito, ser condenado a pagar ao empregado os valores relativos a horas extraordinárias, adicional noturno, folga semanal e em feriado etc.

9.13.3 Empregados que trabalham em regime de teletrabalho

O inciso III do art. 62 da CLT (Brasil, 1943), introduzido pela reforma trabalhista, prevê que os empregados podem laborar no regime de teletrabalho. Essa modalidade de trabalho passou a ser regulada a partir do art. 75-A da CLT, e no artigo seguinte conceitua-se que tal regime consiste na prestação de serviços preponderantemente fora das dependências do empregador, com a utilização de tecnologias de informação e de comunicação que, por sua natureza, não se constituam como trabalho externo.
Ela pode ser acertada expressamente no contrato de trabalho (art. 75-C) ou, para os que já são empregados, ser instituída por meio da celebração de aditivo contratual (art. 75-C, § 1º) ao contrato de trabalho. Já a transformação de teletrabalho em trabalho presencial pode ocorrer por determinação do empregador, com comunicação prévia ao empregado com antecedência mínima de 15 dias, devendo haver correspondente registro em aditivo contratual.
O art. 75-D da CLT (Brasil, 1943) estabelece que as disposições relativas à responsabilidade pela aquisição, pela manutenção ou pelo

fornecimento dos equipamentos tecnológicos e da infraestrutura necessária e adequada à prestação do trabalho remoto, bem como ao reembolso das despesas arcadas pelo empregado, devem ser previstas em contrato ou aditivo contratual escrito. Conforme dispõe o parágrafo único do referido artigo, eventuais utilidades concedidas pelo empregador não integram a remuneração do empregado.

Essas são as condições para a configuração do teletrabalho e o enquadramento do empregado no inciso III do art. 62 da CLT, a fim de que a este não sejam aplicadas as disposições relativas à jornada de trabalho e descanso.

Todavia, o Parecer da Consultoria Jurídica n. 2, de 2018, do então Ministério do Trabalho e Emprego, aprovado pelo seu ministro e publicado no Diário Oficial da União (DOU) do dia 29 de março de 2018 (Brasil, 2018e), portanto com força vinculante a todos os servidores daquele Ministério, apregoa que, caso os empregados que trabalham no regime de teletrabalho sofram fiscalização dos períodos de conexão telemática, localização física ou qualquer outro meio capaz de controlar o horário de início e término de seu labor diário ou semanal, eles serão enquadrados na disposição do art. 7º da Constituição Federal (Brasil, 1988b) e passarão a ter direito à proteção da jornada, inclusive eventuais horas extras etc. Desse modo, o enquadramento na condição de teletrabalho não é absoluto e depende da análise da existência das condições descritas no parecer.

Procedimento na auditoria

Para a verificação da regularidade desse item, o auditor deve analisar o registro dos empregados, visando identificar os que laboram no regime de trabalho e, a partir disso, averiguar se os procedimentos legais foram observados, incluindo a previsão das condições descritas no parecer citado.

Possíveis consequências

O não cumprimento dessa disposição pode sujeitar o empregador a ter descaracterizado o enquadramento dos empregados que laboram no regime de teletrabalho no inciso III do art. 62 da CLT e, em consequência, a ser autuado com base no descumprimento aos diversos artigos relativos à jornada de trabalho e descanso, como registro de ponto, observância de jornada máxima de trabalho, concessão de folga semanal, adicional noturno etc. Além disso, o empregador pode, em reclamação trabalhista movida por empregado, ter descaracterizado o enquadramento no referido inciso do art. 62 e, com efeito, ser condenado a pagar ao empregado os valores relativos a horas extraordinárias, adicional noturno, folga semanal e em feriado etc.

Efeitos da pandemia da covid-19

O art. 4º da MP n. 927/2020, autorizou os empregadores a, durante o estado de calamidade pública, a seu critério, alterar o regime de trabalho de seus empregados de presencial para o teletrabalho, o trabalho remoto ou outro tipo de trabalho a distância e determinar o retorno ao regime de trabalho presencial, independentemente da existência de acordos individuais ou coletivos, dispensado o registro prévio da alteração no contrato individual de trabalho, bastando que haja uma comunicação escrita ou por meio eletrônico com antecedência mínima de 48 horas (Brasil, 2020a).

O parágrafo 3º desse mesmo artigo estabelece que as disposições relativas à responsabilidade pela aquisição, pela manutenção ou pelo fornecimento dos equipamentos tecnológicos e da infraestrutura necessária e adequada à prestação do teletrabalho, trabalho remoto ou trabalho a distância e ao reembolso de despesas arcadas pelo empregado serão previstas em contrato escrito, firmado previamente ou no prazo de 30 dias, contado da data da mudança do regime de trabalho (Brasil, 2020a).

Já o art. 5º dessa MP permitiu expressamente a adoção do regime de teletrabalho, trabalho remoto ou trabalho a distância para estagiários e aprendizes.

Ressaltamos que essa MP não foi convertida em lei e perdeu sua vigência no dia 19 de julho de 2020. Assim, a partir do dia seguinte, a regulamentação especial do banco de horas deixou de ter vigência. Há dúvidas quanto ao tratamento a ser dado ao saldo de horas relativo ao período de vigência da referida MP. Considerando que, de acordo com o disposto no parágrafo 11 do art. 62 da Constituição Federal (Brasil, 1988b), diante de não ter havido publicação de decreto legislativo, as relações jurídicas constituídas e decorrentes de atos praticados durante a vigência da MP não convertida em lei conservar-se-ão por ela regidas, é possível interpretar que os empregados que já estavam trabalhando no regime de teletrabalho podem continuar nessa modalidade. Mas, para que haja transformação de trabalho presencial em teletrabalho a partir do término da vigência da MP, é necessário ser seguida a legislação vigente, ou seja, o art. 75-A da CLT (Brasil, 1943).

9.14 Controle de ponto

Conforme dispõe o parágrafo 2º do art. 74 da CLT (Brasil, 1943), os estabelecimentos que mantêm mais de 20 empregados são obrigados a ter o registro de ponto, com a anotação da hora de entrada e de saída, podendo ser utilizado registro manual, mecânico ou eletrônico. O intervalo pode ser pré-assinalado ou efetivamente registrado pelo empregado.

Já em razão do que dispõe o parágrafo 3º desse mesmo artigo, se o trabalho for executado fora do estabelecimento, o horário dos empregados constará do registro manual, mecânico ou eletrônico em seu poder. Portanto, tais disposições são aplicadas aos casos de trabalho externo em que não se caracteriza o previsto no inciso I do art. 62 da CLT (Brasil, 1943). Esses empregados devem efetivamente registrar seu ponto, já que a nova redação utiliza o termo *registro*. O TST tem o entendimento, contido no inciso I da Súmula n. 338 (Brasil, 1994c), de que se o empregador tinha obrigação de adotar registro de ponto e não o adota e, em consequência, não apresenta em sua defesa em reclamação trabalhista, gera presunção relativa de veracidade da jornada de trabalho alegada pelo empregado.

Procedimento na auditoria

Para a verificação da regularidade desse item, o auditor deve analisar os estabelecimentos do empregador auditado que mantém mais de 20 empregados e se eles adotam um dos tipos de registro de ponto.

Possíveis consequências

O não cumprimento dessa disposição pode sujeitar o empregador a ser autuado pela auditoria fiscal do trabalho com base no descumprimento do parágrafo 2º do art. 71 da CLT (Brasil, 1943). Essa possibilidade inclui os empregadores que adotam tipo de ponto em desconformidade com a regulamentação existente, por exemplo, adotam um sistema eletrônico de ponto em desacordo com as regulamentações contidas na Portaria n. 1.510, de 21 de agosto de 2009, ou na Portaria n. 373, de 25 de fevereiro de 2011, ambas do Ministério do Trabalho e Emprego (Brasil, 2009e; 2011b). Além disso, o empregador pode ser condenado a pagar horas extraordinárias, adicional noturno e/ou folgas semanais não usufruídas alegadas pelo empregado, para as quais o empregador não dispõe dos registros de ponto para se contrapor ao alegado na reclamação trabalhista.

9.14.1 Tipos de controle de ponto

Conforme já apresentado, o parágrafo 2º do art. 74 da CLT (Brasil, 1943) determina que deve ocorrer o registro de ponto manual, mecânico ou eletrônico, conforme instruções expedidas pela Secretaria Especial de Previdência e Trabalho do Ministério da Economia.
Analisemos agora essas modalidades e, quando for o caso, sua correspondente regulamentação.

9.14.1.1 Ponto eletrônico

A Portaria n. 1.510/2009 (Brasil, 2009e), do então Ministério do Trabalho e Emprego, regulamentou a adoção do sistema eletrônico de registro de ponto e instituiu o registrador eletrônico de ponto (REP). A referida portaria não obrigou nenhum empregador a adotar registro eletrônico de ponto, apenas regulamentou que, se essa modalidade fosse adotada, teria de ser utilizado um sistema que estivesse em conformidade com ela.

9.14.1.2 Ponto alternativo

A Portaria n. 373/2011 (Brasil, 2011b), também do então Ministério do Trabalho e Emprego, permitiu a adoção de sistema eletrônico de ponto alternativo ao REP, desde que autorizado por ACT. Ela não permitiu a adoção por meio de CCT. Em seu texto, no art. 3º, elenca os requisitos mínimos que esse sistema alternativo deve obedecer.
Com a alteração trazida pela reforma trabalhista, o art. 611-A da CLT (Brasil, 1943) prevê, no inciso X, a possibilidade de mediante ACT/CCT ser definida modalidade de registro de jornada de trabalho.

9.14.1.3 Ponto por exceção

O parágrafo 4° do art. 71 da CLT (Brasil, 1943) permite que seja adotado registro de ponto por exceção à jornada regular de trabalho, mediante acordo individual escrito – ACT/CCT.

Essa modalidade de ponto consiste em o empregado só ter de registrar seu ponto nos dias em que sua entrada ou saída ocorram em horários diferentes do previsto. Assim, se ele chega ou sai no horário previsto, não há necessidade de o ponto ser anotado.

Muitos veem com preocupação essa modalidade de ponto, sobretudo por não se saber qual será a posição adotada pela Justiça do Trabalho no tocante à quem pertence o ônus de provar a veracidade ou não da jornada alegada pelo empregado em uma reclamação trabalhista.

9.14.1.4 Ponto manual

Não há norma regulamentando a adoção do registro manual. Todavia, a doutrina e a jurisprudência impõem algumas condições, por exemplo, que a anotação preferencialmente seja feita pelo próprio empregado e que, ao final do mês, ele assine a folha de ponto.

Um problema muito frequente no registro manual é que, na maioria das vezes, o horário registrado não reflete o horário real de entrada e saída, mas sim o horário contratual. É o chamado *horário britânico*, em que o registro apresenta os mesmos horários de entrada e saída, dia a dia, sem que haja nenhuma variação. O TST tem o entendimento constante no inciso III de sua Súmula n. 338 de que "os cartões de ponto que demonstram horários de entrada e saída uniformes são inválidos como meio de prova, invertendo-se o ônus da prova, relativo às horas extras, que passa a ser do empregador, prevalecendo a jornada da inicial se dele não se desincumbir" (Brasil, 1994c). Assim, cabe ao auditor verificar se no empregador auditado é adotado registro de ponto manual, se ele efetivamente reflete a jornada ou se contém horário britânico. Em caso de existir horário britânico, o empregador está sujeito a ser autuado com base no descumprimento do parágrafo 2º do art. 71 da CLT (Brasil, 1943).

9.14.1.5 Ponto mecânico

Também não há regulamentação quanto ao ponto mecânico, mas ele se apresenta como uma boa alternativa para empresas de pequeno e médio portes, em que não há grande incidência de jornada extraordinária nem de horário noturno, já que, se existir, demandará muito trabalho manual na apuração das quantidades mediante análise individual do cartão de cada empregado.

O ponto mecânico é capaz de fazer um controle efetivo de horário de entrada e saída dos empregados, com a ressalva de que há possibilidade de um empregado bater o ponto em lugar de outro.

A recomendação feita pela doutrina e pela jurisprudência é que o empregado assine o cartão ao final do mês, atestando que a jornada nele constante é a real.

9.15 Jornadas especiais

Há legislações estabelecendo regulamentação especial quanto à jornada ou ao descanso de empregados que trabalham exercendo, por exemplo, os seguintes cargos ou atividades:

- advogados – art. 20 da Lei n. 8.906/1994 (Brasil, 1994b);
- aeronautas – arts. 26 a 28 da Lei n. 13.475/2017 (Brasil, 2017c);

- aeroviários – art. 20 do Decreto n. 1.232/1962 (Brasil, 1962a);
- artistas – Lei n. 6.533/1978 (Brasil, 1978a);
- assistentes sociais – Lei n. 8.662/1993 (Brasil, 1993);
- bancários – art. 224 da CLT (Brasil, 1943);
- bombeiros civis – Lei n. 11.901/2009 (Brasil, 2009c);
- cabineiro de elevador ou ascensorista – art. 1º da Lei n. 3.270/1957 (Brasil, 1957);
- fisioterapeutas e terapeutas ocupacionais – Lei n. 8.856/1994 (Brasil, 1994a);
- jornalistas, revisores, fotógrafos ou ilustradores – arts. 302 e 303 da CLT (Brasil, 1943); e art. 9º do Decreto-Lei n. 972/1969 (Brasil, 1969);
- marítimos – arts. 248 a 252 da CLT (Brasil, 1943);
- médicos e cirurgiões-dentistas – Lei n. 3.999/1961 (Brasil, 1961);
- minas de subsolos – art. 293 da CLT (Brasil, 1943);
- motoristas – arts. 235-A a 235-H da CLT (Brasil, 1943); Lei n. 12.619/2012 (Brasil, 2012a); e Lei n. 13.103/2015 (Brasil, 2015a);
- músicos – arts. 41 a 53 da Lei n. 3.857/1960 (Brasil, 1960);
- operadores cinematográficos – art. 234 da CLT (Brasil, 1943);
- operadores de telemarketing – Anexo II da NR - 17 (Brasil, 2007);
- operadores telegrafistas – ferroviários, nas estações de tráfego intenso, com limite de seis horas diárias, nos termos do art. 246 da CLT (Brasil, 1943);
- petroleiros – Lei n. 5.811/1972 (Brasil, 1972);
- professor – art. 318 da CLT (Brasil, 1943);
- radialistas – Lei n. 6.615/1978 (Brasil, 1978b);
- serviços de telefonia, telegrafia, de radiotelegrafia ou radiotelefonia – arts. 227 a 231 da CLT (Brasil, 1943);
- técnicos em radiologia – art. 30 do Decreto n. 92.790/1986 (Brasil, 1986a);
- telefonista – art. 227 da CLT (Brasil, 1943).

No caso de o empregador auditado manter empregado em algum desses cargos ou atividades, o auditor deve verificar se as disposições especiais relacionadas às suas jornadas estão sendo aplicadas, pois, caso contrário, o empregador estará sujeito tanto à autuação pela auditoria fiscal do trabalho quanto à condenação em reclamação trabalhista para pagamento de direitos previstos nas legislações especiais e que não foram observadas pelo empregador.

9.16 Jornada 12 × 36

A reforma trabalhista regulamentou a adoção da jornada 12 × 36 dos empregados em geral por meio da inclusão do art. 59-A da CLT (Brasil, 1943), feita pela Lei n. 13.467, de 13 de junho de 2017 (Brasil, 2017b). A partir dessa regulamentação, é possível a adoção dessa jornada mediante acordo individual escrito, ACT/CCT, podendo o intervalo intrajornada ser concedido ou indenizado. O parágrafo único do referido artigo estatui que são considerados compensados os feriados e as prorrogações de trabalho noturno. Por essa razão, diferentemente do que ocorre com relação aos empregados que laboram em outras jornadas, o trabalho realizado a partir das 5h na jornada 12 × 36 não é considerado horário noturno.

Até então, só havia regulamentação dessa jornada para os empregados que exercem a atividade de bombeiro civil, contida na Lei n. 11.901, de 12 de janeiro de 2009 (Brasil, 2009c).

9.16.1 Existência de acordo escrito

Conforme demonstrado no início deste item, para a adoção da jornada 12 × 36, é necessária a existência de acordo escrito entre empregado e empregador, ou ACT/CCT.

Procedimento na auditoria

Para a verificação da regularidade desse item, o auditor deve examinar, nas escalas de trabalho, nos espelhos de ponto ou no registro de empregados, os horários de trabalho, a fim de identificar os empregados que trabalham nessa jornada e averiguar se existe acordo individual escrito ou ACT/CCT.

Possíveis consequências

A não observância desse requisito pelo empregador pode sujeitá-lo a ser autuado com base no descumprimento do art. 59-A da CLT (Brasil, 1943) e, ainda, a ser condenado ao pagamento das horas extras a contar da oitava, em razão da desconsideração do regime de 12 × 36 horas adotado.

9.16.2 Concessão ou indenização de intervalo

Conforme já mencionado, o intervalo de, no mínimo, uma hora pode ser concedido ou indenizado. Quando concedido, esse intervalo termina sendo computado na jornada de trabalho e, em decorrência, o empregado que labora no horário diurno labora, efetivamente, apenas 11 horas. O do horário noturno trabalha, em função da hora ficta, efetivamente, 12 horas. Mas, por força da autorização dada pelo art. 59-A da CLT (Brasil, 1943), o empregador pode manter o empregado trabalhando durante as 12 horas ininterruptas e, em troca, indenizar o correspondente ao intervalo. O valor dessa indenização corresponde ao valor da hora normal acrescido do adicional de 50%.

Esse trabalho ininterrupto não é possível em todos os casos e atividades, dada a impossibilidade humana de passar tanto tempo sem se alimentar. Caso haja o pagamento da indenização, está afastada a caracterização de infração administrativa, já que o *caput* do art. 59-A da CLT garante ao empregador a prerrogativa de escolher entre conceder o intervalo ou indenizar o empregado em razão de não o ter concedido. Mas isso só ocorre com relação aos empregados que trabalham no regime de 12 × 36. Quanto aos empregados que trabalham nos demais regimes de jornada, se não houver a concessão do intervalo, e ainda que ocorra o pagamento da correspondente indenização, a infração administrativa estará caracterizada.

Procedimento na auditoria

Para a verificação da regularidade desse item, o auditor deve analisar se os horários adotados para os empregados que laboram no regime de 12 × 36 preveem o gozo do intervalo intrajornada. Não sendo concedido, deve verificar se, na folha de pagamento, consta a correspondente indenização, equivalente a uma hora por dia, trabalhando, normalmente 15 horas mensais.

Possíveis consequências

A ausência do pagamento da indenização pode sujeitar o empregador a ser autuado pela auditoria fiscal do trabalho com base no descumprimento do parágrafo 4º do art. 71 da CLT (Brasil, 1943) e, ainda, a ser condenado ao pagamento dessa indenização em reclamação trabalhista movida pelo empregado.

FÉRIAS

10

O direito às férias está regulamentado a partir do art. 129 da Consolidação das Leis do Trabalho (CLT) e se constitui em um período anual sem a obrigação de trabalhar, mediante o recebimento do salário desses dias com o acréscimo de um terço (Brasil, 1943).

Conforme dispõe o art. 130 da CLT (Brasil, 1943), a quantidade de dias de férias a que o empregado tem direito depende da ocorrência de faltas injustificadas ao longo do período aquisitivo a que as férias se referem.

10.1 Observância de período aquisitivo

O art. 134 da CLT (Brasil, 1943) determina que as férias individuais serão concedidas por ato do empregador nos 12 meses subsequentes à data em que o empregado tiver adquirido o direito, ou seja, nos meses seguintes ao período aquisitivo.

Embora a CLT mencione isso claramente, é comum empregadores concederem férias individuais antes que o correspondente período aquisitivo tenha se esgotado. Consideramos temerária essa prática, pois está em desconformidade com a expressa disposição legal.

Procedimento na auditoria

Para a verificação da regularidade desse item, o auditor deve analisar os avisos e os recibos de férias, a fim de identificar casos de concessão de férias individuais antes de completado o período aquisitivo de férias.

Possíveis consequências

A não observância dessa disposição pode sujeitar o empregador a ser autuado pela auditoria fiscal do trabalho com base no descumprimento do art. 134 da CLT (Brasil, 1943) e, ainda, a ser condenado em reclamação trabalhista a indenizar as férias correspondentes, em razão de a concessão ter sido descaracterizada por não ter observado as disposições a ela atinentes.

Efeitos da pandemia da covid-19

A Medida Provisória (MP) n. 927, de 22 de março de 2020, no inciso II do parágrafo 1º do art. 6º, permitiu que, durante o estado de calamidade pública, fossem concedidas férias, por ato unilateral do empregador, relativas a período aquisitivo ainda não completado (Brasil, 2020a). Nesse caso, não há alteração do período aquisitivo, mas mera antecipação.

Ainda, conforme dispõe o parágrafo 2º do mesmo artigo, mediante acordo escrito entre empregado e empregador, pode ser feita a antecipação de períodos futuros de férias (Brasil, 2020a).

Ressaltamos que essa MP não foi convertida em lei e perdeu sua vigência no dia 19 de julho de 2020. Assim, a partir do dia seguinte, deixou de ser considerada legal a concessão de férias relativas a período aquisitivo ainda não completado.

10.2 Concessão das férias

O período em que as férias são concedidas é definido pelo empregador, visando atender à época em que melhor respeite seus interesses (art. 136 da CLT – Brasil, 1943). Há exceções a essa disposição, previstas nos parágrafos 1º e 2º desse mesmo artigo. A concessão das férias deve recair no período concessivo, correspondente aos 12 meses seguintes ao período aquisitivo (art. 134 da CLT – Brasil, 1943).

O art. 137 da CLT (Brasil, 1943) determina que, caso as férias sejam concedidas depois do período concessivo, o empregador tem de pagar a remuneração das férias em dobro. É importante lembrar que, mesmo havendo o pagamento da dobra das férias, a infração administrativa relativa à não concessão das férias no período concessivo é caracterizada.

Procedimento na auditoria

Para a verificação da regularidade desse item, o auditor deve analisar os avisos e os recibos de férias, com o fim de identificar se elas foram concedidas no período concessivo de férias e se os empregados que as gozaram após o correspondente período concessivo receberam a remuneração dobrada.

Possíveis consequências

O não cumprimento da disposição relativa à concessão das férias até o término do período concessivo pode sujeitar o empregador a ser autuado pela auditoria fiscal do trabalho com base no descumprimento do art. 134 da CLT (Brasil, 1943), ainda que o empregador tenha pagado a remuneração dobrada ao empregado. Caso este não tenha recebido a remuneração dobrada, além da autuação já referida, o empregador estará sujeito a ser autuado com base no descumprimento à obrigação contida no art. 137 da CLT.

Efeitos da pandemia da covid-19

O art. 7º da MP n. 927/2020 autorizou os empregadores a, durante o estado de calamidade pública, suspender as férias ou licenças não remuneradas dos profissionais da área de saúde ou daqueles que desempenhem funções essenciais, mediante comunicação formal da decisão ao trabalhador, por escrito ou por meio eletrônico, preferencialmente com antecedência de 48 horas (Brasil, 2020a). Ressaltamos que essa MP não foi convertida em lei e perdeu sua vigência no dia 19 de julho de 2020. Assim, a partir do dia seguinte, deixou de haver amparo legal para a suspensão de férias de empregados.

10.2.1 Aviso de férias

O art. 135 da CLT (Brasil, 1943) determina que o empregado seja avisado por escrito da concessão das férias com antecedência mínima de 30 dias. Em caso de fracionamento das férias, esse aviso deve ser feito com antecedência mínima de 30 dias em relação a cada período fracionado, mas nada impede que o empregador, já no aviso do primeiro período, deixe consignados os períodos de gozo dos demais períodos fracionados.

Procedimento na auditoria

Para a verificação da regularidade desse item, o auditor deve analisar os avisos de férias, com o fim de identificar se os empregados são cientificados com a antecedência mínima de 30 dias.

Possíveis consequências

O não cumprimento dessa disposição pode sujeitar o empregador a ser autuado pela auditoria fiscal do trabalho com base no descumprimento do art. 135 da CLT (Brasil, 1943). Há, ainda, o risco de, em reclamação trabalhista movida pelo empregado, as férias concedidas serem invalidadas, em razão de não ter sido feito o aviso com a antecedência mínima exigida.

Efeitos da pandemia da covid-19

A MP n. 927/2020, no *caput* do art. 6º, autorizou os empregadores a, durante o estado de calamidade pública, comunicarem a concessão das férias individuais aos empregados, por escrito ou por meio eletrônico, com antecedência de apenas 48 horas. Portanto, flexibilizou a forma, ao permitir a comunicação por meio eletrônico, e o prazo, reduzindo de 30 dias para 48 horas (Brasil, 2020a).
Ressaltamos que essa MP não foi convertida em lei e perdeu sua vigência no dia 19 de julho de 2020. Assim, a partir do dia seguinte, a comunicação das férias voltou a ser devida com 30 dias de antecedência.

10.2.2 Observância de antecedência mínima relativa à folga semanal e a feriados

O parágrafo 3º do art. 134 da CLT (Brasil, 1943) estabelece que é vedado o início das férias no período de dois dias que antecedem feriado ou dia de descanso semanal remunerado (DSR). Observe que a norma não tratou de domingo, e sim do dia do DSR. Portanto, se o empregado trabalha de segunda-feira a sábado, suas férias não podem ter início no domingo, nem no sábado nem na sexta-feira que o antecedem. E se, em determinada semana, a sexta-feira for feriado, as férias não podem começar também na própria sexta-feira, na quinta-feira ou na quarta-feira. Mas se o empregado trabalha com folga na quinta-feira, suas férias só não podem começar na própria quinta-feira, nem na quarta-feira, nem na terça-feira.

Procedimento na auditoria

Para a verificação da regularidade desse item, o auditor deve analisar os avisos e os recibos de férias e compará-los, quando for o caso, com as escalas de folga, a fim de identificar se a antecedência mínima exigida de dois dias está sendo observada.

Possíveis consequências

O não cumprimento dessa disposição pode sujeitar o empregador a ser autuado pela auditoria fiscal do trabalho com base no descumprimento do parágrafo 3º do art. 134 da CLT (Brasil, 1943). Há, ainda, o risco de, em reclamação trabalhista movida pelo empregado, as férias concedidas serem invalidadas, em razão de não ter sido observada a antecedência mínima de dois dias antes do DSR ou feriado.

10.2.3 Fracionamento de férias

Normalmente, as férias têm de ser concedidas em um único período (art. 134 da CLT – Brasil, 1943), mas o parágrafo 1º desse artigo permite que, mediante acordo com o empregado, haja um fracionamento em até três períodos, desde que um deles não seja inferior a 14 dias e que os demais não sejam inferiores a cinco dias.

Procedimento na auditoria

Para a verificação da regularidade desse item, o auditor deve analisar os avisos e os recibos de férias, a fim de identificar se, nos casos em que houve fracionamento das férias, houve a prévia concordância do empregado e se foram respeitados os períodos mínimos de cada período fracionado.

Possíveis consequências

A não observância dessa disposição pode sujeitar o empregador a ser autuado pela auditoria fiscal do trabalho com base no descumprimento do parágrafo 1º do art. 134 da CLT (Brasil, 1943) e, ainda, a ser condenado em reclamação trabalhista a indenizar as férias correspondentes, em razão de a concessão ter sido descaracterizada por não ter observado as disposições a ela atinentes.

Efeitos da pandemia da covid-19

A MP n. 927/2020, no inciso I do parágrafo 1º do art. 6º, permitiu que, durante o estado de calamidade pública, fossem concedidas férias fracionadas, por ato unilateral do empregador, com observância apenas do período mínimo de cinco dias. Portanto, ficou dispensada a concordância do empregado para o fracionamento das férias concedidas no período (Brasil, 2020a).

Ressaltamos que essa MP não foi convertida em lei e perdeu sua vigência no dia 19 de julho de 2020. Assim, a partir do dia seguinte, o fracionamento deixou de ser realizado considerando a regra especial trazida por tal MP.

10.2.4 Pagamento das férias

O art. 145 da CLT (Brasil, 1943) estabelece que o pagamento da remuneração das férias (englobando o salário dos dias de férias e o terço constitucional de férias) e, se for o caso, do abono pecuniário de férias deve ser efetuado até dois dias antes do início do respectivo período.

O Tribunal Superior do Trabalho (TST) tem o entendimento, constante na Orientação Jurisprudencial n. 386 da Seção de Dissídios Individuais (SDI) (Brasil, 2010c), de que, ainda que as férias tenham sido concedidas dentro do período concessivo, se elas não foram pagas com a antecedência mínima de dois dias, elas têm de ser remuneradas em dobro.

Conforme dispõe o art. 142 da CLT (Brasil, 1943), o valor da remuneração das férias corresponde ao valor do salário do empregado na época da concessão, incluindo os adicionais por trabalho extraordinário, noturno, insalubre ou perigoso. Caso, no momento das férias, o empregado não esteja recebendo o mesmo adicional do período aquisitivo, ou quando o valor deste não tiver sido uniforme, deverá ser computada a média duodecimal recebida naquele período.

Para os casos em que o empregado recebe por hora, com jornadas variáveis, ou recebe por tarefa, deve ser calculada a média das quantidades de horas ou de tarefas relativas ao período aquisitivo a que as férias se referem e multiplicar essa média pelo valor da hora ou da tarefa na época da concessão das férias. Na hipótese de empregado com salário pago por percentagem ou comissão, deve ser calculada a média dos valores relativos aos 12 meses que antecedem a concessão das férias.

Procedimento na auditoria

Para a verificação da regularidade desse item, o auditor deve analisar os recibos de férias, com o objetivo de identificar se o pagamento da remuneração das férias foi feito obedecendo à antecedência mínima de dois dias. Para as empresas que efetuam pagamento de salário mediante depósito bancário, o exame da conformidade deve ser feito por meio da análise dos comprovantes de depósito. Deve verificar, ainda, se as remunerações das férias foram calculadas corretamente.

Possíveis consequências

A não observância dessa disposição pode sujeitar o empregador a ser autuado pela auditoria fiscal do trabalho com base no descumprimento dos arts. 142 e/ou 145 da CLT (Brasil, 1943) e, ainda, a ser condenado em reclamação trabalhista a ter de pagar o correspondente à diferença de remuneração de férias ou à dobra da remuneração das férias, em razão de não ter sido observada a antecedência legal mínima.

Efeitos da pandemia da covid-19

O art. 9º da MP n. 927/2020 autorizou os empregadores, no que se refere às férias concedidas em razão do estado de calamidade pública, a efetuarem o pagamento do salário dos dias de férias no 5º dia útil do mês seguinte ao início do gozo. E, no art. 8º, quanto às férias concedidas durante o estado de calamidade pública, a MP apregoa que o terço constitucional das férias seja pago até o dia 20 de dezembro de 2020, mesmo prazo para o pagamento da parcela final do 13º salário (Brasil, 2020a).

Ressaltamos que essa MP não foi convertida em lei e perdeu sua vigência no dia 19 de julho de 2020. Assim, a partir do dia seguinte, as férias concedidas a partir de então tiveram de ter o correspondente pagamento da remuneração com antecedência de dois dias em relação ao início do gozo. Já no que diz respeito ao terço constitucional das férias concedidas durante a vigência da MP, considerando que, de acordo com o disposto no parágrafo 11 do art. 62 da Constituição Federal (Brasil, 1988b), diante de não ter havido publicação de decreto legislativo, as relações jurídicas constituídas e decorrentes de atos praticados durante a vigência da MP não convertida em lei conservar-se-ão por ela regidas. Logo, entendemos que o prazo para seu pagamento se manteve para o dia 20 de dezembro de 2020.

10.3 Abono pecuniário

O art. 143 da CLT (Brasil, 1943) prevê que ao empregado é facultado converter um terço do período de férias a que tem direito em abono pecuniário. É o que se diz popularmente: "vender parte das férias", ou seja, o empregado goza menos dias férias (dois terços) e trabalha um terço desses dias, recebendo o correspondente salário.

O parágrafo 1º desse mesmo artigo menciona que o empregado deve comunicar seu empregador sobre sua intenção com antecedência mínima de 15 dias em relação ao término do período aquisitivo de férias. Apenas se cumprido o prazo pelo empregado é que o empregador é obrigado a fazer a conversão solicitada. Por outro lado, o empregador não pode impor a conversão, ou seja, ela só pode ocorrer se o empregado concordar.

Procedimento na auditoria

Para a verificação da regularidade desse item, o auditor deve analisar os dossiês dos empregados, com o objetivo de encontrar eventuais requerimentos de conversão de parte de férias em abono pecuniário apresentados no prazo legal, bem como de averiguar se eles foram operacionalizados pelo empregador. Essa verificação pode ser feita também com o auxílio da entrevista com empregados.

Possíveis consequências

A não observância dessa disposição pode sujeitar o empregador a ser autuado pela auditoria fiscal do trabalho com base no descumprimento do art. 143 da CLT (Brasil, 1943).

Efeitos da pandemia da covid-19

O parágrafo único do art. 8º da MP n. 927/2020 estabelece que, durante o estado de calamidade pública, mesmo o empregado tendo observado a antecedência mínima de 15 dias em relação ao término do período aquisitivo para a apresentação de seu requerimento de conversão de parte de suas férias em abono pecuniário, o empregador não é obrigado a fazer essa conversão (Brasil, 2020a).

Ressaltamos que essa MP não foi convertida em lei e perdeu sua vigência no dia 19 de julho de 2020. Assim, a partir do dia seguinte, o empregador voltou a ser obrigado a converter um terço das férias dos empregados que fizeram o requerimento no prazo legal.

10.4 Férias coletivas

A CLT (Brasil, 1943) confere um tratamento especial às férias coletivas. Em seu art. 139, estabelece que o empregador pode conceder férias coletivas a todos os seus empregados ou de determinados estabelecimentos ou setores. No parágrafo 1º desse mesmo artigo, o texto legal dispõe que essas férias podem ser gozadas em dois períodos anuais, desde que nenhum deles seja inferior a dez dias corridos. Por fim, o artigo determina que o empregador comunique a Superintendência Regional do Trabalho (SRT), os sindicatos e os empregados com antecedência mínima de 15 dias. Registramos que, em razão do que dispõe o inciso V do art. 51 da Lei Complementar n. 123, de 14 de dezembro de 2006, as microempresas/empresas de pequeno porte (ME/EPP) estão dispensadas da comunicação à SRT (Brasil, 2006a).

O art. 140 da CLT (Brasil, 1943) menciona que os empregados contratados há menos de 12 meses devem gozar, na oportunidade, de férias proporcionais, iniciando-se, então, um novo período aquisitivo.

Observe que apenas para as férias coletivas há permissão para a concessão de férias antes de terminado o período aquisitivo. A CLT é omissa quanto ao que deve ser feito com relação aos empregados que já contam com mais de um ano de tempo de serviço na empresa, mas não dispõem de nenhum período aquisitivo completo pendente de gozo. Há quem defenda que deve ser aplicado por analogia o disposto no art. 140, concedendo-se férias proporcionais e iniciando-se novo período aquisitivo de férias. Outros sustentam que devem ser concedidas férias integrais, meramente antecipando-se as férias relativas ao período aquisitivo em curso.

Tanto no caso dos empregados que têm menos de um ano quanto dos que têm mais de um ano, mas sem período aquisitivo pendente de gozo, há também discussão jurídica relativa ao tratamento que deve ser dado aos dias de férias que ultrapassa a quantidade a que o empregado já tem direito. Por exemplo, o empregado trabalha há oito meses na empresa, já tendo direito a 20 dias de férias, mas o empregador vai conceder férias coletivas de 30 dias. O empregador pode determinar que esse empregado retorne ao trabalho durante os dez dias que os demais estão gozando férias coletivas? O entendimento predominante é de que as férias coletivas não podem ser concedidas a apenas parte de empregados de um setor. A solução apontada pela maioria consiste em esses dez dias serem considerados como licença remunerada.

Procedimento na auditoria

Para a verificação da regularidade desse item, o auditor deve examinar a documentação relativa à concessão de férias coletivas, para identificar se os seguintes pontos foram observados: (a) se foi feita a comunicação com antecedência mínima de 15 dias à SRT (exceto para ME/EPP), aos sindicatos e aos empregados; (b) se as férias coletivas foram dadas a todos os empregados de um setor, de um estabelecimento ou do empregador; (c) se os empregados que não têm um período aquisitivo de férias pendente de gozo usufruíram férias proporcionais e tiveram iniciado um novo período aquisitivo de férias; (d) se os empregados mencionados no item "c" tiveram considerados os dias de férias excedentes como licença remunerada.

Possíveis consequências

A não observância das disposições mencionadas pode sujeitar o empregador a ser autuado pela auditoria fiscal do trabalho com base no descumprimento dos seguintes artigos: (a) comunicação com antecedência mínima de 15 dias à SRT, ao sindicato e aos empregados – art. 139, parágrafos 2º e 3º da CLT (Brasil, 1943); (b) deixar de conceder férias aos empregados que não têm um período aquisitivo de férias pendente de gozo – art. 140 da CLT (Brasil, 1943).

Efeitos da pandemia da covid-19

A MP n. 927/2020 estabelece, em seu art. 11, que, durante o estado de calamidade pública, o empregador poderá, a seu critério, conceder férias coletivas, bastando notificar o conjunto de empregados afetados com antecedência de, no mínimo, 48 horas, não sendo aplicáveis o limite máximo de períodos anuais e o limite mínimo de dias corridos previstos na CLT. Portanto, pode ser em mais de dois períodos, e não sendo necessária a observância da quantidade mínima de dez dias para cada período. O art. 12 da mesma MP dispensou, durante esse mesmo período, a comunicação prévia à SRT e aos sindicatos representativos da categoria profissional (Brasil, 2020a).
Ressaltamos que essa MP não foi convertida em lei e perdeu sua vigência no dia 19 de julho de 2020. Assim, para as férias coletivas concedidas a partir do dia seguinte, a comunicação das férias voltou a ser devida com 15 dias de antecedência.

10.5 Hipóteses de perda do direito às férias

O art. 133 da CLT (Brasil, 1943) elenca as hipóteses em que o empregado perde o direito às férias. Apresentamos, a seguir, os casos mais comuns:

a) Quando o empregado, durante esse período aquisitivo, permanece em gozo de licença remunerada por mais de 30 dias ou deixa de trabalhar, com percepção do salário, por mais de 30 dias, em virtude de paralisação parcial ou total dos serviços da empresa. Há uma linha interpretativa que defende que essas duas possibilidades de perda do direito às férias não eliminam a obrigação de o empregador pagar o correspondente ao terço constitucional de férias ao empregado. Há decisões no âmbito do TST nesse sentido.

b) Quando o empregado, durante o período aquisitivo, tiver percebido do Instituto Nacional do Seguro Social (INSS) prestações de auxílio-doença por mais de seis meses, mesmo que descontínuos.

Procedimento na auditoria

Para a verificação da regularidade desse item, o auditor deve verificar se, nos casos em que o empregador auditado reconheceu a perda do direito às férias dos empregados, esse reconhecimento foi feito de acordo com as disposições legais.

Possíveis consequências

A não observância dessa disposição pode sujeitar o empregador a ser autuado pela auditoria fiscal do trabalho com base no descumprimento do art. 129 da CLT (Brasil, 1943) e, ainda, a ser condenado em reclamação trabalhista a indenizar as férias correspondentes, em razão de não terem sido concedidas férias relativas a determinado período aquisitivo.

DÉCIMO TERCEIRO SALÁRIO

11

O décimo terceiro salário, originalmente chamado de *gratificação natalina*, é um direito regulamentado pelas Leis n. 4.090, de 13 de julho de 1962, e n. 4.749, de 12 de agosto de 1965, complementado pelo Decreto n. 57.155, de 3 de novembro de 1965 (Brasil, 1962b; 1965b; 1965a).

De acordo com o art. 1º da Lei n. 4.090/1962, o décimo terceiro salário deve ser pago no mês de dezembro de cada ano (Brasil, 1962b).

Já o art. 1º da Lei n. 4.749/1965 é mais específico e estabelece que o décimo terceiro salário deve ser pago até o dia 20 de dezembro de cada ano (Brasil, 1965b), e o art. 2º dessa mesma lei determina que, entre os meses de fevereiro e novembro de cada ano, o empregador deve pagar o adiantamento do décimo terceiro salário, correspondente à metade do valor do salário recebido no mês anterior. O parágrafo 2º do art. 3º do Decreto n. 57.155/1965 estatui que o empregador não está obrigado a pagar o adiantamento a todos os empregados no mesmo mês, ou seja, ele pode escolher os empregados a quem vai pagar, por exemplo, no mês de julho, no mês de agosto (Brasil, 1965a). O que ele tem de cumprir é com a obrigação de até 30 de novembro ter pago o adiantamento do 13º salário a todos os seus empregados.

O parágrafo único do art. 1º do Decreto n. 57.155/1965 determina que o valor do décimo terceiro salário corresponde a 1/12 avos da remuneração devida em dezembro, por mês de serviço, do ano correspondente, e a fração igual ou superior a 15 dias de trabalho será havida como mês integral (Brasil, 1965a). O art. 4º desse decreto estabelece que o adiantamento deve ser pago ao ensejo das férias do empregado, sempre que este o requerer no mês de janeiro do correspondente ano.

O parágrafo único do art. 2º desse mesmo decreto estatui que o empregador deve, até o dia 10 de janeiro do ano seguinte, recalcular o valor do décimo terceiro salário, computando a parcela remuneratória variável do mês de dezembro e, se for o caso de ser devida diferença, quitá-la nesse mesmo prazo ou efetuar eventual compensação de valor pago a maior na folha de pagamento do mês de janeiro (Brasil, 1965a).

De todos esses normativos, podemos fazer o seguinte resumo: o empregador é obrigado a pagar o décimo terceiro em duas parcelas, devendo quitar o adiantamento desse salário de todos os seus empregados até o dia 30 de novembro, salvo os que requererem que seja pago junto com suas férias. A segunda parcela do décimo terceiro salário tem de ser paga até o dia 20 de dezembro do ano. Na hipótese de empregado que recebe remuneração variável, o empregador deve refazer o cálculo do décimo terceiro salário até o dia 10 de janeiro do ano seguinte e, se for o caso, quitar eventual diferença ou, em caso de o pagamento ter sido a maior, efetuar o correspondente desconto na folha de pagamento do mês de janeiro.

O valor do décimo terceiro salário corresponde ao valor da remuneração no mês de dezembro e, quando o empregado recebe parcelas variáveis, deve ser calculada a média dos valores recebidos durante o ano. O adiantamento do décimo terceiro salário corresponde à metade da remuneração devida no mês anterior ao do adiantamento.

É de se registrar que, conforme o inciso V do art. 611-B da CLT (Brasil, 1943), constitui objeto ilício de Acordo Coletivo de Trabalho/ Convenção Coletiva de Trabalho (ACT/CCT) a pactuação visando reduzir o valor nominal do décimo terceiro salário. Dessa forma, pode ser objeto de negociação a definição de prazos diferentes para o pagamento tanto do adiantamento quanto da parcela final ou, até mesmo, o pagamento pode ser feito em parcela única.

Procedimento na auditoria

Para a verificação da regularidade desse item, o auditor deve analisar se: (a) o empregador pagou o adiantamento do décimo terceiro salário com a remuneração das férias aos empregados que assim o requereram até o final de janeiro; (b) o empregador quitou o adiantamento do décimo terceiro dos demais empregados até o dia 30 de novembro, considerando o valor do salário devido no mês anterior; (c) o empregador quitou a parcela final do décimo terceiro de todos seus empregados até o dia 20 de dezembro de 2020, considerando o valor do salário devido em dezembro; (d) os empregados admitidos ao longo do ano tiveram o valor de seu décimo terceiro salário calculado à base de 1/12 avos por mês de serviço, considerando o valor do salário devido no mês em que o adiantamento foi pago e em dezembro; (e) o empregador efetuou o ajuste do valor do décimo terceiro salário até o dia 10 do mês de janeiro seguinte dos empregados que recebem remuneração variável; (f) se houve pactuação em ACT/CCT relativa à diferenciação de prazo para quitação do décimo terceiro salário.

Possíveis consequências

A não observância dessas disposições pode sujeitar o empregador a ser autuado pela auditoria fiscal do trabalho com base no descumprimento dos seguintes artigos: (a) pagamento de adiantamento do décimo terceiro salário com a remuneração das férias aos empregados que assim o requereram até o final de janeiro ou dos demais empregados até o dia 30 de novembro, considerando o valor do salário devido no mês anterior – art. 1º da Lei n. 4.090/1962 (Brasil, 1962b); (b) pagamento da parcela final do décimo terceiro de todos seus empregados até o dia 20 de dezembro de 2020 – art. 1º da Lei n. 4.090/1962; (Brasil, 1962b); (c) ajuste do valor do décimo terceiro salário até o dia 10 do mês de janeiro seguinte dos empregados que recebem remuneração variável – art. 1º da Lei n. 4.090/1962 (Brasil, 1962b), combinado com o parágrafo único do art. 2º do Decreto n. 57.155/1965 (Brasil, 1965a).

Além disso, o empregador está sujeito a ser condenado em reclamação trabalhista movida pelo empregado a pagar-lhe valores de eventuais diferenças de décimo terceiro salário.

PROCEDIMENTOS NA FOLHA DE PAGAMENTO

12

Os empregadores têm obrigação de elaborar folha de pagamento não só de seus empregados, mas também de todas as pessoas físicas que lhe prestam serviço.
Essa obrigação estava contida apenas na legislação previdenciária, no inciso I do art. 32 da Lei n. 8.212, de 24 de julho de 1991, que assim menciona: "Art. 32. A empresa é também obrigada a: I – preparar folhas-de-pagamento das remunerações pagas ou creditadas a todos os segurados a seu serviço, de acordo com os padrões e normas estabelecidos pelo órgão competente da Seguridade Social" (Brasil, 1991a).
Esse artigo é complementado pelo art. 225 do Decreto n. 3.048, de 6 de maio de 1999, cujo parágrafo 9º detalha o que deve conter a folha de pagamento e como ela deve ser elaborada:

> § 9º A folha de pagamento de que trata o inciso I do caput, elaborada mensalmente, de forma coletiva por estabelecimento da empresa, por obra de construção civil e por tomador de serviços, com a correspondente totalização, deverá:
> I – discriminar o nome dos segurados, indicando cargo, função ou serviço prestado;
> II – agrupar os segurados por categoria, assim entendido: segurado empregado, trabalhador avulso, contribuinte individual;
> III – destacar o nome das seguradas em gozo de salário-maternidade;
> IV – **destacar as parcelas integrantes e não integrantes da remuneração e os descontos legais**; e
> V – indicar o número de quotas de salário-família atribuídas a cada segurado empregado ou trabalhador avulso. (Brasil, 1999b, grifo nosso)

Em 11 de dezembro de 2019, foi sancionada a Lei n. 13.932, que introduziu o art. 17-A na Lei n. 8.036, de 11 de maio de 1990 (Lei do Fundo de Garantia do Tempo de Serviço – FGTS), com a seguinte redação:

> Art. 17-A. O empregador ou o responsável fica obrigado a elaborar folha de pagamento e a declarar os dados relacionados aos valores do FGTS e outras informações de interesse do Ministério da Economia, por meio de sistema de escrituração digital, na forma, no prazo e nas condições estabelecidos em regulamento do Conselho Curador.
> § 1º As informações prestadas na forma do caput deste artigo constituem declaração e reconhecimento dos créditos delas decorrentes,

caracterizam confissão de débito e constituem instrumento hábil e suficiente para a cobrança do crédito de FGTS.

§ 2º O lançamento da obrigação principal e das obrigações acessórias relativas ao FGTS será efetuado de ofício pela autoridade competente, no caso de o empregador não apresentar a declaração na forma do caput deste artigo, e será revisto de ofício, nas hipóteses de omissão, erro, fraude ou sonegação. (Brasil, 2019b)

12.1 Elaboração da folha de pagamento

Conforme o disposto no item anterior, a partir do final do ano de 2019, podemos dizer que a obrigação de elaboração de folha de pagamento deixou de ser apenas mais uma obrigação previdenciária e passou a ser também trabalhista. Até o momento, todavia, ainda não foi publicado o regulamento a que se refere a parte final do *caput* do art. 17-A (Brasil, 2019b) e, portanto, não temos como definir quais informações devem conter na folha de pagamento.

No entanto, pelo disposto no inciso IV do parágrafo 9º do art. 225 do Decreto n. 3.048/1999 (Brasil, 1999b), já temos como afirmar que ele abre margem para a interpretação dada pela Receita Federal do Brasil (RFB) de que tudo aquilo que a empresa creditar ao trabalhador, mesmo que não componha a remuneração dos empregados, deve constar na folha de pagamento, como a parte custeada pelo empregador relativa a plano de saúde, seguro de vida, alimentação, vale-transporte etc. Há autuações da RFB em razão da ausência de parcelas dessa natureza nas folhas de pagamento. Vale lembrar que a folha de pagamento deve contemplar todos os segurados que prestam serviço a uma empresa, tais como autônomos, sócios que recebem pró-labore, síndicos de condomínio etc.

Muitas dessas parcelas são entregues em forma de utilidade, ou seja, o empregador não paga em dinheiro ao empregado, e sim lhe dá o próprio bem. Nesse caso, as parcelas devem ser lançadas pelo seu valor na folha de pagamento como rubricas meramente informativas.

Procedimento na auditoria

Para a verificação da regularidade desse item, o auditor deve analisar a folha de pagamento, a fim de constatar se todos os segurados que prestam serviço ao empregador auditado constam na folha de pagamento e, ainda, se todos os valores por ele entregues a esses segurados estão lançados em rubricas nas folhas de pagamento. Adicionalmente, pode analisar a contabilidade, em especial, as contas de despesas do livro-razão para identificar eventuais pagamentos e despesas relacionadas a pessoal e que não transitam pela folha de pagamento.

Possíveis consequências

O não cumprimento dessa obrigação pode sujeitar o empregador a ser autuado pela RFB com base no art. 32 da Lei n. 8.212/1991 (Brasil, 1991a) e pela auditoria fiscal do trabalho com base no descumprimento do art. 17-A da Lei n. 8.036/1990 (Brasil, 1990c).

12.1.1 Salário contratual, profissional ou convencional ou piso salarial estadual

Dependendo da situação, o salário devido ao empregado não pode ser objeto de simples negociação direta entre empregado e empregador. É o caso, por exemplo, de ser devido piso profissional em razão de legislação especial aplicável a exercentes de determinados cargos, como de um engenheiro ou de um médico, por exemplo. Pode, também, ser devido salário convencional, decorrente de ACT/CCT ou, ainda, de piso salarial estadual, nos casos em que o empregado labora em algum das cinco unidades da federação em que é definido esse piso: PR, RJ, RS, SC ou SP. Nesses casos, o auditor deve verificar se o salário contratual definido atende aos patamares mínimos exigidos em alguma dessas hipóteses.

Procedimento na auditoria

Para a verificação da regularidade desse item, o auditor deve analisar os registros dos empregados e as folhas de pagamento de salário e identificar uma eventual necessidade de observação de salário profissional ou convencional ou piso salarial estadual e, claro, do salário mínimo.

Possíveis consequências

O não cumprimento dessa disposição pode sujeitar o empregador a ser autuado pela auditoria fiscal do trabalho com base no descumprimento do art. 444 da CLT (salário convencional), art. 459, parágrafo 1º, da CLT (piso salarial estadual) ou nos artigos específicos das legislações que estipulam salário profissional. Está sujeito, ainda, a ser condenado na Justiça do Trabalho a ter de pagar diferença salarial decorrente de pagamento de salário em valor inferior ao devido.

12.1.2 Adicional de horas extras

De acordo com a Constituição Federal, art. 7º, inciso XVI (Brasil, 1988b), o empregado, quando labora em jornada extraordinária (ver item 9.2), tem direito de receber por esse trabalho o correspondente ao valor da hora normal acrescido do percentual mínimo de 50%. Há de se lembrar, todavia, que é comum que a ACT/CCT estabeleça percentuais superiores a esse. Nesses casos, o empregador deve observá-los.

Procedimento na auditoria

Para a verificação da regularidade desse item, o auditor deve fazer um cotejo entre os espelhos de ponto que demonstram o trabalho em jornada extraordinária e a correspondente folha de pagamento, a fim de identificar se as horas extras estão sendo remuneradas corretamente. Nesse exame, deve ser verificada se a quantidade de horas corresponde ao apurado no espelho de ponto e, ainda, se o percentual de horas extras utilizado no cálculo é o de 50% ou, quando for o caso, se o definido na ACT/CCT é aplicado ao empregador sob auditoria. É importante identificar se as horas apontadas no espelho de ponto devem ser pagas ou se serão lançadas em regime de compensação de jornada (banco de horas), tratado no item 9.3.

Possíveis consequências

O não cumprimento da obrigação de efetuar o pagamento das horas extraordinárias pode sujeitar o empregador a ser autuado pela auditoria fiscal do trabalho com base no descumprimento do art. 459, parágrafo 1º, da CLT (Brasil, 1943), que consiste na autuação por deixar o empregador de efetuar o pagamento do salário no prazo. As horas extraordinárias compõem o salário e, por isso, seu pagamento deve ocorrer no 5º dia útil do mês subsequente ao vencido. Está sujeito, ainda, a ser condenado em reclamação trabalhista movida pelo empregado a pagar-lhe as horas extras não quitadas ao longo do contrato de trabalho.

12.1.3 Adicional noturno

De acordo com o que dispõe o art. 73 da CLT (Brasil, 1943), o trabalho realizado em horário noturno urbano (ver item 9.9) confere ao empregado o direito de receber por esse trabalho o correspondente a 20% a mais sobre o valor da hora normal. Se esse trabalho é rural, o adicional cabível é de 25% (parágrafo único do art. 7º da Lei n. 5.889, de 8 de junho de 1973 – Brasil, 1973a). Nos casos em que o empregado trabalha em condições que geram o direito ao recebimento do adicional de insalubridade ou de periculosidade (ver itens 12.1.4 ou 12.1.5), esses adicionais são levados em conta para o cálculo do valor da hora normal (Orientação Jurisprudencial n. 259 da Seção de Dissídios Individuais e Precedente Administrativo n. 76, respectivamente) (Brasil, 2002d; 2020k).

Esse adicional é considerado salário-condição, ou seja, ele só deve ser pago enquanto durar o trabalho noturno. Portanto, havendo mudança do horário, do noturno para o diurno, o empregado deixa de ter direito ao referido adicional (Súmula n. 265 do TST) (Brasil, 1987b). Ressaltamos que a referida súmula não autoriza o empregador livremente fazer a alteração, e sim apenas que, havendo a mudança, o empregado deixa de ter direito ao adicional. Com relação à possibilidade de haver a mudança, consultar o item 8.4, que trata de alteração contratual.

Procedimento na auditoria

Para a verificação da regularidade desse item, o auditor deve fazer um cotejo entre os espelhos de ponto que demonstram o trabalho em horário noturno e a correspondente folha de pagamento, a fim de identificar se está sendo pago o valor do adicional noturno. Nesse exame, deve ser averiguada se a quantidade de horas corresponde ao apurado no espelho de ponto e, ainda, se o percentual do adicional noturno utilizado no cálculo é o de 20% ou, quando for o caso, o definido na ACT/CCT aplicado ao empregador sob auditoria.

Possíveis consequências

O não cumprimento dessa disposição pode sujeitar o empregador a ser autuado pela auditoria fiscal do trabalho com base no descumprimento do art. 73 da CLT (Brasil, 1943) e, ainda, a ser condenado em reclamação trabalhista movida pelo empregado a pagar-lhe o valor dos adicionais noturnos não quitados ao longo do contrato de trabalho.

12.1.4 Adicional de insalubridade

Conforme dispõe o art. 192 da CLT (Brasil, 1943), o trabalho em condições insalubres, acima dos limites de tolerância estabelecidos pelo Ministério do Trabalho, assegura a percepção de adicional respectivamente de 40%, 20% ou 10% do valor do salário mínimo, segundo se a atividade se classificar em grau máximo, médio ou mínimo.

É de se registrar que a caracterização do trabalho insalubre, assim como a definição de seu grau, não é tarefa a ser assumida pelo profissional de departamento de pessoal, auditor trabalhista, advogado, contador etc. Essa tarefa é atribuída ao profissional habilitado, contratado pelo empregador para fazer uma análise das condições de trabalho de seus empregados e, ao final, elaborar o laudo de insalubridade.

De posse do laudo, entra em cena a atuação dos profissionais que elaboram a folha de pagamento para nela incluírem os valores devidos de adicional de insalubridade aos trabalhadores que a ele tem direito.

Embora o art. 192 da CLT (Brasil, 1943) faça referência ao salário mínimo como base de cálculo desse adicional, o Superior Tribunal Federal (STF) editou a Súmula Vinculante n. 4, que assim apregoa: "Salvo nos casos previstos na Constituição, o salário mínimo não pode ser usado como indexador de base de cálculo de vantagem de servidor público ou de empregado, nem ser substituído por decisão judicial" (STF, 2008). É interessante que o texto da súmula vetou a vinculação ao salário mínimo e proibiu o Poder Judiciário de substituí-lo por outra base. Depois de sua edição, o Tribunal Superior do Trabalho (TST) chegou a alterar a redação da sua Súmula n. 17, para afirmar que a base de cálculo do adicional de insalubridade passa a ser o valor do salário contratual, mas ela foi suspensa por decisão do STF. Ao final de todas essas idas e vindas, em que pese o texto da Súmula Vinculante n. 4, o próprio STF mencionou que até que venha uma lei dispondo em contrário, o adicional de insalubridade deve continuar a ser pago com base no valor do salário mínimo. Isso, evidentemente, se não há ACT/CCT definindo outra base de cálculo.

Outro ponto que merece ser registrado diz respeito à base de cálculo do adicional de insalubridade nos casos de empregados que trabalham em regime de tempo parcial. Há duas correntes de entendimento: uma defende que a base de cálculo deve ser o valor do salário mínimo mensal, e outra apregoa que a base deve ser o valor do salário mínimo proporcional à jornada trabalhada. O TST tem decisões (RR n. 1654-86.2015.5.02.0043, por exemplo) em que reconhece que a base de cálculo deve ser o valor do salário mínimo mensal. No entanto, é possível que o tempo reduzido de trabalho acarrete a não caracterização de atividade insalubre, mas essa avaliação é feita pelo profissional que elabora o laudo.

Uma questão levantada com frequência entre as pessoas que militam na área trabalhista diz respeito à possibilidade de o empregador pagar adicional de insalubridade por liberalidade ou por força de determinação de ACT/CCT, independentemente de constatação de atividade insalubre em laudo. A questão que se levanta é se essa situação constitui-se em irregularidade trabalhista ou não. Para nós, a princípio isso não configura irregularidade trabalhista. Lembramos que o simples pagamento de adicional de insalubridade não gera necessariamente efeitos previdenciários, pois eles dependem também da configuração, no Laudo Técnico de Condições Ambientais de Trabalho (LTCAT), de trabalho em condições que geram direito à aposentadoria especial.

Esse adicional também é considerado salário-condição, ou seja, deve ser pago enquanto durar o trabalho em condições insalubres. Todavia, no caso do pagamento do adicional sem lastro em constatação em laudo, esse adicional perde a caracterização de salário-condição e, portanto, o empregador não pode deixar de pagá-lo. Por fim, registramos, em razão do que dispõe o art. 394-A da CLT (Brasil, 1943), introduzido pela Lei n. 13.467, de 13 de julho de 2017 (Brasil, 2017b), que a empregada gestante tem de ser afastada de atividade insalubre, independentemente do grau, mínimo, médio ou máximo, para atividade salubre, até o final do período de lactação obrigatória. Por força do parágrafo 2º do referido artigo, durante esse período, a empregada continua recebendo o adicional de insalubridade, mas ele deixa de ser uma despesa do empregador, pois ele poderá compensar o valor pago com o que tem a recolher de contribuição previdenciária. Para tanto, deve configurar corretamente sua folha de pagamento, a fim de que seja possível a utilização do crédito.

Procedimento na auditoria

Para a verificação da regularidade desse item, o auditor deve solicitar do empregador o laudo de insalubridade e analisá-lo a fim de identificar os empregados que trabalham em condições insalubres e, se for o caso, em qual grau de exposição. Depois, deve averiguar se os empregados estão recebendo o devido adicional de insalubridade e, ainda, se o valor pago está sendo calculado observando a base de cálculo correta (salário mínimo ou outra base definida em ACT/CCT). Caso o empregador não disponha do laudo, o auditor deve apontar isso em seu relatório, sugerindo a imediata contratação de profissional para elaborá-lo. Esse laudo servirá, também, para a constatação de pagamento indevido, já que não caracteriza a condição insalubre do trabalho. O auditor deve observar, ainda, se há empregada gestante afastada de atividade insalubre e, se for o caso, se o empregador está abatendo o crédito correspondente em sua guia de recolhimento de contribuição previdenciária.

Possíveis consequências

O não cumprimento dessas disposições pode sujeitar o empregador a ser autuado pela auditoria fiscal do trabalho com base no descumprimento do art. 192 da CLT (Brasil, 1943), no tocante à ausência do pagamento do adicional de insalubridade e, ainda, ser condenado em reclamação trabalhista movida pelo empregado a pagar-lhe esse adicional não quitado ao longo do contrato de trabalho. Por outro lado, se o empregador não elaborou e não dispõe do laudo de insalubridade e do LTCAT, pode estar sujeito a autuações específicas em razão da não elaboração dos referidos documentos.

12.1.5 Adicional de periculosidade

O parágrafo 1° do art. 193 da CLT (Brasil, 1943) estabelece que o trabalho em condições de periculosidade assegura ao empregado um adicional de 30% sobre o salário sem os acréscimos resultantes de gratificações, prêmios ou participações nos lucros da empresa. Portanto, a base de cálculo desse adicional é o valor do salário-base do empregado.

Quanto aos eletricitários, seu adicional de periculosidade era previsto na Lei n. 7.369, de 20 de setembro de 1985 (Brasil, 1985a), a qual determinava que a base de cálculo do adicional desses profissionais era o valor da remuneração. Todavia, essa lei foi revogada pela Lei n. 12.740, de 8 de dezembro de 2012 (Brasil, 2012c), e o direito ao adicional de periculosidade dos eletricitários passou a ser regulado pelo art. 193 da CLT. A consequência prática é que a base de cálculo passou a seguir a regra geral, ou seja, o valor do salário-base, e não mais a remuneração.

O TST, porém, tem o entendimento, constante em sua Súmula n. 191 (Brasil, 1983c), de que essa alteração não atinge os contratos firmados antes do início da vigência da Lei n. 12.740/2012 (Brasil, 2012c).

Quanto aos empregados contratados em tempo parcial, como a base de cálculo é o valor do salário, sendo ele proporcional em razão da contratação em tempo parcial, é esse mesmo salário que serve de base para o cálculo do adicional de periculosidade.

Semelhante ao que ocorre com relação ao adicional de insalubridade, a caracterização do trabalho perigoso deve ser feita por profissional habilitado, contratado pelo empregador para fazer uma análise das condições de trabalho dos seus empregados. Ao final, esse profissional com habilitação deve elaborar o laudo de periculosidade. De posse do laudo, entra em cena a atuação dos profissionais que elaboram a folha de pagamento para nela incluírem os valores devidos de adicional de periculosidade aos trabalhadores que a ele tem direito.

Esse adicional também é considerado salário-condição, ou seja, deve ser pago enquanto durar o trabalho em condições perigosas.

Procedimento na auditoria

Para a verificação da regularidade desse item, o auditor deve solicitar do empregador o laudo de periculosidade e analisá-lo a fim de identificar os empregados que trabalham em condições perigosas. Depois, deve verificar se os empregados estão recebendo o devido adicional de periculosidade e, ainda, se o valor pago está sendo calculado observando a base de cálculo correta (salário-base ou, para eletricitários contratados antes de 2012, a remuneração ou, ainda, outra base definida em ACT/CCT). Caso o empregador não disponha do laudo, o auditor deve apontar isso em seu relatório, sugerindo a imediata contratação de profissional para elaborá-lo.

Possíveis consequências

O não cumprimento dessas disposições pode sujeitar o empregador a ser autuado pela auditoria fiscal do trabalho com base no descumprimento do parágrafo 1º do art. 193 da CLT (Brasil, 1943), no tocante à ausência do pagamento do adicional de periculosidade e, ainda, ser condenado em reclamação trabalhista movida pelo empregado a pagar-lhe esse adicional não quitado ao longo do contrato de trabalho. Por outro lado, se o empregador não elaborou e não dispõe do laudo de periculosidade, pode estar sujeito a autuações específicas em razão da não elaboração do referido documento.

12.1.6 Comissões

Não há norma que obrigue o pagamento de comissão a empregados. Todavia, é comum haver acerto para pagamento dessa verba a empregados que exercem atividades de vendas. Esse acerto decorre do contrato de trabalho ou de ACT/CCT.

É possível haver estipulação de pagamento de salário mais comissão ou apenas de comissão. Por sua vez, o parágrafo único do art. 78 da CLT (Brasil, 1943) estabelece que, no caso de o pagamento ser feito exclusivamente por comissão, é garantido o pagamento do valor mínimo correspondente ao salário mínimo ou ao piso convencional, sendo vedado qualquer desconto em mês subsequente a título de compensação.

Procedimento na auditoria

Para a verificação da regularidade desse item, o auditor deve averiguar se o ACT/CCT ou o contrato de trabalho preveem o pagamento de comissão e, em caso positivo, comparar os valores totais de venda de cada empregado e o correspondente valor das comissões com os que constam em folha de pagamento.

Possíveis consequências

O não cumprimento dessa obrigação pode sujeitar o empregador a ser autuado pela auditoria fiscal do trabalho com base no descumprimento do art. 459, parágrafo 1º, da CLT (Brasil, 1943), que consiste na autuação por deixar o empregador de efetuar o pagamento do salário no prazo. As comissões compõem o salário e, por isso, seu pagamento deve ocorrer no 5º dia útil do mês subsequente ao vencido. Está sujeito, ainda, a ser condenado, em reclamação trabalhista movida pelo empregado, a pagar-lhe as comissões não quitadas ao longo do contrato de trabalho.

12.1.6.1 Hora extra de comissionistas

Nos casos em que os empregados comissionistas trabalham em jornada extraordinária, eles têm direito de receber por esse labor. É verdade que parte do pagamento já foi coberta pelas comissões auferidas durante a prorrogação da jornada, mas eles têm direito de receber o adicional. Caso o empregado tenha direito a salário-base mais comissão, ele tem direito de receber o valor da hora normal mais o adicional de horas extras relativas ao valor do salário-base. Sobre o valor da comissão, ele tem direito de receber apenas o correspondente ao adicional de horas extras. Conforme a Súmula n. 340, do TST, o cálculo do valor do adicional é feito da seguinte forma: divide-se o valor das comissões pelo número total de horas trabalhadas no mês, incluindo as normais e as extraordinárias (Brasil, 1995c). Disso se encontra o valor médio de comissão para cada hora efetivamente trabalhada. Sobre esse valor, é aplicado o percentual de horas extras, encontrando-se o valor do adicional de horas extras, o qual é multiplicado pela quantidade de horas extras trabalhadas no mês.

Procedimento na auditoria

Para a verificação da regularidade desse item, o auditor deve analisar se os empregados comissionistas laboram em jornada extraordinária e, se for o caso, se está sendo feito o pagamento do valor da hora extra mais o adicional calculado sobre o valor do salário-base e o valor do adicional de horas extras, calculado na forma ora explicitada.

Possíveis consequências

O não cumprimento dessa obrigação pode sujeitar o empregador a ser autuado pela auditoria fiscal do trabalho com base no descumprimento do art. 459, parágrafo 1º, da CLT (Brasil, 1943), que consiste na autuação por deixar o empregador de efetuar o pagamento do salário no prazo. As horas extras compõem o salário e, por isso, seu pagamento deve ocorrer no 5º dia útil do mês subsequente ao vencido. Está sujeito, ainda, a ser condenado em reclamação trabalhista movida pelo empregado a pagar-lhe as horas extras não quitadas ao longo do contrato de trabalho.

12.1.7 Gorjetas

Essa verba é comumente utilizada nas empresas dos ramos de bares, lanchonetes, hotéis e restaurantes, onde é acertado o pagamento de um valor decorrente da cobrança de taxa de serviço dos clientes e um posterior rateio de parte do valor arrecadado a esse título. Mas pode, também, ser decorrente do pagamento espontâneo por parte de clientes, diretamente aos empregados.

O art. 457 da CLT (Brasil, 1943) estabelece que o valor das gorjetas integra a remuneração do empregado, e seu parágrafo 3º menciona que se considera gorjeta não só a importância espontaneamente dada pelo cliente ao empregado, mas também o valor cobrado pela empresa, como serviço ou adicional, a qualquer título, e destinado à distribuição aos empregados.

Procedimento na auditoria

Para a verificação da regularidade desse item, o auditor deve examinar os cardápios a fim de identificar se neles há indicação de cobrança de taxa de serviço. Pode analisar também os cupons e as notas fiscais para constatar se há cobrança da referida taxa. Em caso positivo, deve examinar as folhas de pagamento de salários para constatar o lançamento de pagamento de gorjetas.

Possíveis consequências

O não cumprimento dessa obrigação pode sujeitar o empregador a ser autuado pela auditoria fiscal do trabalho com base no descumprimento do *caput* do art. 457 da CLT (Brasil, 1943). Está sujeito, ainda, a ser condenado, em reclamação trabalhista movida pelo empregado, a pagar-lhe as gorjetas acertadas e não quitadas ao longo do contrato de trabalho.

12.1.8 Descanso semanal remunerado (DSR)

Para os empregados mensalistas, o valor do descanso semanal remunerado (DSR) e do descanso em feriado usufruído já se encontra incluído no valor do salário mensal. No entanto, para os empregados diaristas e horistas, esse valor tem de vir destacado na folha de pagamento, devendo corresponder ao valor de um dia de trabalho. Se não for assim, embora o empregado usufrua da folga, ela não estará sendo remunerada.

Todavia, mesmo em se tratando de empregado mensalista, o que está incluso no salário mensal diz respeito apenas ao próprio salário-base e aos valores que são calculados com a aplicação de determinado percentual sobre esse salário, como adicionais de insalubridade e de periculosidade, adicional de tempo de serviço, quebra de caixa, gratificações etc. Há casos, entretanto, em que o empregado mensalista recebe determinadas verbas habitualmente, calculadas em função de seu efetivo trabalho e, portanto, elas têm de refletir sobre o valor de seu DSR – por exemplo, horas extraordinárias, comissões, produção etc. Se assim não for feito, o DSR desses empregados estará sendo pago a menor. No caso do adicional noturno, ele pode ou não ter reflexo no DSR, dependendo da forma como ele é pago. Se o empregado trabalha integralmente no horário noturno, e o correspondente adicional é calculado, por exemplo, pela aplicação do percentual de 20% sobre o valor do salário mensal, não cabe o reflexo; mas se o adicional noturno é calculado em função da efetiva quantidade de horas noturnas trabalhadas, sobre ele deve ser calculado o reflexo no DSR.

O cálculo desse reflexo é feito dividindo-se o valor das parcelas variáveis pelo número de dias úteis do mês, e esse resultado deve ser multiplicado pela quantidade de DSR e de feriados no mês.

Procedimento na auditoria

Para a verificação da regularidade desse item, o auditor deve analisar a folha de pagamento para identificar se os empregados diaristas e horistas, bem como os mensalistas, quando recebem valores variáveis de verbas calculadas em função do efetivo trabalho, têm o valor do DSR e em feriado registrado em sua folha de pagamento.

Possíveis consequências

O não cumprimento da disposição relativa a pagar o reflexo de parcelas variáveis sobre o repouso semanal remunerado e feriado pode sujeitar o empregador a ser autuado pela auditoria fiscal do trabalho com base no descumprimento do art. 459, parágrafo 1º, da CLT (Brasil, 1943), que consiste na autuação por deixar o empregador de efetuar o pagamento do salário no prazo. O valor correspondente ao aludido reflexo compõe o salário e, por isso, seu pagamento deve ocorrer no 5º dia útil do mês subsequente ao vencido. Está sujeito, ainda, a ser condenado em reclamação trabalhista movida pelo empregado a pagar-lhe o valor desses dias não quitados ao longo do contrato de trabalho.

12.1.9 DSR e feriado trabalhado

Conforme já visto nos itens 9.10, 9.11 e 9.12, o empregado tem direito a folgar uma vez por semana e nos dias feriados. Havendo trabalho nesses dias, o empregador tem de conceder folga compensatória, sob pena de ter de pagar em dobro ao trabalhador o valor do dia da folga não concedida.

Procedimento na auditoria

O auditor deve verificar se os empregados que trabalham em dias feriados ou sem que lhe sejam concedidos os descansos semanais remunerados têm lançado, em suas folhas de pagamento, o valor relativo ao trabalhado nesses dias em dobro.

Possíveis consequências

O não cumprimento da disposição relativa ao pagamento em dobro do dia de repouso trabalhado pode sujeitar o empregador a ser autuado pela auditoria fiscal do trabalho com base no descumprimento do art. 70 da CLT (Brasil, 1943). Além disso, o empregador pode ser condenado a pagar o valor dobrado relativo à não concessão da folga compensatória de domingo ou feriado trabalhado ou, se for o caso, o valor que deixou de ser pago em razão de erro no cálculo. Salientamos que, com relação ao DSR, mesmo que o empregador remunere em dobro o empregado em razão de não lhe ter concedido esse descanso, a configuração da infração administrativa não é afastada. Isso só ocorre na remuneração dobrada do feriado trabalhado sem concessão de folga compensatória.

Efeitos da pandemia da covid-19

O art. 13 da Medida Provisória (MP) n. 927, de 22 de março de 2020, estabelece que, durante o estado de calamidade pública, os empregadores poderão antecipar o gozo de feriados não religiosos federais, estaduais, distritais e municipais e deverão notificar, por escrito ou por meio eletrônico, o conjunto de empregados beneficiados com antecedência de, no mínimo, 48 horas, mediante indicação expressa dos feriados aproveitados (Brasil, 2020a).

Por sua vez, o parágrafo 1º desse mesmo artigo prevê que os feriados não religiosos poderão ser utilizados para a compensação do saldo em banco de horas, e o parágrafo 2º estatui que o aproveitamento de feriados religiosos dependerá de concordância do empregado, mediante manifestação em acordo individual escrito (Brasil, 2020a).

Ressaltamos que essa MP não foi convertida em lei e perdeu sua vigência no dia 19 de julho de 2020. Assim, a partir do dia seguinte, deixou de ser considerada legal a antecipação de feriados.

12.1.10 Prêmios

A Lei n. 13.467/2017 deu nova redação ao parágrafo 2º do art. 457 da CLT e passou a apregoar que

> as importâncias, ainda que habituais, pagas a título de ajuda de custo, auxílio-alimentação, vedado seu pagamento em dinheiro, diárias para viagem, prêmios e abonos não integram a remuneração do empregado, não se incorporam ao contrato de trabalho e não constituem base de incidência de qualquer encargo trabalhista e previdenciário. (Brasil, 2017b)

O parágrafo 4º desse mesmo artigo estabelece que "consideram-se prêmios as **liberalidades concedidas pelo empregador** em forma de bens, serviços ou valor em dinheiro a empregado ou a grupo de empregados, em razão de desempenho superior ao ordinariamente esperado no exercício de suas atividades" (Brasil, 2017b, grifo nosso).

A partir disso, muitos empregadores passaram a pagar prêmios mensalmente aos seus empregados, utilizando a prerrogativa de não terem de incluir os valores dessa verba na remuneração do empregado. Todavia, interpretações começaram a surgir, considerando que, para a correta caracterização de prêmio, não pode haver acerto prévio entre empregador e empregado, sob pena de o valor deixar de ter sido pago por liberalidade do empregador, e sim em razão de disposição contratual. Essa foi a interpretação dada pela Receita Federal do Brasil (RFB), incluída na Solução de Consulta Cosit n. 151/2019 (Brasil, 2019j).

Procedimento na auditoria

Para a verificação da regularidade desse item, o auditor deve examinar a folha de pagamento a fim de identificar se ocorre pagamento de prêmios em desacordo com a legislação, considerando a interpretação dada pela RFB ora referida. Em caso positivo, os valores relativos a essa verba devem estar sendo computados na remuneração do empregado para todos os fins.

Possíveis consequências

O não cumprimento dessa disposição pode sujeitar o empregador a ser autuado pela auditoria fiscal do trabalho com base no descumprimento do inciso IV do parágrafo 1º do art. 23 da Lei n. 8.036/1990 (deixar de computar parcela integrante da remuneração na base de cálculo do FGTS) (Brasil, 1990c) e ter o consequente levantamento de débito do FGTS feito, bem como, por exemplo, ser autuado quanto ao contido no art. 142 da CLT (Brasil, 1943) (deixar de computar parcela integrante da remuneração das férias) e no art. 1º da Lei n. 4.090/1962 (deixar de computar parcela integrante no cálculo do décimo terceiro salário) (Brasil, 1962b). Ainda, pode ser condenado em reclamação trabalhista movida pelo empregado a pagar-lhe valores relativos à diferença de remuneração de férias, de décimo terceiro salário ou de FGTS. Esse empregador está sujeito, ainda, a ser autuado pela RFB e ter levantamento de débito feito referente a recolhimento de contribuição previdenciária e de imposto de renda retido na fonte (IRRF) a menor.

12.1.11 Participação nos lucros (PLR)

O pagamento de participação nos lucros (PLR) é regulamentado pela Lei n. 10.101, de 19 de dezembro de 2000 (Brasil, 2000). Pelo texto em vigor, para ser paga, a PLR tem de ter sido objeto de regulamentação contida em ACT/CCT ou negociada em comissão paritária escolhida pelas partes, com participação de pelo menos um membro indicado pelo sindicato.

Por força do contido no parágrafo 2º do art. 3º da referida lei, não pode haver pagamento de qualquer antecipação ou distribuição de valores a título de PLR ou resultados da empresa em mais de duas vezes no mesmo ano civil e em periodicidade inferior um trimestre civil.

O pagamento da PLR não substitui ou complementa a remuneração devida a qualquer empregado e, observadas as disposições da referida lei, não constitui base de incidência de qualquer encargo trabalhista, não se lhe aplicando o princípio da habitualidade. Já quanto à tributação do imposto de renda, o parágrafo 5º do art. 3º estabelece que a PLR será tributada pelo imposto sobre a renda exclusivamente na fonte, em separado dos demais rendimentos recebidos, no ano do recebimento ou crédito, com base na tabela progressiva anual constante do Anexo da Lei n. 10.101/2000, e não integrará a base de cálculo do imposto devido pelo beneficiário na Declaração de Ajuste Anual (Brasil, 2000).

Procedimento na auditoria

Para a verificação da regularidade desse item, o auditor deve analisar os relatórios de apuração de PLR e correspondentes comprovantes de pagamento a fim de constatar se foram realizados em conformidade com as disposições da Lei n. 10.101/2000 (Brasil, 2000).

Possíveis consequências

O não cumprimento das disposições contidas na Lei n. 10.101/2000 (Brasil, 2000) pode sujeitar o empregador a ser autuado pela auditoria fiscal do trabalho com base no descumprimento do inciso IV do parágrafo 1º do art. 23 da Lei n. 8.036/1990 (Brasil, 1990c) (deixar de computar parcela integrante da remuneração na base de cálculo do FGTS) e ter o consequente levantamento de débito do FGTS feito, bem como ser autuado com fundamento no contido nos art. 142 da CLT (deixar de computar parcela integrante da remuneração das férias) e no art. 1º da Lei n. 4.090/1962 (Brasil, 1962b) (deixar de computar parcela integrante no cálculo do décimo terceiro salário). Além disso, pode ser condenado em reclamação trabalhista movida pelo empregado a pagar-lhe valores relativos à diferença de remuneração de férias, de décimo terceiro salário ou de FGTS. Esse empregador está sujeito, ainda, a ser autuado pela RFB e ter levantamento de débito feito relativo a recolhimento de contribuição previdenciária a menor.

12.1.12 Ajuda de custo

A Lei n. 13.467/2017 deu nova redação ao parágrafo 2º do art. 457 da CLT (Brasil, 1943) e passou a mencionar que

> as importâncias, ainda que habituais, pagas a título de **ajuda de custo**, auxílio-alimentação, vedado seu pagamento em dinheiro, diárias para viagem, prêmios e abonos não integram a remuneração do empregado, não se incorporam ao contrato de trabalho e não constituem base de incidência de qualquer encargo trabalhista e previdenciário. (Brasil, 2017b, grifo nosso)

Embora tenha feito menção à ajuda de custo, a referida lei não cuidou de defini-la, como o fez com relação aos prêmios.
As únicas ajudas de custo tratadas em nossa legislação são as devidas ao empregado, em parcela única, decorrente de mudança de

uma cidade para outra (art. 470 da CLT) (Brasil, 1943) e a devida decorrência de transferência provisória de aeronauta, nos termos da Lei n. 5.929, de 30 de outubro de 1973 (Brasil, 1973b). Além dessas duas, o inciso XIV do art. 10 da Instrução Normativa n. 144, de 18 de maio de 2018, da Secretaria de Inspeção do Trabalho (Brasil, 2018d), inclui, no rol das parcelas que não integram a base de cálculo do FGTS, a ajuda de custo quando paga mensalmente, recebida como verba indenizatória para ressarcir despesa relacionada à prestação de serviços ou à transferência do empregado, nos termos do art. 470 da CLT. Não há, portanto, previsão expressa de que pode haver pagamento mensal de ajuda de custo sem que seja decorrente dessas três situações.

Procedimento na auditoria

Para a verificação da regularidade desse item, o auditor deve examinar a folha de pagamento a fim de identificar se ocorre pagamento de ajuda de custo mensal e, se for o caso, examinar as condições em que esses pagamentos são feitos.

Possíveis consequências

O não cumprimento dessa disposição pode sujeitar o empregador a ser autuado pela auditoria fiscal do trabalho com base no descumprimento do inciso IV do parágrafo 1º do art. 23 da Lei n. 8.036/1990 (deixar de computar parcela integrante da remuneração na base de cálculo do FGTS) (Brasil, 1990c) e ter o consequente levantamento de débito do FGTS feito, bem como de ser autuado com fundamento no art. 142 da CLT (deixar de computar parcela integrante da remuneração das férias) (Brasil, 1943) e no art. 1º da Lei n. 4.090/1962 (deixar de computar parcela integrante no cálculo do décimo terceiro salário) (Brasil, 1962b). Ainda, pode ser condenado em reclamação trabalhista movida pelo empregado a pagar-lhe valores relativo à diferença de remuneração de férias, de décimo terceiro salário ou de FGTS. Esse empregador está sujeito, ainda, a ser autuado pela RFB e ter levantamento de débito feito relativo a recolhimento de contribuição previdenciária e de IRRF a menor.

12.1.13 Diárias para viagem

A regulamentação relativa a pagamento de diárias sofreu alteração decorrente da entrada em vigor da Lei n. 13.467/2017 (Brasil, 2017b), pois ela retirou o limite máximo de 50% em relação ao valor da remuneração do empregado. A partir de então, não há mais esse limite, ou seja, mesmo que o valor das diárias ultrapasse a metade do valor da remuneração do empregado, isso, por si só, não retirará a natureza indenizatória da parcela.

No entanto, essa mudança não significa que os empregadores podem livremente efetuar pagamentos relativos a essa rubrica sem que isso configure remuneração. É fator determinante, para a caracterização da natureza indenizatória dessa rubrica, que reste comprovado que o empregado realmente viajou, não sendo necessário, todavia, a comprovação das efetivas despesas, valor a valor. Nesse sentido, vale o disposto no inciso X do art. 10 da Instrução Normativa n. 144/2018 (Brasil, 2018d).

Procedimento na auditoria

Para a verificação da regularidade desse item, o auditor deve examinar os comprovantes de pagamento de diárias para viagem e confrontá-los com a documentação comprobatória da existência da viagem. Muitas vezes, esse exame passa também pela natureza da atividade do empregador e do empregado. Por exemplo, não é razoável que uma empresa do ramo de restaurante pague constantemente diárias para viagem a um garçom.

Possíveis consequências

O não cumprimento dessa disposição pode sujeitar o empregador a ser autuado pela auditoria fiscal do trabalho com base no descumprimento do inciso IV do parágrafo 1º do art. 23 da Lei n. 8.036/1990 (deixar de computar parcela integrante da remuneração na base de cálculo do FGTS) (Brasil, 1990c) e ter o consequente levantamento de débito do FGTS feito, bem como de ser autuado com fundamento no art. 142 da CLT (deixar de computar parcela integrante da remuneração das férias) (Brasil, 1943) e no art. 1º da Lei n. 4.090/1962 (deixar de computar parcela integrante no cálculo do 13º salário) (Brasil, 1962b). Ainda, pode ser condenado em reclamação trabalhista movida pelo empregado a pagar-lhe valores relativos à diferença de remuneração de férias, de décimo terceiro salário ou de FGTS. Esse empregador está sujeito, ainda, a ser autuado pela RFB e ter levantamento de débito feito relativo a recolhimento de contribuição previdenciária e de IRRF a menor.

12.1.14 Salário-maternidade

O salário-maternidade é um benefício previdenciário, mas, na maioria das vezes, seu pagamento é feito por intermédio do empregador, que abate o valor pago à empregada do que ele tem a recolher de contribuição previdenciária.

Há casos, todavia, em que o pagamento não é feito nessa modalidade e tem de ser requerido diretamente pela empregada ao INSS: em caso de adoção ou guarda para fins de adoção (art. 71-A da Lei n. 8.213, de 24 de julho de 1991) e em caso de morte da mãe da criança, quando o salário-maternidade será pago ao pai (art. 71-B da Lei n. 8.213/1991) (Brasil, 1991b).

O empregador deve observar as disposições contidas na Instrução Normativa n. 77, de 21 de janeiro de 2015 (Brasil, 2015b), do INSS, em especial os arts. 340 a 358, nas quais são elencados, por exemplo, os requisitos formais e a fórmula de cálculos dos valores devidos, pois o pagamento em desconformidade com essas disposições pode sujeitar o empregador a, em procedimento perante à RFB, ter de devolver os valores utilizados como crédito. Há de se observar, quanto ao cálculo, os casos em que o empregador deve realizar cálculo de médias, a fim de ser encontrado o valor devido de salário-maternidade.

Por fim, registre-se em razão do que dispõe o art. 394-A da CLT (Brasil, 1943), introduzido pela Lei n. 13.467/2017 (Brasil, 2017b), que a empregada gestante tem de ser afastada de atividade insalubre, independentemente do grau, mínimo, médio ou máximo, para atividade salubre, até o final do período de lactação obrigatória. Por força do disposto no parágrafo 3º desse artigo, quando não for possível que a gestante ou a lactante afastada nos termos do *caput* exerça suas atividades em local salubre na empresa, a hipótese será considerada como gravidez de risco e ensejará a percepção de salário-maternidade, nos termos da Lei n. 8.213/1991 (Brasil, 1991b), durante todo o período de afastamento.

Inicialmente, houve divergências de entendimento e dúvidas relacionadas à operacionalização da concessão da licença-maternidade. Contudo, a RFB, por meio da Solução de Consulta Cosit n. 287/2019 (Brasil, 2019m), esclareceu que ao contribuinte é permitido o direito à dedução integral do salário-maternidade, durante todo o período de afastamento, quando proveniente da impossibilidade de a gestante ou lactante estar afastada em face de atividades consideradas insalubres e não poder exercer suas atividades em local salubre na empresa, restando caracterizada a hipótese como gravidez de risco. Assim, o procedimento a ser adotado é a concessão direta pelo empregador da licença-maternidade, não se aplicando, nesse caso, o limite máximo de 120 dias, e sim todo o período de gestação e lactação obrigatória.

Procedimento na auditoria

Para a verificação da regularidade desse item, o auditor deve analisar se a concessão de licença-maternidade está em conformidade com as disposições legais, em especial a Instrução Normativa n. 77/2015 do INSS (Brasil, 2015b). Deve, ainda, observar se há casos em que o empregador concede licença-maternidade nas hipóteses em que esse benefício deve ser requerido diretamente ao INSS e, por fim, averiguar, nos casos em que não há atividade salubre para empregadas gestantes, se a elas foi concedida licença-maternidade desde o início da gravidez e se está havendo o devido crédito quando do recolhimento da contribuição previdenciária.

Possíveis consequências

O não cumprimento dos requisitos para a concessão da licença-maternidade pode sujeitar o empregador a ser autuado pela RFB e ter de devolver os valores utilizados como crédito quando do recolhimento da contribuição previdenciária.

Por outro lado, a falta de pagamento do referido benefício ao empregado ou seu pagamento a menor pode acarretar ao empregador a condenação a pagamento de indenização substitutiva em reclamação trabalhista movida pelo empregado.

12.1.15 Salário-família

O salário-família, semelhante ao que ocorre com o salário-maternidade, é um benefício previdenciário cujo pagamento é feito pelo empregador.

Por conta disso, é importante o empregador verificar se o empregado apresentou a documentação elencada no art. 361 da Instrução Normativa n. 77/2015 do INSS (ver item 7.7) (Brasil, 2015b). Além disso, deve observar se o empregado apresenta periodicamente a documentação prevista no parágrafo 2° do referido artigo para fins de manutenção do direito ao recebimento do salário-família. O pagamento do salário-família deve ser feito observando as disposições contidas nos arts. 359 a 363 da Instrução Normativa n. 77/2015 do INSS (Brasil, 2015b).

Procedimento na auditoria

Para a verificação da regularidade desse item, o auditor deve analisar se o empregador auditado está efetuando o pagamento do salário-família nos estritos limites previstos na legislação previdenciária e, ainda, se está havendo o devido crédito quando do recolhimento da contribuição previdenciária.

Possíveis consequências

O não cumprimento dos requisitos para o pagamento do salário-família pode sujeitar o empregador a ser autuado pela RFB e ter de devolver os valores utilizados como crédito quando do recolhimento da contribuição previdenciária.

Por outro lado, a falta de pagamento do referido benefício ao empregado ou seu pagamento a menor pode acarretar ao empregador a condenação a pagamento de indenização substitutiva em reclamação trabalhista movida pelo empregado.

12.2 Descontos salariais

Quando da elaboração da folha de pagamento, o empregador deve observar as normas aplicáveis aos descontos, pois se ele for maior do que o devido, pode haver questionamento por parte do empregado ou da auditoria fiscal do trabalho. Por outro lado, no caso de descontos relacionados à contribuição previdenciária e ao IRRF, o desconto sendo a menor pode sujeitar o empregador a ser autuado pela RFB em decorrência de não ter efetuado os recolhimentos nos valores corretos e, ainda, de ter o correspondente débito levantado.

12.2.1 Contribuição previdenciária

O desconto relativo à contribuição previdenciária do empregado deve observar as premissas contidas no art. 20 da Lei n. 8.212/1991 (Brasil, 1991a) e no art. 63 da Instrução Normativa n. 971, de 13 de novembro de 2009, da RFB (Brasil, 2009b), tendo como base os seguintes pontos: o valor do salário de contribuição relativo ao empregador e a outros vínculos, a alíquota da contribuição previdenciária incidente e o valor do teto máximo do salário de contribuição. Na composição do valor do salário de contribuição, deve ser feita uma criteriosa análise das diversas verbas devidas ao empregado, a fim de determinar sobre quais delas incide a contribuição previdenciária.

O cálculo do valor do desconto da contribuição previdenciária dos empregados deve levar em conta o somatório de seus salários de contribuição em relação a todos os seus vínculos empregatícios e, se for o caso, aos decorrentes de prestação de serviço como autônomo. Para tanto, o empregador deve receber do empregado a informação acerca dos valores dos salários de contribuição dos empregadores e tomadores que lhe antecedem na ordem escolhida pelo empregado (art. 64, § 1º, Instrução Normativa n. 971/2009). Isso servirá para o empregador identificar a faixa de alíquota incidente sobre o salário de contribuição relativo ao vínculo com ele mantido e, se for o caso, o teto máximo do salário de contribuição.

A partir de março de 2020, o desconto da contribuição previdenciária dos empregados passou a observar a tabela progressiva de desconto, atualmente fixada pela Portaria n. 3.659, de 10 de fevereiro de 2020, da Secretaria Especial de Previdência e Trabalho (Brasil, 2020d).

As empresas são obrigadas a descontar de seus empregados e dos segurados que lhe prestam serviço o valor da contribuição previdenciária devida e recolhê-lo até o dia 20 do mês seguinte ao que se refere (alínea "b" do inciso I do art. 30 da Lei n. 8.212/1991) (Brasil, 1991a). Além dessa disposição, o parágrafo 5° do art. 33 da mesma lei estabelece que se presume que o desconto foi feito. Portanto, a empresa é devedora do valor das contribuições, ainda que não tenha feito o desconto. Assim, ao declarar os valores das remunerações, ela fica devedora, além das contribuições que lhe cabem, dos valores que deveria ter descontado dos empregados segurados que lhe prestam serviço.

Procedimento na auditoria

Para a verificação da regularidade desse item, o auditor deve analisar as folhas de pagamento a fim de identificar se o cálculo do desconto da contribuição previdenciária está sendo feito de forma correta.

Possíveis consequências

A não observância das disposições relativas a esse desconto pode sujeitar o empregador a ser autuado pela auditoria fiscal do trabalho com base no descumprimento do art. 462 da CLT (Brasil, 1943) e a ser condenado a devolver ao trabalhador os valores descontados indevidamente. Por outro lado, caso o desconto seja feito a menor, pode sujeitar o empregador a ser autuado pela RFB em decorrência de não ter efetuado os recolhimentos nos valores corretos e, ainda, de ter o correspondente débito levantado.

12.2.2 Imposto de Renda Retido na Fonte (IRRF)

O desconto relativo ao Imposto de Renda Retido na Fonte (IRRF) do empregado deve observar as premissas contidas nos Regulamentos do Imposto de Renda (RIR), aprovados pelo Decreto n. 9.580, de 22 de novembro de 2018 (Brasil, 2018b), e na Instrução Normativa n. 1.500, de 29 de outubro de 2014, da RFB (Brasil, 2014a), tendo como fundamento o valor da base de incidência do IRRF e a alíquota progressiva do IRRF incidente.

Para a definição do correto valor da base de incidências, o empregador deve observar as diversas verbas devidas ao empregado, a fim de determinar sobre quais delas incide o IRRF, levando em conta o conceito de rendimento dado pelo art. 33 do Decreto n. 9.580/2018 (Brasil, 2018b). Cabe ao empregado informar ao empregador a existência ou não de seus dependentes que podem ser considerados para fins de dedução.

Procedimento na auditoria

Para a verificação da regularidade desse item, o auditor deve analisar as folhas de pagamento a fim de identificar se o cálculo do desconto do IRRF está sendo feito de forma correta.

Possíveis consequências

A não observância das disposições relativas a esse desconto pode sujeitar o empregador a ser autuado pela auditoria fiscal do trabalho com base no descumprimento do art. 462 da CLT (Brasil, 1943), bem como a ser condenado a devolver ao trabalhador os valores descontados indevidamente. Por outro lado, caso o desconto seja feito a menor, pode sujeitar o empregador a ser autuado pela RFB em decorrência de não ter efetuado os recolhimentos nos valores corretos e, ainda, de ter o correspondente débito levantado.

12.2.3 Vale-transporte

O desconto relativo ao vale-transporte corresponde a 6% sobre o valor do salário-base do empregado (inciso I do art. 9º do Decreto n. 95.247, de 17 de novembro de 1987) (Brasil, 1987a), exceto em caso de trabalhadores remunerados exclusivamente à base de comissões, percentagens, gratificações, gorjetas ou equivalentes, hipótese em que o desconto incide sobre o montante dessas verbas (inciso II do art. 12 do Decreto n. 95.247/1987). De todo modo, o valor do desconto não pode exceder o valor dos vales-transportes recebidos pelo empregado.
A RFB, por meio da Solução de Consulta Cosit n. 313/2019 (Brasil, 2019o), adotou o entendimento de que, se o desconto relativo ao vale-transporte for inferior a 6%, a parte não descontada será considerada integrante do salário de contribuição do empregado.
Ver mais detalhes sobre o vale-transporte no item 17.4.

Procedimento na auditoria

Para a verificação da regularidade desse item, o auditor deve analisar as folhas de pagamento a fim de identificar se o valor do desconto do vale-transporte está sendo feito dentro dos limites legais.

Possíveis consequências

A não observância das disposições relativas a esse desconto pode sujeitar o empregador a ser autuado pela auditoria fiscal do trabalho com base no descumprimento do art. 462 da CLT (Brasil, 1943), bem como a ser condenado a devolver ao trabalhador os valores descontados indevidamente. Por outro lado, caso o desconto seja feito a menor, pode sujeitar o empregador a ser autuado pela RFB em decorrência de considerar a parte não descontada como integrante do salário de contribuição do empregado.

12.2.4 Convênios

Embora não haja na legislação trabalhista previsão de descontos relacionados a convênios, o TST tem o entendimento, contido na Súmula n. 342 (Brasil, 1995d), reconhecendo a validade de descontos relativos a plano de saúde, odontológico, seguro de vida, previdência privada, de entidade cooperativa, cultural ou recreativo-associativa, desde que ausente a coação. É importante que tais descontos sejam devidamente autorizados por escrito pelos empregados.

Procedimento na auditoria

Para a verificação da regularidade desse item, o auditor deve analisar as folhas de pagamento a fim de identificar os empregados que sofrem descontos dessa natureza e se eles são precedidos de autorização escrita dos empregados. Pode, ainda, na entrevista com empregados, indagá-los sobre eventual coação para a adesão a algum desses planos/benefícios.

Possíveis consequências

A não observância das disposições relativas a esses descontos pode sujeitar o empregador a ser autuado pela auditoria fiscal do trabalho com base no descumprimento do art. 462 da CLT (Brasil, 1943), bem como a ser condenado a devolver ao trabalhador os valores descontados indevidamente.

12.2.5 Contribuições em favor do sindicato

Podemos resumir os descontos em favor dos sindicatos em: mensalidade sindical, contribuição assistencial, contribuição confederativa e a contribuição sindical.

Quanto à mensalidade sindical, o entendimento que sempre predominou é de que só é devido o desconto daqueles empregados filiados ao sindicato.

No que se refere às contribuições assistencial e confederativa, o entendimento dos tribunais superiores é que elas também são devidas apenas em relação aos empregados filiados aos sindicatos. Esse é o entendimento constante na Orientação Jurisprudencial n. 17 da Seção de Dissídios Coletivos (SDC) do TST (Brasil, 1998) e na Súmula n. 666 do STF (Brasil, 2003b). Esse mesmo tribunal aprovou sua Súmula Vinculante n. 40, que assim menciona; "A contribuição confederativa de que trata o artigo 8º, IV, da Constituição Federal, só é exigível dos filiados ao sindicato respectivo" (STF, 2015).

Nesse sentido, é inequívoco o entendimento de que tais contribuições só são devidas pelos empregados filiados ao sindicato.

A dúvida maior atualmente paira em torno da contribuição sindical, que, até antes da reforma trabalhista, era obrigatória para todos os empregados, independentemente se associados ou não ao sindicato, não havendo possibilidade de oposição quanto ao desconto. Esse panorama mudou com a Lei n. 13.467/2017 (Brasil, 2017b), que tornou esse desconto facultativo ao dar nova redação ao art. 579 da CLT, nos seguintes termos "O desconto da contribuição sindical está condicionado à autorização prévia e expressa dos que participarem de uma determinada categoria econômica ou profissional".

A partir da entrada em vigor dessa lei, muitos sindicatos começaram a se movimentar no sentido de garantir o desconto dos empregados por meio de autorização dada em ACT/CCT. Parece-nos que a autorização dada em ACT/CCT constitui-se em objeto ilícito desses instrumentos, por se enquadrarem no inciso XXVI do art. 611-B da CLT,

que diz "XXVI – liberdade de associação profissional ou sindical do trabalhador, inclusive o direito de não sofrer, sem sua expressa e prévia anuência, qualquer cobrança ou desconto salarial estabelecidos em convenção coletiva ou acordo coletivo de trabalho" (Brasil, 1943).
O STF julgou improcedente a ADI n. 5.794, que pleiteava a declaração da inconstitucionalidade do fim da compulsoriedade da contribuição sindical e julgou procedente a ADC n. 55, que solicitava o reconhecimento da sua constitucionalidade. Em março de 2020, a Ministra Carmem Lúcia, do STF, em decisão proferida nos autos da Reclamação n. 36.185 RJ (STF, 2020), cassou a decisão do TRT da 1ª Região, que havia autorizado o desconto em folha da contribuição sindical aprovada em assembleia com participação dos trabalhadores da categoria.

Podemos resumir, então, que a realização de descontos em favor do sindicato relacionados à mensalidade sindical, bem como às contribuições confederativa e assistencial só deve ocorrer em relação aos empregados filiados ao sindicato. Já quanto à contribuição sindical, apenas com prévia e expressa autorização individual dos empregados.

Procedimento na auditoria

Para a verificação da regularidade desse item, o auditor deve analisar as folhas de pagamento a fim de constatar se os descontos em favor dos sindicatos estão ocorrendo de acordo com os termos mencionados.

Possíveis consequências

A não observância das disposições relativas a esses descontos pode sujeitar o empregador a ser autuado pela auditoria fiscal do trabalho com base no descumprimento do art. 462 da CLT (Brasil, 1943), bem como a ser condenado a devolver ao trabalhador os valores descontados indevidamente.

12.2.6 Empréstimos consignados

O art. 1º da Lei n. 10.820, de 17 de dezembro de 2003 (Brasil, 2003a) autoriza os empregadores a realizar descontos na folha de pagamento de seus empregados relativos às parcelas para a quitação de empréstimos consignados assumidos pelos empregados com a interveniência dos empregadores. E o parágrafo 2º do art. 2º dessa mesma lei estabelece que a soma dos descontos não pode exceder a 35% da remuneração disponível.

Por sua vez, conforme dispõe o art. 5º da referida lei, o empregador deve repassar os valores descontados às instituições consignatárias até o 5º dia útil após a data de pagamento do salário ao empregado (Brasil, 2003a).

Procedimento na auditoria

Para a verificação da regularidade desse item, o auditor deve analisar as folhas de pagamento, com o objetivo de identificar os empregados que sofrem descontos relacionados a empréstimos consignados e, depois, aferir se eles são feitos em consonância com a legislação aplicável, incluindo a expressa autorização escrita dos empregados. Deve averiguar, também, se os valores descontados são repassados às instituições consignatárias no prazo legal.

Possíveis consequências

A não observância das disposições relativas a esses descontos pode sujeitar o empregador a ser autuado pela auditoria fiscal do trabalho com base no descumprimento do art. 462 da CLT (Brasil, 1943), bem como a ser condenado a devolver ao trabalhador os valores descontados indevidamente.

12.2.7 Danos

O parágrafo 1º do art. 462 da CLT (Brasil, 1943) prevê a possibilidade de o empregador efetuar desconto no salário do empregado em decorrência de dano causado pelo empregado. Contudo, condiciona sua licitude a prévio acordo entre empregado e empregador ou na ocorrência de dolo do empregado. Discute-se a legalidade de haver o prévio acordo já na hora da contratação do empregado, ou seja, no próprio contrato de trabalho haver uma cláusula autorizando o desconto em caso de dano causado pelo empregado. O questionamento da legalidade dessa autorização reside no fato de se reconhecer a fragilidade do empregado no momento da contratação, o que dificilmente lhe permitirá oposição à proposta de cláusula autorizativa de desconto.

Além disso, o próprio desconto é motivo de questionamentos. Para Delgado (2019, p. 952):

> Esta hipótese autorizativa, contudo, tem sido atenuada pela jurisprudência. Tem-se compreendido que, em situações laborais envolventes à efetiva possibilidade de acidentes com máquinas e equipamentos, não se poderia optar pela responsabilização obreira (§ 1º do art. 462) em detrimento do risco empresarial perante o empreendimento (caput do art. 2º, também da CLT).

É necessário, portanto, muito cuidado com os descontos relacionados à ocorrência de danos causados pelos empregados.

Procedimento na auditoria

Para a verificação da regularidade desse item, o auditor deve analisar as folhas de pagamento a fim de identificar a existência de descontos relacionados à ocorrência de danos causados pelos empregados, bem como se estes foram feitos em consonância com a legislação trabalhista e, ainda, observar a conveniência deles, tendo em vista o entendimento jurisprudencial citado.

Possíveis consequências

A não observância das disposições relativas a esses descontos pode sujeitar o empregador a ser autuado pela auditoria fiscal do trabalho com base no descumprimento do art. 462 da CLT (Brasil, 1943), bem como a ser condenado a devolver ao trabalhador os valores descontados indevidamente.

12.3 Observância do prazo legal para pagamento

O parágrafo 1º do art. 459 da CLT (Brasil, 1943) estabelece que o pagamento dos salários deve ocorrer no prazo máximo do quinto dia útil do mês seguinte ao vencido. Por sua vez, o inciso I do art. 1º da Instrução Normativa n. 1, de 7 de novembro de 1989, da Secretaria de Relações do Trabalho define que o sábado é considerado dia útil para efeito de contagem do prazo para pagamento de salário (Brasil, 1989).

Muitas empresas adotam o critério de fazer o fechamento do ponto para efeito de folha de pagamento em período diferente do mês civil. Embora se reconheça que essa prática pareça razoável, sobretudo nas atividades que demandam um grande esforço na apuração de quantidade de horas extras, de horas noturnas, de produção etc. ou quando o empregador efetua o pagamento dos salários ainda dentro do mês, não há como se reconhecer sua legalidade, pois ela encontra óbice no já referido parágrafo 1º do art. 459 da CLT (Brasil, 1943). Não há, todavia, embasamento legal para essa prática tão comum entre os empregadores.

Procedimento na auditoria

Para a verificação da regularidade desse item, o auditor deve analisar se o pagamento do salário de um mês ocorre até o quinto dia útil do mês seguinte, levando em conta o sábado como dia útil e se o empregador adota fechamento da folha em período diferente do mês civil.

Possíveis consequências

A não observância desses preceitos pode sujeitar o empregador a ser autuado pela auditoria fiscal do trabalho com base no descumprimento do parágrafo 1º do art. 459 da CLT (Brasil, 1943).

12.4 Formalização do recibo de pagamento de salário

O art. 464 da CLT (Brasil, 1943) determina que o pagamento do salário deve ser efetuado contra recibo, que deve ser assinado pelo empregado. Complementando essa disposição, o art. 320 do Código Civil (Brasil, 2002b), aplicado subsidiariamente à relação de emprego, determina que, no recibo de pagamento, conste a data em que ele foi feito. O entendimento predominante é que a data deve ser lançada pelo próprio empregado, não devendo ser impressa automaticamente, tampouco por uma única pessoa em todos os recibos.

O parágrafo único do art. 464 da CLT (Brasil, 1943) estabelece que tem força de recibo o comprovante de depósito em conta bancária, aberta para esse fim em nome de cada empregado, com o consentimento deste, em estabelecimento de crédito próximo ao local de trabalho. Dessa forma, se o pagamento do salário for feito conforme o parágrafo único, não há necessidade de que o empregado assine nem date o recibo de pagamento. No entanto, é importante lembrar que o que tem força de recibo é o comprovante de depósito, e não o simples protocolo de envio de arquivo ao banco, autorizando ser realizado o crédito na conta dos empregados.

Alguns empregadores, mesmo efetuando o pagamento por meio de depósito bancário, colhem a assinatura dos empregados nos contracheques, como prova de que lhes foram entregues. Todavia, em que pese a boa intenção, essa prática pode acabar confundindo, pois, muitas vezes, no campo onde o empregado assina consta um texto dizendo que este declara ter recebido o salário naquele dia, e não que recebeu a cópia do contracheque naquele dia. Assim, caso o empregador adote a prática de colher a assinatura do empregado, deve mudar o texto do campo. É sabido que, atualmente, muitos empregadores disponibilizam o contracheque por meio de diversas formas, como por e-mail, por acesso a um portal, por emissão em terminal de autoatendimento etc. Nesses casos, o bom senso apregoa que seja dispensável a coleta da assinatura do empregado atestando o recebimento da cópia do contracheque.

Procedimento na auditoria

Para a verificação da regularidade desse item, o auditor deve analisar, no caso de pagamento direto ao empregado, se o recibo é devidamente formalizado, contendo a assinatura e a data do pagamento ou, em caso de pagamento mediante depósito bancário, se o empregador dispõe do correspondente comprovante.

Possíveis consequências

A não observância desses preceitos pode sujeitar o empregador a ser autuado pela auditoria fiscal do trabalho com base no descumprimento do art. 464 da CLT (Brasil, 1943).

12.4.1 Salário complessivo

Algumas empresas adotam o procedimento de acertar com seus empregados um valor de salário englobando outras parcelas salariais. Por exemplo, combina um salário de R$ 1.500,00, estando nesse salário incluído o pagamento de 20 horas extras mensais.

Esse procedimento é chamado de *salário complessivo* e tido como nulo, conforme entendimento do TST, contido em sua Súmula n. 91 (Brasil, 1978c). A consequência dessa nulidade é que, se o empregado for à justiça posteriormente, ele vai conseguir o pagamento das 20 horas extras calculadas sobre o valor de R$ 1.500,00.

Portanto, o procedimento correto é o detalhamento, verba a verba, tanto na folha de pagamento quanto no recibo de pagamento do salário.

Além disso, conforme dispõe o inciso III do art. 47 da Instrução Normativa n. 971/2019 da RFB (Brasil, 2009b), o empregador deve elaborar folha de pagamento destacando as parcelas integrantes e as não integrantes da remuneração, ou seja, com o devido detalhamento de todas as verbas.

Procedimento na auditoria

Para a verificação da regularidade desse item, o auditor deve analisar a folha de pagamento a fim de identificar a ocorrência de salário complessivo.

Possíveis consequências

A violação a essa disposição pode sujeitar o empregador a ser autuado pela auditoria-fiscal do trabalho com base no descumprimento do art. 464 da CLT (Brasil, 1943), bem como pela RFB com base no inciso III do art. 47 da Instrução Normativa n. 971/2009 (Brasil, 2009b) e, por fim, em uma reclamação trabalhista, ser condenado a pagar ao empregado valores englobados em salário complessivo, como as horas extras referenciadas no exemplo citado.

ENCARGOS SOBRE A FOLHA DE PAGAMENTO

13

Sobre as verbas salariais e não salariais podem ocorrer incidências de Fundo de Garantia do Tempo de Serviço (FGTS), de contribuição previdenciária e de imposto de renda.

A ausência da observância das incidências pode acarretar para o empregador a formação de passivos trabalhistas, previdenciários e tributários, sujeitando-o a ser autuado pela auditoria fiscal do trabalho ou pela Receita Federal do Brasil (RFB), em decorrência de não ter efetuado os recolhimentos nos valores corretos e, ainda, de ter o correspondente débito levantado.

Adiante, apresentaremos as diversas normas que tratam das incidências e não incidências tributárias e fundiárias.

13.1 Fundo de Garantia do Tempo de Serviço (FGTS)

O FGTS é regulamentado pela Lei n. 8.036, de 11 de maio de 1990 (Brasil, 1990c), com complemento do Decreto n. 99.684, de 8 de novembro de 1990 (Brasil, 1990a). Os procedimentos a serem adotados pela auditoria fiscal do trabalho, a quem compete a fiscalização do FGTS, estão contidos na Instrução Normativa n. 144, de 18 de maio de 2018, da Secretaria de Inspeção do Trabalho (Brasil, 2018d).

O recolhimento do FGTS é feito mediante emissão da Guia de Recolhimento do FGTS e de Informações à Previdência Social (GFIP), que serve tanto para o recolhimento do FGTS quanto para a prestação de informações à Previdência Social.

13.1.1 Base de incidência

Conforme dispõe o art. 15 da Lei n. 8.036/1990 (Brasil, 1990c), os empregadores são obrigados a recolher, até o dia 7 de cada mês, o correspondente a 8% da remuneração paga ou devida no mês anterior a cada empregado, incluindo nela as parcelas de que tratam os arts. 457 e 458 da CLT (Brasil, 1943) e o décimo terceiro salário.

O parágrafo 6º desse mesmo artigo estabelece que não se incluem na remuneração, para os fins de aplicação da Lei n. 8.036/1990 (Brasil, 1990c), as parcelas elencadas no parágrafo 9º do art. 28 da Lei n. 8.212, de 24 de julho de 1991 (Brasil, 1991a).

A Instrução Normativa n. 144/2018 lista, no art. 9º, as parcelas que integram a base de incidência do FGTS e, no art. 10, faz menção às que não integram essa mesma base (Brasil, 2018d).

Procedimento na auditoria

Para a verificação da regularidade desse item, o auditor deve fazer um exame da tabela de rubricas adotada pelo empregador, com o objetivo de identificar eventual desconformidade com o que preceitua a legislação ora indicada. Pode, também, fazer cálculos relativos à remuneração de alguns empregados, visando identificar se a base de incidência do FGTS está devidamente apontada na folha de pagamento.

Possíveis consequências

O não cumprimento dessa disposição pode sujeitar o empregador a ser autuado pela auditoria fiscal do trabalho com base no descumprimento do inciso IV do parágrafo 1º do art. 23 da Lei n. 8.036/1990 (Brasil, 1990c), bem como a ter o débito de FGTS levantado em razão de ter sido excluída alguma verba da base de cálculo. Está sujeito o empregador, também, a ser condenado em reclamação trabalhista a depositar FGTS sobre a verba que o empregador deixou de incluir em sua base de incidência.

13.1.2 Prazo de envio da GFIP e de quitação da GRF

O prazo de recolhimento do FGTS é até o dia 7 do mês seguinte ao vencido. Caso esse dia não seja dia útil, o recolhimento deve ser antecipado.

Procedimento na auditoria

Para a verificação da regularidade desse item, o auditor deve examinar as guias de recolhimento do FGTS a fim de identificar se elas estão sendo quitadas no prazo legal. Adicionalmente, o auditor pode requerer que lhe seja fornecido o extrato das guias de recolhimento, emitido pela Caixa Econômica Federal, a fim de confrontar se as guias de recolhimento apresentadas estão, efetivamente, processadas. Tal procedimento visa eliminar a possibilidade de lhe serem apresentadas guias de recolhimento com autenticação fraudulenta.

Possíveis consequências

O não cumprimento dessa disposição pode sujeitar o empregador a ser autuado pela auditoria fiscal do trabalho com base no descumprimento do inciso I do parágrafo 1º do art. 23 da Lei n. 8.036/1990 (Brasil, 1990c), bem como a ter o débito de FGTS levantado em razão da ausência do depósito do FGTS no prazo legal. Está sujeito o empregador, também, a ser condenado em reclamação trabalhista a depositar o FGTS que deixou de ser recolhido ao longo do contrato de trabalho.

Efeitos da pandemia da covid-19

O art. 19 da Medida Provisória (MP) n. 927, de 22 de março de 2020 (Brasil, 2020a), estabeleceu a suspensão da exigibilidade do recolhimento do FGTS por parte de todos os empregadores, relativo às competências março, abril e maio de 2020.

Conforme dispõe o art. 20 dessa MP, o recolhimento do FGTS referente a essas três competências poderá ser realizado de forma parcelada, sem a incidência da atualização, da multa e de encargos, em até seis parcelas mensais, com vencimento no sétimo dia de cada mês, a partir de julho de 2020. O parágrafo 2º desse artigo estabelece que, para o empregador usufruir da prerrogativa de parcelamento, fica obrigado a declarar as correspondentes informações até 20 de junho de 2020. Por sua vez, a Caixa Econômica Federal publicou a Circular n. 897, de 24 de março de 2020 (Brasil, 2020c), disciplinando como essas informações devem ser prestadas.

Por fim, o art. 21 da já mencionada MP n. 927/2020 estatui que, em caso de haver rescisão contratual de algum empregado, o empregador deve antecipar o recolhimento do FGTS objeto de parcelamento desse mesmo empregado.

Ressaltamos que essa MP não foi convertida em lei e perdeu sua vigência no dia 19 de julho de 2020. Todavia, tal fato não trouxe reflexos com relação ao FGTS, já que as competências que poderiam ser objeto do parcelamento se referiam apenas de março a maio de 2020. Quanto ao prazo de recolhimento do FGTS parcelado, este se manteve seguindo o disposto na MP n. 927/2020.

13.1.3 Recolhimento durante afastamentos

Em alguns casos de afastamento do empregado, o empregador é obrigado a continuar a recolher o FGTS. Isso acontece nas hipóteses previstas no art. 28 do Decreto n. 99.684/1990: prestação de serviço militar; licença para tratamento de saúde de até quinze dias; licença por acidente de trabalho; licença à gestante; e licença paternidade (Brasil, 1990a).

Observe a sutil diferença entre o afastamento para tratamento de saúde e o decorrente de acidente de trabalho. Ao passo que neste o recolhimento deve ocorrer durante todo o afastamento, no afastamento para tratamento de saúde, o recolhimento só deve ocorrer nos 15 primeiros dias de afastamento, ou seja, apenas nos dias em que o próprio empregador é quem paga os salários.

Procedimento na auditoria

Para a verificação da regularidade desse item, o auditor deve examinar os controles de afastamento dos empregados com o objetivo de identificar se o recolhimento do FGTS foi mantido nas hipóteses devidas.

Possíveis consequências

O não cumprimento dessa disposição pode sujeitar o empregador a ser autuado pela auditoria fiscal do trabalho com base no descumprimento do inciso I do parágrafo 1º do art. 23 da Lei n. 8.036/1990 (Brasil, 1990c), bem como a ter o débito de FGTS levantado em razão da ausência do depósito do FGTS relativo a empregado afastado, em que era devido o recolhimento. Está sujeito o empregador, também, a ser condenado em reclamação trabalhista a depositar o FGTS que deixou de ser recolhido no período do afastamento em que era devido o recolhimento.

13.1.4 FGTS quitado perante a Justiça do Trabalho

O parágrafo único do art. 26 da Lei n. 8.036/1990 (Brasil, 1990c) estabelece que, nas reclamatórias trabalhistas que objetivam o ressarcimento de parcelas relativas ao FGTS ou que, direta ou indiretamente, impliquem essa obrigação de fazer, o juiz do trabalho deve determinar que a empresa sucumbente proceda ao recolhimento imediato das importâncias devidas a tal título. Adicionalmente, o art. 26-A da mesma lei, inserido pela Lei n. 13.932, de 11 de dezembro de 2019 (Brasil, 2019b), estabelece que, para fins de apuração e lançamento, considera-se não quitado o valor relativo ao FGTS pago diretamente ao trabalhador, vedada sua conversão em indenização compensatória. Na linha desses dois dispositivos, o Precedente Administrativo n. 101 da Secretaria de Inspeção do Trabalho (Brasil, 2020m) anuncia o entendimento de que os débitos de FGTS acordados judicialmente em ação na qual a União e a Caixa Econômica Federal não foram chamadas para se manifestarem não devem ser excluídos das notificações de débitos lavradas pelos auditores fiscais do trabalho, pois seus atos não são alcançados pelos limites da coisa julgada feita pela sentença que homologou o acordo.

Dessa forma, o entendimento adotado pela auditoria fiscal do trabalho é de não considerar recolhido FGTS que não tenha sido objeto de quitação mediante guia de recolhimento. Esse procedimento diz respeito, também, aos pagamentos feitos em sede judicial. Assim, o auditor deve verificar se o empregador auditado celebra acordos judiciais para a quitação de FGTS diretamente ao empregado.

Procedimento na auditoria

Para a verificação da regularidade desse item, o auditor deve examinar os acordos e as sentenças em sede da Justiça do Trabalho a fim de identificar se há pagamentos de FGTS feitos diretamente ao empregado.

Possíveis consequências

O não cumprimento dessa disposição pode sujeitar o empregador a ser autuado pela auditoria fiscal do trabalho com base no descumprimento do inciso I do parágrafo 1º do art. 23 da Lei n. 8.036/1990 (Brasil, 1990c), bem como a ter o débito de FGTS levantado em razão da ausência do depósito do FGTS.

13.1.5 Mora contumaz

Conforme dispõe o parágrafo 1º do art. 22 da Lei n. 8.036/1990 (Brasil, 1990c), o empregador que não realiza os depósitos mensais do FGTS está sujeito às obrigações e sanções previstas no Decreto-Lei n. 368, de 19 de dezembro de 1968 (Brasil, 1968). Esse texto legal estabelece, em seu art. 1º, que a empresa que se encontra em débito salarial está impedida de:

> I – pagar honorário, gratificação, pró-labore ou qualquer outro tipo de retribuição ou retirada a seus diretores, sócios, gerentes ou titulares da firma individual; II – distribuir quaisquer lucros, bonificações, dividendos ou interesses a seus sócios, titulares, acionistas, ou membros de órgãos dirigentes, fiscais ou consultivos. (Brasil, 1968)

O art. 2º do mesmo decreto-lei estatui que, se a mora salarial é contumaz, ou seja, se há atraso igual ou superior a três meses, a empresa não pode, adicionalmente ao já exposto, ser favorecida com qualquer benefício de natureza fiscal, tributária ou financeira por parte de órgãos da União, dos estados ou dos municípios, ou de que estes participem.
O referido decreto-lei dispõe, ainda, em seu art. 4º, que os diretores, sócios, gerentes, membros de órgãos fiscais ou consultivos, titulares de firma individual ou quaisquer outros dirigentes de empresa responsável pelas infrações descritas em seu art. 1º estão sujeitos à pena de detenção de um mês a um ano, e seu art. 7º estatui penalidade de multa com valor variável de 10 % a 50% do valor do débito salarial.

Por força do que dispõe o já citado parágrafo 1º do art. 22, as empresas em débito com FGTS sofrem as mesmas proibições e sanções previstas no Decreto-Lei n. 368/1968 (Brasil, 1968).

Procedimento na auditoria

Para a verificação da regularidade desse item, o auditor deve analisar a documentação visando identificar se o empregador auditado, estando em mora salarial ou com o FGTS, está efetuando pagamentos relativos a honorário, gratificação, pró-labore ou qualquer outro tipo de retribuição ou retirada a seus diretores, sócios, gerentes ou titulares da firma individual ou se está distribuindo quaisquer lucros, bonificações, dividendos ou interesses a seus sócios, titulares, acionistas ou membros de órgãos dirigentes, fiscais ou consultivos.

Possíveis consequências

A violação a essa proibição pode sujeitar o empregador às sanções previstas no Decreto-Lei n. 368/1968 (Brasil, 1968).

13.2 Contribuição previdenciária

A Lei n. 8.212/1991 (Brasil, 1991a) cuida do custeio da previdência e é regulamentada pelo Decreto n. 3.048, de 6 de maio de 1999 (Brasil, 1999b), que instituiu o Regulamento da Previdência Social. Os procedimentos relativos à fiscalização do recolhimento de todas as contribuições previdenciárias estão descritos na Instrução Normativa n. 971, de 13 de novembro de 2009, da RFB (Brasil, 2009b).

13.2.1 Contribuição previdenciária patronal

As empresas são obrigadas a recolher as contribuições previdenciárias previstas no art. 22 da Lei n. 8.212/1991, assim discriminadas:

> I – 20% sobre o total das remunerações pagas, devidas ou creditadas a qualquer título, durante o mês, aos **segurados empregados** e trabalhadores avulsos que lhe prestem serviços, destinadas a retribuir o trabalho, qualquer que seja a sua forma, inclusive as gorjetas, os ganhos habituais sob a forma de utilidades e os adiantamentos decorrentes de reajuste salarial, quer pelos serviços efetivamente prestados, quer pelo tempo à disposição do empregador ou tomador de serviços, nos termos da lei ou do contrato ou, ainda, de ACT/CCT ou sentença normativa;
> II – para o financiamento do benefício previsto nos art. 57 e 58 da Lei nº 8.213, de 24 de julho de 1991, e daqueles concedidos em razão do grau de incidência de incapacidade laborativa decorrente dos riscos ambientais do trabalho, sobre o total das remunerações pagas ou creditadas, no decorrer do mês, aos segurados empregados e trabalhadores avulsos (GILRAT):
> a) 1% para as empresas em cuja atividade preponderante o risco de acidentes do trabalho seja considerado leve;
> b) 2% para as empresas em cuja atividade preponderante esse risco seja considerado médio;
> c) 3% para as empresas em cuja atividade preponderante esse risco seja considerado grave.
> III – 20% sobre o total das remunerações pagas ou creditadas a qualquer título, no decorrer do mês, **aos segurados contribuintes individuais** que lhe prestem serviços. (Brasil, 1991a, grifo nosso)

Tais contribuições previdenciárias incidem sobre o salário de contribuição, cujo conceito se encontra no art. 28 da Lei n. 8.212/1991:

> Art. 28. Entende-se por salário-de-contribuição:
> I – para o empregado e trabalhador avulso: a remuneração auferida em uma ou mais empresas, assim entendida a totalidade dos rendimentos pagos, devidos ou creditados a qualquer título, durante o mês, destinados a retribuir o trabalho, qualquer que seja a sua forma, inclusive as gorjetas, os ganhos habituais sob a forma de utilidades e os adiantamentos decorrentes de reajuste salarial, quer pelos serviços efetivamente

prestados, quer pelo tempo à disposição do empregador ou tomador de serviços nos termos da lei ou do contrato ou, ainda, de convenção ou acordo coletivo de trabalho ou sentença normativa. (Redação dada pela Lei nº 9.528, de 10.12.97) (Brasil, 1991a)

O enquadramento da atividade da empresa, para fins de definição da alíquota do Grau de Incidência de Incapacidade Laborativa decorrente dos Riscos Ambientais do Trabalho (GILRAT), descrito no inciso II do art. 22 da Lei n. 8.212/1991 (Brasil, 1991a), é feito com base na atividade preponderante de cada estabelecimento, à qual deve corresponder à Classificação Nacional de Atividades Econômicas (CNAE) preponderante, que necessariamente não corresponde ao CNAE da atividade principal, constante no cadastro do CNPJ da empresa. Se no estabelecimento são desenvolvidas mais de uma atividade, a atividade preponderante deve corresponder àquela que, mês a mês, utiliza a maior quantidade de empregados (art. 72, § 1º, I, Instrução Normativa n. 971/2009). Se a empresa tem, por exemplo, três estabelecimentos e em cada um deles é desenvolvida uma atividade diferente, será atribuída uma alíquota GILRAT em relação a cada um deles (Brasil, 1991a; 2009b).

Portanto, cabe ao empregador avaliar, mês a mês, em qual das atividades desenvolvidas em cada um de seus estabelecimentos há utilização de maior quantidade de empregados. É possível que, em um mês uma atividade em que a alíquota GILRAT seja de 1%, utilize a maior quantidade de empregados e, no mês seguinte, a maior quantidade de empregados seja utilizada em uma atividade cuja alíquota GILRAT é de 2%. Conforme a norma mencionada, é de responsabilidade do empregador fazer essa análise mensal. Identificado o CNAE preponderante, o Anexo I da Instrução Normativa n. 1.027, de 22 de abril de 2010, da RFB (Brasil, 2010a), apresenta a correspondente alíquota GILRAT.

Além do GILRAT, o empregador precisa identificar qual é sua alíquota do Fator Acidentário de Prevenção (FAP), mediante consulta ao portal da Previdência Social. O FAP vai de 0,5 a 2,0, a depender da incidência de ocorrência de acidentes de trabalho em cada estabelecimento do empregador.

Ao final, deve ser encontrado o GILRAT ajustado, que corresponde ao GILRAT multiplicado pelo FAP.
O prazo para recolhimento da contribuição previdenciária é o dia 20 do mês seguinte ao vencido.

Procedimento na auditoria

Para a verificação da regularidade desse item, o auditor deve analisar a folha de pagamento a fim de identificar, entre as várias atividades desenvolvidas em um estabelecimento, qual utiliza a maior quantidade de empregados, para, então, ser definido o CNAE preponderante do estabelecimento. Com base nesse CNAE, é definida a correspondente alíquota GILRAT. O auditor também deve conferir se está sendo utilizado o FAP correto no cálculo do GILRAT ajustado.

Possíveis consequências

A não observância dessa disposição pode levar o estabelecimento a recolher o GILRAT a maior ou a menor. Sendo o recolhimento feito a menor, esse estabelecimento está sujeito a ter o débito de GILRAT levantado pela RFB, com a consequente aplicação de penalidades administrativas. Sendo feito a maior, deve ser pedida a restituição do tributo.

As empresas optantes pelo Simples Nacional, salvo as enquadradas no Anexo IV da Lei Complementar n. 123, de 14 de dezembro de 2006 (Brasil, 2006a), estão desobrigadas do recolhimento das contribuições previstas no art. 22 da Lei n. 8.212/1991 (Brasil, 1991a), o que inclui a contribuição de 20% incidentes sobre a folha de pagamento relativa aos empregados e contribuintes individuais e o GILRAT incidente sobre a folha de pagamento de empregados.

13.2.2 Contribuição para terceiros

Diferentemente do que ocorre com o enquadramento relativo ao GILRAT, a contribuição para terceiros é definida de acordo com o enquadramento da empresa no Fundo da Previdência e Assistência Social (FPAS), e não conforme o enquadramento de cada estabelecimento.

Vejamos o teor dos arts. 109-B a 109-C da Instrução Normativa n. 971/2009 da RFB:

> Art. 109-B. Cabe à pessoa jurídica, para fins de recolhimento da contribuição devida a terceiros, classificar a atividade por ela desenvolvida e atribuir-lhe o código FPAS correspondente, sem prejuízo da atuação, de ofício, da autoridade administrativa.
> [...]
> Art. 109-C. A classificação de que trata o art. 109-B terá por base a principal **atividade desenvolvida pela empresa**, assim considerada a que constitui seu objeto social, conforme declarado nos atos constitutivos e no Cadastro Nacional da Pessoa Jurídica – CNPJ, observadas as regras abaixo, na ordem em que apresentadas:
> I – a classificação será feita de acordo com o Quadro de Atividades e Profissões a que se refere o art. 577 do Decreto-Lei nº 5.452, de 1943 (CLT), ressalvado o disposto nos arts. 109-D e 109-E e as atividades em relação às quais a lei estabeleça forma diversa de contribuição;
> II – a atividade declarada como principal no CNPJ deverá corresponder à classificação feita na forma do inciso I, prevalecendo esta em caso de divergência;
> III – na hipótese de a pessoa jurídica desenvolver mais de uma atividade, prevalecerá, para fins de classificação, **a atividade preponderante, assim considerada a que representa o objeto social da empresa, ou a unidade de produto, para a qual convergem as demais em regime de conexão funcional** (CLT, art. 581, § 2º);
> IV – se nenhuma das atividades desenvolvidas pela pessoa jurídica se caracterizar como preponderante, aplica-se a cada atividade o respectivo código FPAS, na forma do inciso I.
> § 1º Considera-se regime de conexão funcional, para fins de definição da atividade preponderante, a finalidade comum em função da qual duas

ou mais atividades se interagem, sem descaracterizar sua natureza individual, a fim de realizar o objeto social da pessoa jurídica. (Brasil, 2009b, grifo nosso)

Registramos, todavia, que a RFB, na Solução de Consulta Cosit n. 54/2014, adotou o seguinte entendimento:

> Por todo exposto, conclui-se que:
> a) a indústria de confecções que tem essa atividade declarada como principal em seus atos constitutivos e no Cadastro Nacional da Pessoa Jurídica – CNPJ e que desenvolve, concomitantemente, atividade comercial em suas filiais, para fazer seu enquadramento no FPAS, deve, primeiramente, identificar se essa atividade comercial é desenvolvida em regime de conexão funcional com a atividade industrial, nos termos do § 1º do art. 109-C da IN RFB nº 971, de 2009, ou se constitui uma atividade econômica independente desta. Se a atividade comercial for desenvolvida em regime de conexão funcional com a atividade industrial, esta última será considerada a atividade preponderante e, consequentemente, o código FPAS da empresa será o 507. Se a atividade comercial não for desenvolvida em regime de conexão funcional com a atividade industrial, não haverá atividade preponderante e, consequentemente, conforme estabelece o inciso IV do art. 109-C da IN RFB nº 971, de 2009, aplica-se a cada atividade o respectivo código FPAS. (Brasil, 2014b)

Identificado o CNAE, o Anexo I da Instrução Normativa n. 1.027/2010 (Brasil, 2010a) apresenta o correspondente código FPAS.

As empresas optantes pelo Simples Nacional, salvo as enquadradas no Anexo IV, estão desobrigadas do recolhimento dos valores devidos a terceiros.

Procedimento na auditoria

Para a verificação da regularidade desse item, o auditor deve analisar a documentação do empregador auditado visando identificar sua atividade preponderante para efeitos de enquadramento no FPAS.

Possíveis consequências

A não observância dessa disposição pode levar a empresa a recolher os valores devidos a terceiros inadequadamente, ficando sujeita a ser autuada pela RFB e ter o correspondente levantamento de débito dos valores que deixaram de ser recolhidos à entidade que deveria ter recebido os valores.

13.2.3 Adicional de financiamento da aposentadoria especial

De acordo com o que dispõe o parágrafo 6º do art. 57 da Lei n. 8.213, de 24 de julho de 1991 (Brasil, 1991b), a empresa é obrigada a recolher um adicional de financiamento da aposentadoria especial, incidente sobre a remuneração dos segurados que laboram em condições que geram direito a essa aposentadoria. O percentual do referido adicional corresponde a 12, 9 ou 6%, a depender de o segurado ter direito à aposentadoria especial aos 15, 20 ou 25 anos de tempo de serviço.

As empresas optantes pelo Simples Nacional, salvo as enquadradas no Anexo IV, estão desobrigadas do recolhimento do adicional de financiamento da aposentadoria especial.

Procedimento na auditoria

Para a verificação da regularidade desse item, o auditor deve investigar se no empregador auditado existem empregados que laboram em condições que lhe garantem o direito à aposentadoria especial. Em caso positivo, deve averiguar se está havendo o recolhimento do correspondente adicional para financiamento dessa aposentadoria.

A análise pode ser feita a partir do Programa de Prevenção de Riscos Ambientais (PPRA) e do Laudo Técnico das Condições de Ambiente de Trabalho (LTCAT) e, se possível, deve contar com o auxílio dos profissionais de Segurança e Saúde no Trabalho (SST) do empregador, médico do trabalho, engenheiro do trabalho ou técnico de segurança no trabalho.

Possíveis consequências

A não observância dessa disposição pode levar o empregador a deixar de recolher o referido adicional ou recolhê-lo em valor menor do que o devido, sujeitando-o a ser autuado pela RFB e ter o débito levantado.

13.2.4 Retenções previdenciárias sobre serviços prestados mediante cessão de mão de obra

Por força do que dispõe o art. 31 da Lei n. 8.212/991 (Brasil, 1991a), a empresa contratante de serviços executados mediante cessão de mão de obra, inclusive em regime de trabalho temporário, deverá reter 11% (ou de 3,5%, caso a empresa prestadora seja optante pela desoneração de folha) do valor bruto da nota fiscal ou fatura de prestação de serviços e recolher, em nome da empresa cedente da mão de obra, a importância retida até o dia 20 do mês subsequente ao da emissão da respectiva nota fiscal ou fatura. Os arts. 117 e 118 da Instrução Normativa n. 971/2009 (Brasil, 2009b) especificam quais serviços são assim considerados. Portanto, a caracterização de serviço prestado mediante cessão de mão de obra deve ser analisada com cuidado.

Procedimento na auditoria

Para a verificação da regularidade desse item, o auditor deve examinar as notas fiscais de serviços tomados a fim de identificar se eles se enquadram no conceito de serviço prestado mediante cessão de mão de obra. Em caso positivo, deve averiguar se o empregador auditado efetuou a retenção cabível e, ainda, se o valor retido foi repassado à RFB no prazo legal e se foi informado na GFIP ou na Escrituração Fiscal Digital de Retenções e Outras Informações Fiscais (EFD-REINF), conforme o caso.

Possíveis consequências

O não cumprimento dessa disposição pode sujeitar o empregador a ser autuado pela RFB em razão de não ter feito a retenção e a ter de recolher o valor que deveria ter retido.

RESCISÃO CONTRATUAL

14

Neste capítulo, analisaremos diversos pontos e questões relacionados à rescisão contratual, com destaque para os que podem impactar o cumprimento das obrigações das empresas e, eventualmente, influenciar a formação de passivos trabalhistas ou acarretar sujeição a autuações trabalhistas.

14.1 Aviso-prévio

O aviso-prévio é tratado na Consolidação das Leis do Trabalho (CLT) (Brasil, 1943) a partir do art. 487, ao apregoar que, no contrato por prazo indeterminado, a parte que desejar rescindi-lo tem de avisar a outra com antecedência mínima de 30 dias.

Procedimento na auditoria

Para a verificação da regularidade desse item, o auditor deve analisar os Termos de Rescisão de Contrato de Trabalho (TRCT) com motivo de dispensa sem justa causa com aviso-prévio trabalhado e identificar a existência de aviso escrito, assinado pelo empregado, com antecedência mínima de 30 dias. Caso não haja, deve averiguar se houve o pagamento do aviso-prévio indenizado.

Possíveis consequências

O não cumprimento dessa disposição pode sujeitar o empregador a ser autuado pela auditoria fiscal do trabalho com base no descumprimento do art. 487 da CLT (Brasil, 1943).

14.1.1 Aviso-prévio proporcional ao tempo de serviço

A Lei n. 12.506, de 11 de outubro de 2011 (Brasil, 2011a), estabelece que o aviso-prévio devido pelo empregador ao empregado que conta com mais de um ano de tempo de serviço no empregador é de 30 dias, acrescido de 3 dias por ano de serviço, limitado a 90 dias. Por exemplo, se o empregado tem 2,5 anos de tempo de serviço, seu aviso-prévio deve ser de 36 dias (30 dias + 2 anos × 3 dias). Registramos que, em caso de rescisão a pedido, o aviso-prévio a ser adotado é de apenas 30 dias, não havendo o acréscimo dos 3 dias para cada ano de tempo de serviço.

Procedimento na auditoria

Para a verificação da regularidade desse item, o auditor deve analisar os TRCT com motivo de dispensa sem justa causa com aviso-prévio indenizado e averiguar se seu valor corresponde a 30 dias ou ao somatório referente a 30 dias + 3 dias por ano de tempo de serviço.

Possíveis consequências

A não observância a esses preceitos pode sujeitar o empregador a ser condenado ao pagamento de indenização relativa aos dias que excedem os 30 dias do aviso-prévio trabalhado.

14.1.2 Possibilidade de trabalho em mais de 30 dias de aviso

Há discussão quanto à obrigatoriedade de o empregado trabalhar durante todos os dias do aviso-prévio proporcional ao tempo de serviço (com redução de duas horas ou de sete dias) ou se o trabalho só deve ocorrer nos 30 dias e o empregador indenizar os dias que ultrapassam a quantidade de 30.

A Seção de Dissídios Individuais 1 (SDI-1) do Tribunal Superior do Trabalho (TST), a quem cabe uniformizar a jurisprudência das oito turmas desse tribunal, vem adotando o entendimento de que o empregado só deve trabalhar 30 dias, e o que ultrapassa os 30 tem de ser indenizado pelo empregador. Esse julgamento foi proferido no Processo n. E-RR-1964-3.2013.5.09.0009 (TST, 2013), e o empregador restou condenado ao pagamento dos três dias de trabalho prestado indevidamente no período do aviso-prévio, com os reflexos cabíveis.

Cabe ao auditor trabalhista, constatando a ocorrência de trabalho do empregado nos dias excedentes de 30 dias do aviso-prévio, pelo menos alertar o empregador quanto ao risco de formação de futuro passivo trabalhista.

Procedimento na auditoria

Para a verificação da regularidade desse item, o auditor deve analisar os TRCT com motivo de dispensa sem justa causa e aviso-prévio trabalhado e identificar se há algum cuja data do desligamento é de mais de 30 dias da data do aviso-prévio.

Possíveis consequências

A não observância a esses preceitos pode sujeitar o empregador a ser condenado ao pagamento de indenização relativa aos dias que excedem os 30 dias do aviso-prévio trabalhado.

14.1.3 Prestação de horas extras durante aviso-prévio trabalhado

O art. 488 da CLT (Brasil, 1943) estabelece que, no caso de aviso-prévio dado pelo empregador, o empregado tem direito de reduzir sua jornada em duas horas diárias ou em sete dias corridos. Essa redução tem a finalidade de o trabalhador ter tempo para procurar um novo emprego. A Súmula n. 230 do TST (Brasil, 1985d) adota o entendimento de que é inválida a prestação de horas extras durante o aviso-prévio. Portanto, o empregador não pode, em vez de conceder a redução das duas horas no horário, manter o empregado trabalhando no mesmo horário e pagar-lhe o correspondente a duas horas extras diárias. Com essa prática, é possível que o empregador tenha descaracterizado o aviso-prévio concedido e tenha de pagar ao empregado o aviso-prévio indenizado.

Procedimento na auditoria

Para a verificação da regularidade desse item, o auditor deve analisar os espelhos de ponto dos empregados dispensados com aviso-prévio trabalhado a fim de identificar se há algum que tenha laborado sem a redução das duas horas diárias ou dos sete dias corridos.

Possíveis consequências

A não observância dessa disposição pode sujeitar o empregador a ser autuado pela auditoria fiscal do trabalho com base no descumprimento do art. 488 da CLT (Brasil, 1943) e a ser condenado a pagar ao empregado o aviso-prévio indenizado.

14.1.4 Concessão de aviso-prévio durante garantia de emprego

A legislação trabalhista prevê várias hipóteses em que o empregado goza de garantia de emprego, ou seja, não pode ser dispensado sem justa causa durante determinado período. A legislação e jurisprudência chamam essa garantia de emprego, algumas vezes, de *estabilidade*. Neste livro, utilizaremos essas duas expressões como sinônimos. Ver as hipóteses de garantia de emprego (estabilidade) no item 14.8.

O empregado em gozo de garantia de emprego não pode sofrer despedida arbitrária ou sem justa causa. De acordo com a Súmula n. 244 do TST (Brasil, 1985f), se a empregada engravidar durante contrato por prazo determinado, ela adquirirá estabilidade, e seu contrato não poderá ser rescindido no término previsto. O mesmo tratamento é dado pelo item III da Súmula n. 378 do TST (Brasil, 2005c). Além disso, o entendimento predominante na Justiça do Trabalho é que a disposição contida no art. 500 da CLT (Brasil, 1943), de que o pedido de demissão de empregado em gozo de estabilidade só é válido se assistido pelo sindicato, deve ser aplicada a todos os empregados em gozo de estabilidade. Dessa forma, é prudente que o empregador, em caso de receber um pedido de demissão de um empregado em gozo de garantia de emprego, exija que ele seja assistido pelo sindicato.

Procedimento na auditoria

Para a verificação da regularidade desse item, o auditor deve levantar na documentação do empregador os casos de empregados em gozo de garantia de emprego e se, durante essa garantia, houve rescisão sem justa causa ou por término de contrato. Deve, ainda, averiguar se a eventual rescisão a pedido de empregado em gozo de estabilidade foi assistida pelo sindicato laboral.

Possíveis consequências

A não observância dessa disposição pode sujeitar o empregador a ser condenado a pagar ao empregado em gozo de estabilidade os salários e todos os seus reflexos durante todo o período da estabilidade suprimido.

14.2 Rescisão de contrato por acordo entre as partes

A reforma trabalhista introduziu na CLT o art. 484-A (Brasil, 1943), permitindo que haja rescisão contratual por acordo entre empregado e empregador. O referido artigo tratou das disposições especiais aplicadas a esse tipo de rescisão. Embora não tenha havido determinação expressa de que o acordo seja escrito, a elaboração de termo escrito de acordo é uma prática a ser adotada pelos empregadores, colhendo as assinaturas do empregado e do empregador.

Procedimento na auditoria

Para a verificação da regularidade desse item, o auditor deve examinar os TRCT que contêm o motivo "Rescisão por acordo entre as partes" e averiguar se, além do TRCT, há o termo de acordo assinado pelas partes.

Possíveis consequências

A não observância dessa disposição pode acarretar a invalidação da rescisão por acordo e a condenação do empregador ao pagamento das verbas devidas em uma rescisão sem justa causa.

14.3 Incidências fundiárias e tributárias

Sobre as verbas rescisórias, pode ocorrer incidência de Fundo de Garantia do Tempo de Serviço (FGTS), de contribuição previdenciária e de imposto de renda, as quais serão demonstradas nos itens a seguir.

Procedimento na auditoria

O auditor deve examinar a tabela de rubricas do empregador a fim de identificar eventuais indicações indevidas de incidência ou não incidência de FGTS, contribuição previdenciária ou imposto de renda.

Possíveis consequências

A não observância das não incidências de contribuição previdenciária de imposto de renda pode acarretar para o empregador a autuação pela auditoria fiscal do trabalho com base no descumprimento do art. 477 da CLT (Brasil, 1943), ou seja, de não ter pago o valor líquido devido e ser condenado a devolver ao trabalhador os valores descontados indevidamente. Por outro lado, a não observância das corretas incidências de FGTS, contribuição previdenciária e imposto de renda pode sujeitar o empregador a ser autuado pela auditoria fiscal do trabalho e/ou pela Receita Federal do Brasil (RFB), em decorrência de não ter efetuado os recolhimentos nos valores corretos e, ainda, de ter o correspondente débito levantado.

14.4 Cálculos das verbas

Dependendo do motivo da rescisão, são devidas diferentes verbas rescisórias. Neste item, serão demonstradas essas verbas diversas e em quais casos elas são devidas, bem como a forma correta de cálculo.

14.4.1 Remuneração para fins rescisórios

O cálculo das verbas rescisórias deve levar em conta as disposições legais aplicáveis a cada uma delas e, quando for o caso, as disposições previstas em Acordo Coletivo de Trabalho/Conveção Coletiva de Trabalho (ACT/CCT). Para os empregados que têm remuneração fixa, não variável, os cálculos são feitos baseados na maior remuneração, geralmente a última. No caso de empregados que recebem salários variáveis, como horistas, diaristas e comissionistas, o cálculo das verbas deve ser feito observando o seguinte:

a) Para o cálculo do valor do aviso-prévio indenizado, a remuneração para fins rescisórios deve corresponder à média dos valores recebidos nos últimos 12 meses (art. 487, § 3°, CLT), incluindo os valores das horas extras habituais (art. 487, § 5°, CLT) (Brasil, 1943).

b) Para o cálculo das férias, o valor da remuneração para fins rescisórios varia de acordo com o tipo de parcelas recebidas pelo empregado (art. 142, CLT). Se ele recebe comissões, percentagens: média dos últimos 12 meses que antecedem a rescisão. Se o empregado recebe por produção, por horas trabalhadas, incluindo horas extras, deve ser calculada a média do número de horas ou peças produzidas do período aquisitivo a que se referem as férias, multiplicado pelo seu valor na época da rescisão.

c) Para fins de cálculo do décimo terceiro salário, a remuneração deve corresponder à média dos valores variáveis recebidas durante o ano em que ocorreu a rescisão (art. 3°, Lei n. 4.090/1962) (Brasil, 1962b).

Procedimento na auditoria

Para a verificação da regularidade desse item, o auditor deve examinar os TRCT e conferir se os cálculos dos valores devidos aos empregados levaram em consideração a correta remuneração para fins rescisórios.

Possíveis consequências

O não cumprimento dessa disposição pode sujeitar o empregador a ser autuado pela auditoria fiscal do trabalho com base no descumprimento do art. 477 da CLT (Brasil, 1943), bem como a ser condenado ao pagamento de diferenças de verbas rescisórias em reclamação trabalhista movida pelo empregado.

14.4.2 Aviso-prévio indenizado

Conforme já exposto no item 14.1, o aviso-prévio indenizado corresponde ao valor dos salários relativos ao período do aviso-prévio, que pode ser de 30 a 90 dias, conforme o tempo de serviço do empregado. Além disso, o cálculo do valor do aviso-prévio indenizado deve observar a remuneração para fins rescisórios aludida no item 14.4.1. Essa verba é devida nas rescisões sem justa causa em que não tenha sido dado o aviso-prévio pelo empregador ao empregado.

Procedimento na auditoria

Para a verificação da regularidade desse item, o auditor deve analisar os TRCT dos empregados com aviso-prévio indenizado e conferir se o cálculo dessa verba foi feito levando em consideração a proporcionalidade e a remuneração para fins rescisórios.

Possíveis consequências

O não cumprimento dessa disposição pode sujeitar o empregador a ser autuado pela auditoria fiscal do trabalho com base no descumprimento do art. 477 da CLT (Brasil, 1943), bem como a ser condenado ao pagamento de diferenças de verbas rescisórias em reclamação trabalhista movida pelo empregado.

14.4.3 Saldo de salários

Essa é uma verba devida em todo tipo de rescisão e corresponde ao valor dos salários relativos aos dias trabalhados no mês em que ela ocorre. São devidos, também, os valores relativos às demais parcelas de natureza salarial referentes a esses mesmos dias, tais como horas extras, adicional noturno, adicional de insalubridade, de periculosidade, comissões, gorjetas etc.

Procedimento na auditoria

Para a verificação da regularidade desse item, o auditor deve examinar os TRCT e conferir se constam os valores relativos às parcelas de natureza salarial referentes aos dias trabalhados no mês em que ocorreu a rescisão.

Possíveis consequências

O não cumprimento dessa disposição pode sujeitar o empregador a ser autuado pela auditoria fiscal do trabalho com base no descumprimento do contido no art. 477 da CLT (Brasil, 1943), bem como a ser condenado a pagamento de diferenças de verbas rescisórias em reclamação trabalhista movida pelo empregado.

14.4.4 Décimo terceiro salário proporcional

Em uma rescisão, exceto na que ocorre por justa causa, o empregador tem de pagar ao empregado o correspondente ao décimo terceiro salário proporcional do ano em que a rescisão ocorreu. Para o cálculo do valor devido, são contados os meses civis do ano em que o empregado trabalhou pelo menos 15 dias. Além disso, o cálculo leva em conta a remuneração para fins rescisórios, já referida no item 14.4.1.

Procedimento na auditoria

Para a verificação da regularidade desse item, o auditor deve examinar os TRCT e conferir se a quantidade de meses está correta e o correspondente valor da verba.

Possíveis consequências

O não cumprimento dessa disposição pode sujeitar o empregador a ser autuado pela auditoria fiscal do trabalho com base no descumprimento do art. 477 da CLT (Brasil, 1943), bem como a ser condenado ao pagamento de diferenças de verbas rescisórias em reclamação trabalhista movida pelo empregado.

14.4.5 Décimo terceiro salário indenizado

O cálculo do valor correspondente ao décimo terceiro salário deve levar em conta o número de meses até a data real da rescisão. Todavia, quando na rescisão é pago o aviso-prévio indenizado, o tempo correspondente a essa indenização também é considerado como tempo de serviço para todos os fins (art. 487, § 1º, CLT), inclusive para o cálculo da quantidade de meses devidas relativa ao décimo terceiro salário proporcional. A contagem da quantidade de meses a serem considerados é feita em separado, e o valor devido decorrente dessa contagem deve ser pago nessa rubrica. Para o cálculo, é feita uma nova contagem da quantidade de meses em que o empregado trabalhou pelo menos 15 dias, e, dessa vez, leva-se em consideração a data projetada do aviso, e não a data real da rescisão. A diferença entre essa contagem e a feita no item anterior é a que resulta no cálculo do valor da verba "décimo terceiro salário indenizado". Por exemplo, um empregado foi admitido em março de 2019 e dispensado em 14/04/2020. Como ele tem mais de um ano de tempo de serviço, seu aviso-prévio indenizado é de 33 dias. A data projetada para o aviso-prévio indenizado é 17/05/2020. A contagem da quantidade de meses levando em conta a data real resulta em quatro meses (janeiro a abril), e a contagem considerando a data projetada resulta em cinco meses (janeiro a maio). Portanto, a título de décimo terceiro salário indenizado deve ser pago o valor correspondente a um mês.

Procedimento na auditoria

Para a verificação da regularidade desse item, o auditor deve examinar os TRCT de empregados com aviso-prévio indenizado e conferir se a quantidade de meses está correta e o correspondente valor da verba "décimo terceiro salário indenizado".

Possíveis consequências

O não cumprimento dessa disposição pode sujeitar o empregador a ser autuado pela auditoria fiscal do trabalho com base no descumprimento do art. 477 da CLT (Brasil, 1943), bem como a ser condenado ao pagamento de diferenças de verbas rescisórias em reclamação trabalhista movida pelo empregado.

14.4.6 Férias indenizadas

Conforme dispõe o art. 146 da CLT (Brasil, 1943), em qualquer tipo de rescisão, é devido ao empregado o valor das férias cujo período aquisitivo já tenha sido completado e que ainda não foram gozadas. Quanto às férias proporcionais, ou seja, aquelas relativas ao período aquisitivo ainda não completado, só não é devido o valor correspondente ao empregado na hipótese de rescisão por justa causa.

O valor das férias vencidas pode ser devido em dobro, caso o período concessivo já esteja expirado, ou de forma simples, caso ele ainda esteja fruindo. O cálculo leva em conta a remuneração para fins rescisórios referida no item 14.4.1. O valor das férias proporcionais é calculado tomando como base a quantidade de meses do período aquisitivo em curso até a data real da rescisão.

Procedimento na auditoria

Para a verificação da regularidade desse item, o auditor deve examinar os TRCT e conferir se as férias vencidas e proporcionais foram calculadas de forma correta.

Possíveis consequências

O não cumprimento dessa disposição pode sujeitar o empregador a ser autuado pela auditoria fiscal do trabalho com base no descumprimento do art. 477 da CLT (Brasil, 1943), bem como a ser condenado a pagamento de diferenças de verbas rescisórias em reclamação trabalhista movida pelo empregado.

14.4.7 Férias indenizadas – aviso-prévio indenizado

Conforme demonstrado no item anterior, o cálculo do valor das férias proporcionais leva em conta o número de meses do período aquisitivo transcorrido até a data real da rescisão. Para o cálculo das férias proporcionais – aviso-prévio indenizado –, deve ser feita uma contagem em separado, e o valor devido decorrente dessa contagem deve ser pago nessa rubrica. Para o cálculo, é realizada uma nova contagem da quantidade de meses transcorridos do período aquisitivo em curso, e, dessa vez, leva-se em consideração a data projetada do aviso, e não a data real da rescisão. A diferença entre essa contagem e a feita no item anterior é a que resulta no cálculo do valor dessa verba.

Procedimento na auditoria

Para a verificação da regularidade desse item, o auditor deve examinar os TRCT de empregados com aviso-prévio indenizado e conferir se a quantidade de meses está correta e o correspondente valor da verba "férias indenizadas – aviso-prévio indenizado".

Possíveis consequências

O não cumprimento dessa disposição pode sujeitar o empregador a ser autuado pela auditoria fiscal do trabalho com base no descumprimento do art. 477 da CLT (Brasil, 1943), bem como a ser condenado a pagamento de diferenças de verbas rescisórias em reclamação trabalhista movida pelo empregado.

14.4.8 Multa do art. 9º da Lei n. 7.238/1984

De acordo com o que dispõe o art. 9º da Lei n. 7.238, de 29 de outubro de 1984 (Brasil, 1984), os empregados dispensados a menos de 30 dias de data-base de sua categoria têm direito de receber uma indenização correspondente ao valor de sua remuneração. Observe que o valor não corresponde apenas ao do salário, mas sim acrescido dos adicionais – Súmula n. 242 do TST (Brasil, 1985e).

Em caso de haver aviso-prévio indenizado, a data que deve ser levada em conta para a comparação com a data-base é a data projetada até o término do aviso-prévio – Súmula n. 182 do TST (Brasil, 1983b). Por exemplo, se o empregado é dispensado no dia 23/04/2020 com aviso-prévio indenizado de 30 dias e sua data-base é 01/05/2020, ele não tem direito à referida indenização, já que a data da rescisão a ser considerada é 23/05/2020 e, portanto, é posterior à data-base. O que esse empregado terá direito é ao pagamento de diferença de rescisão, com os valores das verbas rescisórias recalculadas com base no novo valor do salário. Se a data-base fosse o dia 01/06/2020, ele teria direito a receber a referida indenização.

Procedimento na auditoria

Para a verificação da regularidade desse item, o auditor deve examinar o ACT/CCT, a fim de identificar a data base da categoria dos empregados do empregador e examinar se os TRCT de empregados dispensados sem justa causa, referentes às rescisões ocorridas nos 30 dias que antecedem essa data base, contêm o valor da indenização.

Possíveis consequências

O não cumprimento dessa disposição pode sujeitar o empregador a ser autuado pela auditoria fiscal do trabalho com base no descumprimento do art. 477 da CLT (Brasil, 1943), bem como a ser condenado a pagamento de diferenças de verbas rescisórias em reclamação trabalhista movida pelo empregado.

14.4.9 Indenização do art. 479 da CLT

Por força do art. 479 da CLT (Brasil, 1943), havendo rescisão por iniciativa do empregador antes do término de contrato por prazo determinado que não contém a cláusula assecuratória do direito recíproco de rescisão, é devido ao empregado o valor correspondente à metade do salário relativo aos dias que faltam para o término do contrato.

Procedimento na auditoria

Para a verificação da regularidade desse item, o auditor deve examinar se os TRCT com motivo "Rescisão antecipada de contrato por prazo determinado por iniciativa do empregador" contém a verba relativo ao pagamento da indenização.

Possíveis consequências

O não cumprimento dessa disposição pode sujeitar o empregador a ser autuado pela auditoria fiscal do trabalho com base no descumprimento do art. 477 da CLT (Brasil, 1943), bem como a ser condenado ao pagamento de diferenças de verbas rescisórias em reclamação trabalhista movida pelo empregado.

14.5 Descontos rescisórios

O empregador deve observar as regras aplicáveis aos descontos possíveis de serem feitos na rescisão. Em regra, os mesmos que podem ser feitos mensalmente na folha de pagamento também podem ser feitos na rescisão, por exemplo, faltas, atrasos e contribuição previdenciária. Além deles, há outros específicos sobre verbas rescisórias, que serão tratados neste item 14.5.

Procedimento na auditoria

O auditor deve verificar se os descontos efetuados pelo empregador nas rescisões de contrato são devidos e se estão sendo feitos nos valores corretos. Para tanto, deve examinar os TRCT e conferir os cálculos.

Possíveis consequências

A não correta efetuação dos descontos pode acarretar para o empregador a autuação pela auditoria fiscal do trabalho com base no descumprimento do art. 477 da CLT (Brasil, 1943), ou seja, por não ter pago o valor líquido devido, bem como a ser condenado a devolver ao trabalhador os valores descontados indevidamente.

14.5.1 Contribuição previdenciária

No cálculo dos descontos relacionados à contribuição previdenciária, devem ser observadas as disposições descritas no item 12.2.1. Adicionalmente, são apresentados casos especiais sobre os quais houve recentes decisões da RFB ou da Secretaria Especial de Previdência e Trabalho (SEPRT) quanto à incidência ou não incidência de contribuição previdenciária:

- Aviso-prévio indenizado: sofre incidência do FGTS (art. 9º, XXI, Instrução Normativa n. 144/2018). No caso de rescisão por acordo, a parte do aviso-prévio não paga também sofre incidência do FGTS (art. 9º, XXII, Instrução Normativa n. 144/2018). Apesar de o valor do aviso-prévio indenizado não sofrer incidência da contribuição previdenciária, sofre incidência de terceiros (Soluções de Consulta Cosit n. 158/2019, e n. 292/2019) (Brasil, 2018d; 2019k; 2019n).
- Décimo terceiro salário proporcional: sofre incidência de FGTS (art. 9º, XIII, Instrução Normativa n. 144/2018) e de contribuição previdenciária (Solução de Consulta Cosit n. 292/2019) (Brasil, 2018d; 2019n).
- Décimo terceiro salário indenizado: sofre incidência de FGTS (art. 9º, XIII, Instrução Normativa n. 144/2018) e de contribuição previdenciária (Solução de Consulta Cosit n. 31/2019) (Brasil, 2018d; 2019h).

14.5.2 Indenização do art. 480 da CLT

O art. 480 da CLT (Brasil, 1943) prevê que, no contrato por prazo determinado, se o empregado pedir demissão sem justa causa antes de decorrido esse prazo, ele tem de indenizar o empregador dos prejuízos que desse fato lhe resultarem. Já o parágrafo 1º desse artigo estabelece que o valor dessa indenização não poderá exceder ao que ele receberia caso fosse o empregador quem o tivesse dispensado sem justa causa.

Observe que o desconto do empregado não é automático. Para que ocorra, o empregador tem de provar que houve prejuízo decorrente do pedido de demissão do empregado e informar de quanto foi esse prejuízo.

Procedimento na auditoria

Para a verificação da regularidade desse item, o auditor deve examinar os TRCT a fim de identificar os que contêm o motivo de rescisão antecipada do contrato por prazo determinado por iniciativa do empregador e averiguar se ocorreu o desconto previsto no art. 480 da CLT (Brasil, 1943). Em caso positivo, deve examinar a documentação com o objetivo de identificar a comprovação de existência do prejuízo e, se for o caso, de sua quantificação. Deve analisar, por fim, mesmo no caso de desconto legal, se seu valor observou o teto máximo, correspondente ao mesmo valor a que o empregado teria direito se a rescisão tivesse ocorrido por iniciativa do empregador.

Possíveis consequências

O não cumprimento dessa disposição pode sujeitar o empregador a ser autuado pela auditoria fiscal do trabalho com base no descumprimento do art. 480 da CLT (Brasil, 1943), bem como a ser condenado a devolver o valor descontado ao empregado.

14.5.3 Empréstimo consignado

O parágrafo 1º do art. 1º da Lei n. 10.820, de 17 de dezembro de 2003, autoriza os empregadores a realizarem descontos relativos a empréstimos consignados sobre verbas rescisórias por ele devidas, se assim previsto no respectivo contrato de empréstimo, financiamento, cartão de crédito ou arrendamento mercantil, até o limite de 35% (Brasil, 2003a).

Procedimento na auditoria

Para a verificação da regularidade desse item, o auditor deve analisar os TRCT a fim de identificar os empregados que sofrem descontos relacionados a empréstimos consignados e, depois, aferir se eles são feitos em consonância com a legislação aplicável, incluindo a expressa autorização escrita dos empregados. Deve verificar, também, se os valores descontados observaram os valores máximos e se foram repassados às instituições consignatárias no prazo legal.

Possíveis consequências

A não observância das disposições relativas a esses descontos pode sujeitar o empregador a ser autuado pela auditoria fiscal do trabalho com base no art. 477 da CLT (Brasil, 1943), ou seja, por não ter pago o valor líquido devido, bem como a ser condenado a devolver ao trabalhador os valores descontados indevidamente.

14.6 Termo de rescisão e formalização da rescisão

O art. 477 da CLT (Brasil, 1943) estabelece que o empregador tem de proceder à baixa na CTPS do empregado, comunicar a dispensa aos órgãos competentes e realizar o pagamento das verbas rescisórias ao trabalhador. O parágrafo 6º desse mesmo artigo fixa o prazo em dez dias a partir do término do contrato para que esse pagamento seja efetuado. Já o parágrafo 2º dispõe que o instrumento de rescisão ou recibo de quitação deve ter especificada a natureza de cada parcela paga ao empregado e discriminado seu valor, sendo válida a quitação, apenas, relativamente às mesmas parcelas. Portanto, o recibo de quitação tem de trazer discriminadas todas as verbas rescisórias pagas.

Pela legislação em vigor, deve ser utilizado o TRCT, cujo modelo é definido e aprovado pela Portaria n. 1.621, de 14 de julho de 2010, do Ministério do Trabalho e Emprego (Brasil, 2010b).

Procedimento na auditoria

Para a verificação da regularidade desse item, o auditor deve examinar os TRCT a fim de verificar se eles foram devidamente formalizados, contendo a assinatura do empregado, e se foram quitados dentro do prazo de dez dias contados da data do término do contrato.

Possíveis consequências

O não cumprimento dessa disposição pode sujeitar o empregador a ser autuado pela auditoria fiscal do trabalho com base no descumprimento do parágrafo 6º do art. 477 da CLT (Brasil, 1943). Pode sujeitar, ainda, à condenação ao pagamento da multa rescisória prevista no parágrafo 8º do art. 477 da CLT, equivalente ao valor de uma remuneração do empregado.

14.6.1 Pedido de demissão

Apesar de não haver norma determinando, os empregadores devem adotar o procedimento de receber dos empregados a formalização de seu pedido de demissão, que, preferencialmente, deve ser escrito à mão e assinado pelo empregado. Isso evita a alegação de que o empregado assinou o pedido de demissão sem ler o documento. É comum apenas a assinatura do empregado no TRCT onde consta o motivo "Pedido de demissão".

Procedimento na auditoria

Para a verificação da regularidade desse item, o auditor deve examinar os TRCT a fim de identificar aqueles em que consta o motivo "Pedido de demissão". Depois, deve analisar a documentação para detectar se houve a formalização do pedido de demissão nos moldes ora expostos.

Possíveis consequências

O não cumprimento dessa disposição pode sujeitar o empregador a, em reclamação trabalhista movida pelo empregado, ter a rescisão a pedido invalidada e transformada em, por exemplo, "Rescisão sem justa causa", bem como ao pagamento das verbas rescisórias devidas por esse novo motivo.

14.6.2 Comprovação de obtenção de novo emprego

Em regra, os direitos trabalhistas são irrenunciáveis pelo empregado. É nessa mesma linha que se assenta a Súmula n. 276 do TST (Brasil, 1988c), a qual assevera que, em razão de ser o aviso-prévio irrenunciável pelo empregado, o pedido de dispensa de seu cumprimento só eximirá o empregador do pagamento dos salários se houver comprovação de que o empregado obteve novo emprego.

Há discussões se essa súmula é aplicável também aos casos de pedido de demissão, mas o entendimento predominante é que ela só é aplicável às rescisões por iniciativa do empregador.

Assim, se durante o cumprimento do aviso-prévio dado pelo empregador o empregado comprovar que obteve novo emprego e solicitar a dispensa do cumprimento do restante do aviso, o empregador pode fazer a rescisão nesse mesmo dia, sendo devido o pagamento dos salários só até então. Contudo, é de suma importância que sejam tomados os seguintes cuidados: que o empregado faça essa comunicação e o pedido por escrito, de preferência em documento redigido de próprio punho, e que seja guardada a comprovação da obtenção do novo emprego.

Procedimento na auditoria

Para a verificação da regularidade desse item, o auditor deve analisar os TRCT a fim de identificar os casos em que a rescisão ocorreu durante o transcurso do período de aviso-prévio em razão de o empregado ter obtido novo emprego. Feita essa identificação, o auditor deve averiguar se consta a comunicação escrita feita pelo empregado, bem como a cópia da comprovação de obtenção do novo emprego.

Possíveis consequências

O não cumprimento dessa disposição pode sujeitar o empregador a ser autuado pela auditoria fiscal do trabalho com base no descumprimento do parágrafo 1º do art. 487 da CLT (Brasil, 1943), bem como a ser condenado em reclamação trabalhista movida pelo empregado a pagar o aviso-prévio em razão de não ter sido observado o cumprimento integral deste.

14.6.3 Pagamento de verbas rescisórias a pessoas com idade inferior a 18 anos

O art. 439 da CLT (Brasil, 1943) estabelece que a pessoa com menos de 18 anos de idade não pode dar quitação das verbas rescisórias pagas pela empresa, sendo necessário ser assistida por seus responsáveis legais.

Procedimento na auditoria

Para a verificação da regularidade desse item, o auditor deve examinar os TRCT relativos a pessoas com idade inferior a 18 anos a fim de averiguar se constou no TRCT a assinatura dos responsáveis legais pelo empregado.

Possíveis consequências

A violação a essa disposição pode sujeitar o empregador a ser autuado pela auditoria fiscal do trabalho com base no descumprimento do art. 439 da CLT (Brasil, 1943) e a ter o pagamento das verbas rescisórias invalidado em razão da ausência da necessária assistência dos responsáveis legais.

14.7 Recolhimento do FGTS

O art. 18 da Lei n. 8.036/1990 (Brasil, 1990c) dispõe que, em caso de rescisão de contrato, é devido o recolhimento do FGTS relativo aos valores pagos na rescisão. Nos casos de rescisão sem justa causa, rescisão antecipada de contrato por prazo determinado por iniciativa do empregador, rescisão por término de contrato de trabalho e rescisão por acordo entre as partes, esse recolhimento é feito por meio da Guia de Recolhimento Rescisório do FGTS (GRRF). Nos casos de rescisão a pedido, rescisão antecipada de contrato por prazo determinado por iniciativa do empregado, rescisão por morte do empregado ou por justa causa, o recolhimento é feito na própria GFIP mensal.

Além disso, o parágrafo 1º desse mesmo artigo (Brasil, 1990c) estabelece que, na hipótese de despedida pelo empregador sem justa causa ou rescisão antecipada de contrato por prazo determinado por iniciativa do empregador, este deve depositar na conta vinculada do trabalhador a importância correspondente a 40% do montante de todos os depósitos realizados na conta vinculada durante a vigência do contrato de trabalho. No caso de rescisão por acordo entre as partes, a alíquota de 40% é reduzida para 20%. Esse recolhimento é feito mediante utilização da GRRF.

Procedimento na auditoria

Para a verificação da regularidade desse item, o auditor deve examinar os TRCT e identificar se o recolhimento do FGTS relativo ao mês da rescisão foi realizado, por meio de GRRF ou de GFIP, conforme o documento competente, bem como se nos casos em que era devido houve o recolhimento do FGTS rescisório, correspondente a 40% sobre o montante dos depósitos do FGTS.

Possíveis consequências

A violação a essa disposição pode sujeitar o empregador a ser autuado pela auditoria fiscal do trabalho com base no descumprimento ao contido no art. 18 da Lei n. 8.036/1990 (Brasil, 1990c), bem como a ter o consequente levantamento de débito do FGTS feito.

14.8 Observância de garantia de emprego ou estabilidade

A legislação trabalhista concede garantia de emprego a empregados em algumas situações, não sendo possível a ocorrência de rescisões sem justa causa. Nos itens seguintes, apresentaremos essas hipóteses.

O art. 500 da CLT (Brasil, 1943) dispõe que o pedido de demissão do empregado estável só é válido quando feito com a assistência do respectivo sindicato e, se não houver uma instituição dessa natureza, deve ser feito perante a autoridade local competente do Ministério do Trabalho e Previdência Social ou da Justiça do Trabalho. Esse empregado estável a que alude o artigo é aquele a que se refere o art. 492 da CLT (Brasil, 1943), ou seja, o empregado que tinha mais de dez anos na empresa.

Mesmo assim, há quem defenda, em uma posição conservadora, que os pedidos de demissão de qualquer empregado em gozo de estabilidade, sempre que possível, devem ser assistidos pelo sindicato laboral. Tal procedimento diminui o risco de o empregado alegar posteriormente que foi coagido a assinar o pedido de demissão.

14.8.1 Gestante

Conforme estatui a alínea "b" do inciso II do art. 10 do Ato das Disposições Constitucionais Transitórias (ADCT) (Brasil, 1988a), é vedada a dispensa arbitrária ou sem justa causa da empregada gestante, desde a confirmação da gravidez até cinco meses após o parto.

Pela interpretação do contido no art. 391-A da CLT (Brasil, 1943), mesmo que a confirmação da gravidez ocorra durante a projeção do aviso-prévio indenizado, a empregada adquire a estabilidade.

O TST, por meio de sua Súmula n. 244, inciso III, adota o entendimento de que a estabilidade também é garantida à empregada contratada mediante contrato por prazo determinado (Brasil, 1985f).

Procedimento na auditoria

Para a verificação da regularidade desse item, o auditor deve examinar os TRCT a fim de identificar se houve rescisão de empregada sem que tenha sido respeitada a estabilidade da empregada gestante.

Possíveis consequências

O não cumprimento dessa disposição pode sujeitar o empregador a ser autuado pela auditoria fiscal do trabalho com base no descumprimento do art. 391-A da CLT (Brasil, 1943), bem como a ser condenado em reclamação trabalhista movida pela empregada, a reintegrá-la ou pagar-lhe os salários e os reflexos relativos ao período até cinco meses após o parto.

14.8.2 Empregado acidentado

- O art. 118 da Lei n. 8.213/1991 (Brasil, 1991b) estabelece que o empregado que sofreu acidente de trabalho tem garantia de emprego de 12 meses após o término do auxílio-doença acidentário.
- O TST, por meio de sua Súmula n. 378 (Brasil, 2005c), adota o entendimento de que são pressupostos para a concessão da estabilidade o afastamento superior a 15 dias e a consequente percepção do auxílio-doença acidentário, salvo se constatada, após a despedida, doença profissional que guarde relação de causalidade com a execução do contrato de emprego. Portanto, se o empregado sofrer acidente de trabalho, mas tem afastamento de, por exemplo, apenas 15 dias, ele não terá direito à estabilidade, já que não chegou a receber auxílio-doença acidentário. Ainda conforme a referida súmula, o empregado contratado mediante contrato por prazo determinado também goza da estabilidade tratada neste item.

Procedimento na auditoria

Para a verificação da regularidade desse item, o auditor deve analisar as Comunicações de Acidente de Trabalho (CAT) emitidas pela empresa e identificar se houve, em relação aos empregados que sofreram acidente de trabalho e que tiveram afastamento do trabalho superior a 15 dias, rescisão de contrato antes que tenha sido completado o prazo de 12 meses contados do retorno do empregado ao trabalho.

Possíveis consequências

O não cumprimento dessa disposição pode sujeitar o empregador a ser autuado pela auditoria fiscal do trabalho com base no descumprimento do art. 444 da CLT (Brasil, 1943), bem como a ser condenado em reclamação trabalhista movida pelo empregado, a reintegrá-lo ou pagar-lhe os salários e reflexos relativos ao período até 12 meses após o retorno do auxílio-doença acidentário.

14.8.3 Cipeiro

Conforme estabelece a alínea "a" do inciso II do art. 10 do ADCT (Brasil, 1988a), é vedada a dispensa arbitrária ou sem justa causa do empregado eleito para cargo de direção de Comissão Interna de Prevenção de Acidentes (Cipa), desde o registro de sua candidatura até um ano após o final de seu mandato.

Por sua vez, o art. 165 da CLT (Brasil, 1943) garante a estabilidade, esclarecendo que a despedida arbitrária é a que não se funda em motivo disciplinar, técnico, econômico ou financeiro.

O TST, por meio de sua Súmula n. 339 (Brasil, 1994d), adota o entendimento de que essa garantia é estendida aos suplentes.

Procedimento na auditoria

Para a verificação da regularidade desse item, o auditor deve examinar os TRCT e a documentação da última eleição da Cipa, a fim de identificar se houve rescisão de empregado eleito para cargo da Cipa, inclusive suplente, sem que tenha sido respeitada a estabilidade do cipeiro.

Possíveis consequências

O não cumprimento dessa disposição pode sujeitar o empregador a ser autuado pela auditoria fiscal do trabalho com base no descumprimento do art. 165 da CLT (Brasil, 1943), bem como a ser condenado em reclamação trabalhista movida pelo empregado a reintegrá-lo ou pagar-lhe os salários e reflexos relativos ao período até um ano após o término de seu mandato de cipeiro.

14.8.4 Dirigente sindical

Conforme estatui o art. 8°, inciso VIII, da Constituição Federal (Brasil, 1988b), é vedada a dispensa do empregado sindicalizado a partir do registro da candidatura a cargo de direção ou representação sindical e, se eleito, ainda que suplente, até um ano após o final do mandato, salvo se cometer falta grave nos termos da lei.

Já a CLT (Brasil, 1943), em seu art. 543, parágrafo 3°, estabelece que é vedada a dispensa do empregado sindicalizado ou associado, a partir do momento do registro de sua candidatura a cargo de direção ou representação de entidade sindical ou de associação profissional, até um ano após o final de seu mandato, caso seja eleito inclusive como suplente, salvo se cometer falta grave devidamente apurada nos termos da CLT, que, em seu art. 494, dispõe que o empregado acusado de falta grave poderá ser suspenso de suas funções, mas sua despedida só se tornará efetiva após o inquérito e que se verifique a procedência da acusação.

Esse é, portanto, um ponto bem distinto relativo à estabilidade do dirigente sindical em relação às demais estabilidades. O dirigente sindical só pode ser dispensado após a conclusão do inquérito para apuração de falta grave, que deve tramitar perante a Justiça do Trabalho. Os demais empregados que gozam de estabilidade podem ser dispensados por justa causa, sem o prévio ajuizamento do inquérito, e se eles se sentirem lesados, deverão ingressar com reclamação trabalhista contra seu empregador.

Procedimento na auditoria

Para a verificação da regularidade desse item, o auditor deve examinar os TRCT e a documentação relativa à última eleição do sindicato representativo da categoria a fim de identificar se houve rescisão de dirigente sindical e se ela foi precedida do competente ajuizamento de inquérito para apuração de falta grave. A consulta aos dados relativos à composição atual diretoria do sindicato pode ser feita também no Cadastro Nacional de Entidades Sindicais (CNES).

Possíveis consequências

O não cumprimento dessa disposição pode sujeitar o empregador a ser autuado pela auditoria fiscal do trabalho com base no descumprimento do parágrafo 3º do art. 543 da CLT (Brasil, 1943), bem como a ser condenado em reclamação trabalhista movida pelo empregado a reintegrá-lo ou pagar-lhe os salários e reflexos relativos ao período até um ano após o término de seu mandato de dirigente sindical.

14.8.5 Pré-aposentadoria

Apesar de não haver previsão em lei, é comum que a ACT/CCT institua o direito à estabilidade pré-aposentadoria para os trabalhadores. Nesse caso, devem ser observadas as condições estabelecidas nesses instrumentos para o gozo do direito a essa estabilidade.

Procedimento na auditoria

Para a verificação da regularidade desse item, o auditor deve analisar o ACT/CCT aplicável ao empregador auditado a fim de identificar se há regra a ser seguida no tocante à estabilidade pré-aposentadoria e, em caso, positivo, se o empregador as observa.

Possíveis consequências

A violação a essa disposição pode sujeitar o empregador a ser autuado pela auditoria fiscal do trabalho com base no descumprimento do art. 444 da CLT (Brasil, 1943), bem como a ser condenado em reclamação trabalhista movida pelo empregado a reintegrá-lo ou pagar-lhe os salários e reflexos relativos ao período relativo à estabilidade pré-aposentadoria.

14.9 Aposentadorias

As aposentadorias, em regra, não ocasionam a rescisão de contrato de trabalho. Neste item, apresentaremos os tipos mais corriqueiros de aposentadorias e seus possíveis reflexos no contrato de trabalho.

14.9.1 Aposentadoria por invalidez

O art. 475 da CLT (Brasil, 1943) estabelece que, se o empregado se aposenta por invalidez, seu contrato fica suspenso pelo prazo fixado pelas leis de previdência social para a efetivação do respectivo benefício.

O art. 101 da Lei n. 8.213/1991 (Brasil, 1991b), com sua redação dada pela Lei n. 9.032, de 28 de abril de 1995 (Brasil, 1995b), menciona que o empregado tem de se submeter a exame médico a cargo da Previdência Social. Por essa redação, não foi fixado prazo máximo para que o empregado seja obrigado a se submeter a um novo exame. Até antes dessa alteração, o empregado só tinha essa obrigação nos cinco primeiros anos de sua aposentadora por invalidez. Dessa forma, o empregado tem de, a qualquer tempo, submeter-se a um novo exame a critério da Previdência Social, o que significa que sua aposentadoria por invalidez é sempre a título precário, e seu contrato de trabalho não pode ser rescindido.

Mesmo com a inserção do parágrafo 1º no já referido art. 101, que isenta o aposentado por invalidez que completar 60 anos de idade de se submeter ao exame, o entendimento da Previdência Social não mudou quanto à não efetivação dessa aposentadoria.

Em resumo, não deve haver rescisão de contrato pelo motivo de aposentadoria por invalidez, e isso causa problemas para alguns empregados que, por exemplo, têm direito a férias vencidas e não usufruídas, pois o empregado quer receber o valor dessas férias, mas o empregador não pode remunerá-las em razão da suspensão do contrato de trabalho. A solução adotada em alguns casos é o empregado ingressar com reclamação trabalhista, pedindo que a Justiça do Trabalho declare o contrato extinto ou que, pelo menos, determine o pagamento das férias vencidas, pendentes de gozo.

Procedimento na auditoria

Para a verificação da regularidade desse item, o auditor deve examinar os TRCT e identificar se há rescisões pelo motivo de aposentadoria por invalidez.

Possíveis consequências

O não cumprimento dessa disposição pode sujeitar o empregador a ser autuado pela auditoria fiscal do trabalho com base no descumprimento do art. 475 da CLT (Brasil, 1943), bem como a ser condenado em reclamação trabalhista movida pelo empregado a reintegrá-lo em razão da necessária observância de que o contrato deve estar suspenso durante o gozo de aposentadoria por invalidez.

14.9.2 Aposentadoria por idade ou por tempo de contribuição

Em 1997, foi introduzido o parágrafo 2º no art. 453 da CLT (Brasil, 1943), estabelecendo que a concessão da aposentadoria importava na extinção do vínculo de emprego. Após isso, o TST editou a Orientação Jurisprudencial n. 177 (Brasil, 2006b), na qual afirmava que, se o empregado se aposentasse e continuasse a trabalhar para o mesmo empregador, havendo uma rescisão sem justa causa, o recolhimento da multa relativa aos 40% seria calculado sobre o montante dos depósitos do FGTS relativos ao período após a aposentadoria.

Todavia, o referido parágrafo 2º teve sua eficácia suspensa por força do julgamento da ADI n. 1.721 pelo Supremo Tribunal Federal (STF), que o declarou inconstitucional (STF, 2006). Por conta desse julgamento, o TST cancelou a Orientação Jurisprudencial n. 177.

Assim, atualmente, o entendimento predominante é de que as aposentadorias por idade ou tempo de serviço ou de contribuição não causam qualquer reflexo no contrato de trabalho, ou seja, o vínculo de emprego continua seu curso normal. Se o empregado não pretende mais trabalhar, deve pedir demissão. Se é o empregador quem não deseja mais manter o vínculo de emprego, deve rescindi-lo sem justa causa, pagando a indenização relativa ao FGTS, calculada sobre o montante de todos os depósitos do FGTS devidos durante o contrato de trabalho.

É de se registrar que, mediante a posse da carta de concessão da aposentadoria, o empregado pode sacar o FGTS depositado em sua conta vinculada.

Procedimento na auditoria

Para a verificação da regularidade desse item, o auditor deve examinar os TRCT a fim de identificar a existência de rescisões pelo motivo de aposentadoria por idade ou por tempo de serviço ou contribuição. Caso existam, deve verificar se o recolhimento da multa dos 40% do FGTS foi feito em valor inferior ao devido.

Possíveis consequências

O não cumprimento dessa disposição pode sujeitar o empregador a ser autuado pela auditoria fiscal do trabalho com base no descumprimento do art. 18 da Lei n. 8.036/1990 (Brasil, 1990c), bem com a ter o consequente levantamento de débito do FGTS feito e ser condenado pela Justiça do Trabalho a pagar diferença da indenização relativa aos 40% do FGTS.

14.9.3 Aposentadoria especial

De acordo com o disposto no parágrafo 8º do art. 57 da Lei n. 8.213/1991 (Brasil, 1991b), o empregado que iniciar gozo de aposentadoria especial não poderá continuar a exercer as atividades ou operações que o sujeite aos mesmos agentes nocivos que lhe garantiram o direito a essa aposentadoria, sob pena de ter sua aposentadoria cancelada automaticamente.

Em razão desse mandamento, existem controvérsias sobre os reflexos da concessão da aposentadoria especial no contrato de trabalho. Há quem defenda que o requerimento para a concessão da aposentadoria especial equivale a um pedido de demissão do empregado. Outros sustentam que cabe ao empregador providenciar uma realocação do empregado, para que este passe a exercer atividades em que não se exponha aos agentes nocivos que geraram o direito à aposentadoria especial, e se ele não tem como fazer essa realocação, deve ser dispensado sem justa causa.

Não há, na Justiça do Trabalho, posição sumulada quanto aos efeitos da aposentadoria especial no contrato de trabalho, sendo encontradas decisões em sentidos variados.

O que existe é, com efeito, a impossibilidade de o empregado continuar a desenvolver as mesmas atividades que geraram o direito à aposentadoria especial. Nesse particular, consideramos adequado que o setor jurídico do empregador auditado seja ouvido quanto ao procedimento que deve ser adotado no caso de o empregado não ter pedido demissão e o empregador não ter como readequar suas atividades para, então, se for o caso, decidir se deve dispensá-lo sem justa causa.

Há uma dificuldade adicional para o empregador, pois nem sempre ele fica sabendo da concessão da aposentadoria especial ao empregado.

Procedimento na auditoria

Para a verificação da regularidade desse item, o auditor deve examinar se os empregados que tiveram concedida aposentadoria especial foram removidos da atividade até então desempenhada.

Possíveis consequências

O não cumprimento dessa disposição, a princípio, não sujeita o empregador a ser autuado pela auditoria fiscal do trabalho, mas pode lhe trazer problema em uma possível demanda judicial movida pelo empregado que, por exemplo, pode ter tido sua aposentadoria especial suspensa em razão da comprovação de que ele continuou a desempenhar as mesmas atividades.

OUTRAS FORMAS DE CONTRATAÇÃO DE TRABALHADORES

15

A legislação trabalhista prevê outras formas de contratação de trabalhadores, sem que seja constituída relação de emprego. Neste item, serão apresentadas essas formas de contratação.

15.1 Trabalho autônomo

O art. 442-B da Consolidação das Leis do Trabalho (CLT), introduzido pela reforma trabalhista, dispõe que "a contratação do autônomo, cumpridas por este todas as formalidades legais, com ou sem exclusividade, de forma contínua ou não, afasta a qualidade de empregado prevista no art. 3º desta Consolidação" (Brasil, 1943). O Código Civil, a partir do art. 593, regula a prestação de serviços (Brasil, 2002b).

Após a inserção do art. 442-B na CLT (Brasil, 1943), foi difundida a ideia de que as empresas poderiam contratar livremente autônomos para lhes prestar serviços, mas a Portaria n. 349, de 23 de maio de 2018, do Ministério do Trabalho e Emprego, no parágrafo 5º do art. 1º, deixou claro que, se estiver presente a subordinação jurídica, será reconhecida a existência de vínculo empregatício (Brasil, 2018f).

Mesmo sendo legal a contratação, outro ponto que deve ser observado pelo empregador é que ele tem de fazer a retenção da contribuição previdenciária sobre o valor da prestação de serviço (item 12.2.1), sua inclusão na folha de pagamento e, ainda, caso não seja optante pelo Simples Nacional, recolher o correspondente a 20% incidente sobre o valor dessa prestação de serviço.

Procedimento na auditoria

Para a verificação da regularidade desse item, o auditor deve analisar os recibos de pagamento a autônomos e o correspondente contrato de prestação de serviço a fim de identificar se está presente a subordinação jurídica. Deve, ainda, averiguar se as retenções e os recolhimentos previdenciários foram efetuados corretamente, bem como se eles foram incluídos na folha de pagamento.

Possíveis consequências

O não cumprimento dessa disposição pode sujeitar o empregador a ser autuado pela auditoria fiscal do trabalho com base no descumprimento do art. 41 da CLT (Brasil, 1943), em razão de manter empregado trabalhando sem a devida formalização, bem como, em reclamação trabalhista movida pelo trabalhador, a ter o vínculo empregatício reconhecido e ter de fazer a devida formalização, com todos os efeitos dela decorrentes, como o reconhecimento dos direitos empregatícios: Fundo de Garantia do Tempo de Serviço (FGTS), férias + 1/3 constitucional, décimo terceiro salário, horas extras etc.

15.2 Estagiários

A concessão de estágio deve atender rigorosamente aos preceitos e requisitos estabelecidos na Lei n. 11.788, de 25 de setembro de 2008, em especial os do art. 3º:

> I – matrícula e frequência regular do educando em curso de educação superior, de educação profissional, de ensino médio, da educação especial e nos anos finais do ensino fundamental, na modalidade profissional da educação de jovens e adultos e atestados pela instituição de ensino;
> II – celebração de termo de compromisso entre o educando, a parte concedente do estágio e a instituição de ensino;
> III – compatibilidade entre as atividades desenvolvidas no estágio e aquelas previstas no termo de compromisso. (Brasil, 2008b)

O parágrafo 2º desse mesmo artigo estatui que o descumprimento de qualquer dos incisos do art. 2º e de qualquer obrigação contida no termo de compromisso caracteriza vínculo de emprego do educando com a parte concedente do estágio para todos os fins da legislação trabalhista e previdenciária.

Nesse mesmo sentido, o Precedente Administrativo n. 61 da Secretaria de Inspeção do Trabalho assim apregoa:

> ESTÁGIO. REQUISITOS LEGAIS. DESCUMPRIMENTO.
> I – A existência de termo de compromisso e a compatibilidade da jornada de estágio com o horário escolar do aluno não são elementos suficientes para a configuração da regularidade do contrato de estágio, uma vez que devem ser atendidos todos os requisitos legais, em especial a complementação do ensino e da aprendizagem.
> II – Os estágios devem ser planejados, executados, acompanhados e avaliados em conformidade com os currículos, programas e calendários escolares.
> III – Presentes os elementos da relação de emprego sob a roupagem do contrato de estágio, procede a descaracterização dessa contratação especial.
> REFERÊNCIA NORMATIVA: Lei nº 6.494/77 e Decreto nº 87.497/82. (Brasil, 2020j)

Além disso, a referida lei trata de outros critérios que devem ser observados, como, por exemplo, a designação de professor orientador pela instituição de ensino (art. 2º, § 1º) e a indicação de empregado da empresa para supervisionar até 10 estagiários (art 9º, III) (Brasil, 2008b).

Na realidade, o estágio não deve ser utilizado com o fim de suprir a empresa de mão de obra barata, e isso, infelizmente, é o que acontece com muita frequência nas empresas.

Procedimento na auditoria

Para a verificação da regularidade desse item, o auditor deve analisar os termos de compromisso referente aos estágios concedidos a fim de constatar suas regularidades, bem como o cumprimento dos demais requisitos aplicáveis à concessão de estágio.

Possíveis consequências

O não cumprimento dessa disposição pode sujeitar o empregador a ser autuado pela auditoria fiscal do trabalho com base no descumprimento do art. 41 da CLT (Brasil, 1943), em razão de manter empregado trabalhando sem a devida formalização, bem como, em reclamação trabalhista movida pelo estagiário, a ter o vínculo empregatício reconhecido e ter de fazer a devida formalização, com todos os efeitos dela decorrentes, como o reconhecimento dos direitos empregatícios: FGTS, férias + 1/3 constitucional, décimo terceiro salário, horas extras etc.

15.3 Trabalho intermitente

A partir da reforma trabalhista de 2017, tornou-se possível a contratação de empregados para trabalhar como intermitentes. Segundo o parágrafo 3º do art. 443 da CLT (Brasil, 1943), intermitente é o contrato de trabalho no qual a prestação de serviços, com subordinação, não é contínua, ocorrendo com alternância de períodos de prestação de serviços e de inatividade, determinados em horas, dias ou meses, independentemente do tipo de atividade do empregado e do empregador, exceto para os aeronautas, regidos por legislação própria.

Esse contrato tem de ser celebrado por escrito (art. 452-A, CLT). Nessa modalidade de contratação, o trabalhador é considerado empregado, mas ele não tem uma predefinição dos horários e dos dias em que trabalhará. Quando o empregador precisa de seu trabalho, convoca-o com antecedência mínima de três dias (art. 452-A, § 3º, CLT), por qualquer meio de comunicação eficaz, e este terá o prazo de um dia para responder ao chamado. Não o aceitando, não pode haver punição para o empregado.

Um ponto importante a ser observado com relação à utilização dessa mão de obra é a caracterização da intermitência. Há quem defenda que, se o empregado for convocado a trabalhar com certa frequência, obedecendo a determinada regularidade, a intermitência será desconfigurada. Particularmente, entendemos que não há irregularidade em, por exemplo, o intermitente trabalhar em duas semanas seguidas, desde que sejam feitas as duas convocações e ao empregado lhe seja garantido o direito de recusa dessas convocações. O que não pode haver, em nosso entendimento, é a predefinição de trabalho para o intermitente – por exemplo, fixar previamente que o intermitente trabalhará na primeira semana de cada mês.

O parágrafo 6º do art. 452-A da CLT (Brasil, 1943) estabelece que, ao final de cada período de prestação de serviço, o empregado receberá o pagamento imediato da remuneração, do décimo terceiro salário proporcional, dos adicionais legais e das férias proporcionais acrescidas do terço constitucional. O parágrafo 7º desse mesmo artigo determina que o recibo de pagamento deve ter a discriminação dos valores pagos ao trabalhador.

Procedimento na auditoria

Para a verificação da regularidade desse item, o auditor deve examinar a folha de pagamento dos intermitentes a fim de concluir se o trabalho deles está em conformidade com as prescrições legais, em especial se foi celebrado contrato de trabalho escrito, se está caracterizada a intermitência, se está havendo a convocação com antecedência mínima de três dias e se o pagamento está sendo feito ao final de cada período de convocação.

Possíveis consequências

O não cumprimento dessa disposição pode sujeitar o empregador a ser autuado pela auditoria fiscal do trabalho com base no descumprimento do art. 452-A da CLT (Brasil, 1943).

15.4 Contrato verde e amarelo

A Medida Provisória (MP) n. 905, de 11 de novembro de 2019 (Brasil, 2019c), regulamentou a possibilidade de contratação de trabalhadores na modalidade verde e amarelo. Todavia, ela foi revogada no dia 20 de abril de 2020. A partir disso, surgiram várias correntes de interpretação.

Uma delas entende que os contratos em vigor naquele dia foram transformados em contratos por prazo indeterminado e deixando de lhes serem aplicadas as disposições especiais previstas na MP n. 905/2019, como, por exemplo, a alíquota de 2% do FGTS, a isenção da contribuição previdenciária etc.

Ainda não se sabe qual é o entendimento que prevalecerá, mas, em uma auditoria, caso sejam identificados contratos verde e amarelo em vigor após a data referida, o auditor deve apontar em seu relatório os riscos aos quais o empregador está sujeito.

15.5 Terceirização e trabalho temporário

A terceirização foi regulamentada no Brasil, em 2017, inicialmente pela Lei n. 13.429, de 21 de março de 2017 (Brasil, 2017a), e posteriormente pela Lei n. 13.467, de 13 de julho de 2017 (Brasil, 2017b). Essas leis alteraram a Lei n. 6.019, de 3 de janeiro de 1974 (Brasil, 1974), que até então regulamentava apenas o trabalho temporário. A partir das alterações de 2017, essa última lei passou a regulamentar estas duas formas de contratação de trabalhadores: a terceirização e o trabalho temporário.

Uma diferença entre o trabalho temporário e uma simples terceirização é que o primeiro pode ocorrer para suprir uma necessidade temporária em decorrência de demanda complementar de serviço.

Portanto, ao mesmo tempo, a empresa pode ter um de seus empregados trabalhando em determinada atividade ao lado de um trabalhador temporário.

Na terceirização, isso não pode ocorrer, já que ela consiste em o empregador transferir para outra empresa a execução de uma de suas atividades, mas essa transferência tem de ser daquela atividade por completo. Não pode parte dela ser desenvolvida por empregados da empresa e outra parte por trabalhadores terceirizados.

É importante destacar que, nos dois casos, trabalho temporário e terceirização, a empresa contratante é subsidiariamente responsável pelo cumprimento das obrigações da empresa contratada para com os seus empregados. Assim, na hipótese de a contratada não respeitar os direitos dos trabalhadores, a contratante pode vir a ser demandada pelos trabalhadores visando à sua responsabilização, caso eles não consigam receber seus direitos diretamente da empresa empregadora.

Isso faz surgir a necessidade de a empresa, tomando a decisão de terceirizar parte de suas atividades, escolher bem a contratada para que não incorra na responsabilização motivada por culpa *in eligendo* ou *in vigilando*. É prudente a empresa fazer uma pesquisa no portal <http://cdcit.mte.gov.br/inter/cdcit/pages/infracoes> e obter nele o histórico das fiscalizações ocorridas na organização a ser contratada. Se, nessa pesquisa, for revelado que a empresa vem sendo constantemente autuada pela auditoria fiscal do trabalho em razão de, por exemplo, não providenciar o pagamento de salários em dia, não promover o recolhimento de FGTS, não respeitar os limites relacionados à jornada de trabalho, certamente essa empresa não deverá ser considerada idônea. A Lei n. 6.019/1974 (Brasil, 1974) elenca os requisitos mínimos a serem observados tanto para a empresa de trabalho temporário quanto para a empresa prestadora de serviços.

Outra medida a ser tomada é incluir no contrato uma cláusula que obrigue a empresa contratada, mensalmente, a apresentar documentação comprobatória do cumprimento das obrigações trabalhistas, tais como formalização da contratação dos empregados, pagamento de salário em dia, concessão de férias observando o regramento legal, concessão de benefícios previstos em Acordo Coletivo de Trabalho/Convenção Coletiva de Trabalho (ACT/CCT), recolhimento do FGTS etc. Tais ações fazem diminuir o risco de a empresa vir a ser condenada subsidiariamente.

A empresa deve avaliar, também, se a proposta comercial apresentada pela organização a ser contratada se mostra viável e, além disso, deve desconfiar de valores propostos tentadores. É possível que dessa simples análise já se perceba, visivelmente, que a proposta apresentada pela empresa é inexequível, o que, embora traga uma aparente vantagem para a empresa contratante, significará uma provável dor de cabeça no futuro.

Procedimento na auditoria

Para a verificação da regularidade desse item, o auditor deve analisar a documentação relacionada à empresa contratada a fim de averiguar se ela atende aos requisitos legais, em especial, se o valor de seu capital está de acordo com o determinado na Lei n. 6.019/1974 (Brasil, 1974). Ainda, deve investigar se a proposta apresentada reflete valores exequíveis, ou seja, suficientes para o cumprimento de todas suas obrigações, além do correspondente lucro. Também precisa examinar se o contrato prevê a fiscalização por parte do empregador e se este realiza essa fiscalização no tocante ao cumprimento das obrigações mensais, como formalização da contratação dos empregados, comprovação do pagamento do salário e de parcelas salariais no prazo, recolhimento do FGTS e de tributos etc.

Possíveis consequências

O não cumprimento dessa disposição pode sujeitar o empregador a ser responsabilizado subsidiariamente em caso de a empresa contratada não cumprir com suas obrigações trabalhistas, previdenciárias e tributárias, incluindo a possibilidade de haver a formação do vínculo direto com o tomador do serviço.

15.5.1 Garantias aos empregados e trabalhadores

Conforme dispõe o art. 4º C da Lei n. 6.019/1974 (Brasil, 1974), no caso de empregados de empresa prestadora de serviços, quando trabalham nas dependências da contratante, são a eles garantidas as mesmas condições:

> I – relativas a:
> a) alimentação garantida aos empregados da contratante, quando oferecida em refeitórios;
> b) direito de utilizar os serviços de transporte;
> c) atendimento médico ou ambulatorial existente nas dependências da contratante ou local por ela designado;
> d) treinamento adequado, fornecido pela contratada, quando a atividade o exigir.
> II – sanitárias, de medidas de proteção à saúde e de segurança no trabalho e de instalações adequadas à prestação do serviço. (Brasil, 1974)

Com relação ao trabalhador temporário, além da garantia de disponibilização das mesmas condições relacionadas a atendimento médico, ambulatorial e de refeição destinadas aos seus empregados – as quais devem existir nas dependências da contratante ou em um local por ela designado –, são assegurados a eles, conforme dispõe a alínea "a" do art. 12 da referida lei, remuneração equivalente à percebida pelos empregados de mesma categoria da empresa tomadora ou cliente, calculada à base horária e garantida, em qualquer hipótese, a percepção do salário mínimo regional.

Procedimento na auditoria

Para a verificação da regularidade desse item, o auditor deve verificar se estão sendo observadas, conforme o caso, as mesmas condições disponibilizadas aos empregados da empresa tomadora dos serviços e, no caso de trabalhadores temporários, o mesmo salário devido aos empregados da empresa tomadora de serviços.

Possíveis consequências

O não cumprimento dessa disposição pode sujeitar o empregador a ser autuado pela auditoria fiscal do trabalho com base no descumprimento dos arts. 4°-A, 9° e 12 da Lei n. 6.019/1974 (Brasil, 1974).

15.5.2 Retenções previdenciárias e tributárias

Outro ponto importante que a empresa deve observar na contratação de terceirização ou trabalho temporário é verificar se o serviço a ser prestado se enquadra como cessão de mão de obra, definido nos arts. 117 e 118 da Instrução Normativa n. 971, de 13 de novembro de 2009, da Receita Federal do Brasil (RFB) (Brasil, 2009b). Sendo caracterizado como cessão de mão de obra, deve observar as disposições constantes no item 13.2.4.

15.5.3 Terceirização por meio de cooperativas

A partir da regulamentação da terceirização, feita pelas Leis n. 13.429 e n. 13.467, ambas de 2017, passou-se a discutir a possibilidade de ela ser feita mediante contratação de cooperativas de trabalho (Brasil, 2017a; 2017b).

Há quem sustente a impossibilidade, já que o art. 4° A da Lei n. 6.019/1974 (Brasil, 1974), ao conceituar prestação de serviços, conferiu-lhe a seguinte redação: "transferência feita pela contratante da execução de quaisquer de suas atividades, inclusive sua atividade principal, à pessoa jurídica de direito privado prestadora de serviços que possua capacidade econômica compatível com a sua execução". Mas, no art. 4° B, ao estabelecer os requisitos para a prestadora de serviços, usou expressamente o termo *empresa* e acresceu que ela deve dispor de: I – prova de inscrição no CNPJ; II – registro na Junta Comercial; e III – capital social compatível com o número de empregados (Brasil, 1974). Além disso, no art. 4º C, o texto legal mencionou certas garantias devidas aos "empregados" da empresa prestadora de serviços, o que reforça a tese de que a terceirização não pode ocorrer por meio de cooperados, e sim de empregados. Nesse sentido, o entendimento de Amorim (2017, p. 169) é expresso nos seguintes termos: "Essa exigência de utilização de mão de obra empregada afasta as cooperativas de trabalho do regime de prestação de serviço disciplinado pela Lei nº 6.019/74".

Por outro lado, a Lei n. 12.690, de 19 de julho de 2012 (Brasil, 2012b) – anterior, portanto, à alteração da Lei n. 6.019/1974 feita em 2017 –, contém indicações de que as cooperativas podem atuar como prestadoras de serviço, conforme podemos deduzir dos seguintes trechos:

> Art. 4º A Cooperativa de Trabalho pode ser:
> I – de produção, quando constituída por sócios que contribuem com trabalho para a produção em comum de bens e a cooperativa detém, a qualquer título, os meios de produção; e
> II – de serviço, quando constituída por sócios **para a prestação de serviços especializados a terceiros, sem a presença dos pressupostos da relação de emprego.**
> [...]
> Art. 5º A Cooperativa de Trabalho **não pode ser utilizada para intermediação de mão de obra subordinada.**
> [...]
> Art. 7º [...]
> [...]
> § 6º As atividades identificadas com o objeto social da Cooperativa de Trabalho prevista no inciso II do caput do art. 4º desta Lei, **quando prestadas fora do estabelecimento da cooperativa**, deverão ser submetidas a uma coordenação com mandato nunca superior a 1 (um) ano ou ao prazo estipulado para a realização dessas atividades, eleita em reunião específica pelos sócios que se disponham a realizá-las, em que serão expostos os requisitos para sua consecução, os valores contratados e a retribuição pecuniária de cada sócio partícipe.
> [...]
> Art. 10. **A Cooperativa de Trabalho poderá adotar por objeto social qualquer gênero de serviço, operação ou atividade, desde que previsto no seu Estatuto Social.**

> [...]
> § 2º A **Cooperativa de Trabalho não poderá ser impedida de participar de procedimentos de licitação pública** que tenham por escopo os mesmos serviços, operações e atividades previstas em seu objeto social.
> [...]
> Art. 17. Cabe ao Ministério do Trabalho e Emprego, no âmbito de sua competência, a fiscalização do cumprimento do disposto nesta Lei.
> [...]
> § 2º **Presumir-se-á intermediação de mão de obra subordinada** a relação contratual estabelecida entre a empresa contratante e as Cooperativas de Trabalho **que não cumprirem o disposto no § 6º do art. 7º desta Lei**.
> (Brasil, 2012b, grifo nosso)

Diante das disposições referidas e, ainda, da possibilidade de a interpretação da Lei n. 6.019/1974 não ser literal quanto ao termo *empresa*, podemos concluir que é viável interpretar a possibilidade de as cooperativas atuarem como prestadoras de serviço.

Em uma auditoria em que seja encontrada tal situação, é de se levantar o questionamento com o fim de alertar o empregador auditado quanto ao possível risco de adoção desse tipo de contratação.

De qualquer forma, cabe também à auditoria, em caso de análise de terceirização mediante cooperativa, além dos procedimentos já descritos no item 15.5, analisar se os requisitos e as condições descritos na Lei n. 12.690/2012 (Brasil, 2012b) estão sendo observados, em especial o do parágrafo 6º do art. 7º, pois, conforme dispõe o parágrafo 2º do art. 17, caso ele não tenha sido cumprido, presumir-se-á a intermediação de mão de obra subordinada, o que aumentará o risco do reconhecimento do vínculo de emprego dos cooperados diretamente com o tomador de serviço.

SEGURANÇA E SAÚDE NO TRABALHO

16

As normas relacionadas à segurança e saúde no trabalho (SST) têm sido objeto de revisão por parte da Secretaria Especial de Previdência do Trabalho (SEPRT). Várias delas já estão com seus novos textos aprovados e publicados, e alguns ainda aguardam sua entrada em vigor.

Neste capítulo, abordaremos as questões relacionadas à SST, considerando o público-alvo do livro, que não é formado por pessoas especializadas nessa área. Portanto, o foco das questões de SST aqui apresentadas são as pessoas que não têm formação na área, mas que precisam ter o conhecimento mínimo para a compreensão de questões que tangenciam as áreas de departamento de pessoal, gestão de recursos humanos etc.

16.1 Elaboração de programas de SST

Pelas normas regulamentadoras (NRs) atualmente em vigor, a princípio, todo estabelecimento é obrigado a elaborar o Programa de Controle Médico e Saúde Ocupacional (PCMSO) e o Programa de Prevenção de Riscos Ambientais (PPRA). Mas, de acordo com os itens 1.7.1 e 1.7.2 da atual NR-1 (Ministério da Economia, 2020a), o microempreendedor individual (MEI), a microempresa (ME) e a empresa de pequeno porte (EPP) que têm graus de risco 1 e 2 e que declararem as informações digitais na forma do item 1.5.1 da NR-1 e não apresentarem riscos químicos, físicos e biológicos, ficarão dispensados de elaboração do PPRA e do PCMSO.

A elaboração do PPRA é regulamentada pela NR-9, e a do PCMSO, pela NR-7 (Ministério da Economia, 2020e; 2020d), cujos novos textos já estão publicados, mas ainda não em vigor (previsão de entrada em vigor em agosto de 2021). De acordo com o novo texto da NR-9, o PPRA vai passar a se chamar "Avaliação e controle das exposições ocupacionais a agentes físicos, químicos e biológicos".

Quando da elaboração do PPRA, o profissional responsável deve emitir, também, quando for o caso, os laudos de insalubridade e/ou de periculosidade. A partir do início da vigência da nova NR-1, as empresas deverão passar a elaborar o Programa de Gerenciamento de Riscos (PGR) em substituição ao PPRA. Toda empresa deve implementar o Gerenciamento de Riscos Ocupacionais (GRO), o qual constituirá o PGR.

Procedimento na auditoria

Para a verificação da regularidade desse item, o auditor deve verificar se o empregador auditado está obrigado a elaborar e implementar o PPRA e PCMSO e, se for o caso, se essa obrigação foi cumprida.

Possíveis consequências

O não cumprimento dessa disposição pode sujeitar o empregador a ser autuado pela auditoria fiscal do trabalho com base no descumprimento do art. 157 da Consolidação das Leis do Trabalho (CLT) (Brasil, 1943).

16.2 Realização de exames médicos ocupacionais

Mesmo os estabelecimentos desobrigados de elaborar o PCMSO estão obrigados a submeter seus empregados aos exames médicos ocupacionais previstos na NR-7: admissional, demissional, periódico, mudança de função e retorno ao trabalho (Ministério da Economia, 2020d).

A regulamentação da realização desses exames, incluindo seus correspondentes prazos para realização, está contida a partir do item 7.4.3.1 da NR-7.

Procedimento na auditoria

Para a verificação da regularidade desse item, o auditor deve analisar a documentação dos empregados a fim de constatar se os exames médicos foram realizados conforme a regulamentação referida e se os empregados foram considerados aptos a exercer os cargos para os quais foram contratados.

Possíveis consequências

O não cumprimento dessa disposição pode sujeitar o empregador a ser autuado pela auditoria-fiscal do trabalho com base no descumprimento do art. 157 da CLT (Brasil, 1943).

Efeitos da pandemia da covid-19

O art. 15 da Medida Provisória (MP) n. 927, de 22 de março de 2020, suspendeu, durante o estado de calamidade pública, a obrigatoriedade de realização dos exames médicos ocupacionais, clínicos e complementares, exceto dos exames demissionais.

O parágrafo 1º dessa medida apregoa que tais exames poderão ser realizados no prazo de 60 dias, contados da data de encerramento do estado de calamidade pública, e o parágrafo 2º diz que se o médico coordenador de PCMSO considerar que a prorrogação representa risco para a saúde do empregado, ele indicará ao empregador a necessidade de sua realização. Por fim, o parágrafo 3º dispensa a realização do exame demissional caso o último exame ocupacional do empregado tenha sido realizado há menos de 180 dias.

Ressaltamos que essa MP não foi convertida em lei e perdeu sua vigência no dia 19 de julho de 2020. Assim, a partir do dia seguinte, os empregadores voltaram a ser obrigados a realizar os exames médicos. Há dúvidas se essa obrigação é relativa apenas aos exames que deveriam ser realizados a partir desta data ou se, também, corresponde àqueles que deveriam ter sido realizados durante a vigência da MP. Considerando que, de acordo com o disposto no parágrafo 11 do art. 62 da Constituição Federal (Brasil, 1998b), diante de não ter havido publicação de decreto legislativo, as relações jurídicas constituídas e decorrentes de atos praticados durante a vigência da MP não convertida em lei conservar-se-ão por ela regidas, consideramos prudente que os exames que deixaram de ser realizados durante a vigência da referida MP sejam realizadas no prazo de 60 dias a contar do término da vigência dessa MP.

16.3 Fornecimento de Equipamentos de Proteção Individual (EPI)

O PPRA deve indicar os casos em que, diante da impossibilidade de serem adotadas outras medidas para minimizar os riscos para os trabalhadores, os empregados devem fazer uso de Equipamentos de Proteção Individual (EPI). Tais equipamentos devem ser fornecidos gratuitamente pelo empregador, que também tem a obrigação de treinar os empregados sobre sua utilização e exigir o respectivo uso.

Procedimento na auditoria

Para a verificação da regularidade desse item, o auditor deve analisar o PPRA e identificar se há a indicação de necessidade de utilização de EPI por parte dos empregados. Caso haja, deve verificar se o empregador tem a comprovação do fornecimento dos EPI por meio de termo de recebimento devidamente assinado, se promoveu a devida instrução aos empregados sobre sua utilização e, ainda, se adota medidas com o objetivo de que os empregados cumpram com a obrigação de utilização desses equipamentos. Essa última verificação pode ser feita durante a visita ao local de trabalho feita pelo auditor e, nesse caso, é importante que ele já tenha analisado o PPRA e mapeado os setores onde há empregados que devem fazer uso de EPI.

Possíveis consequências

O não cumprimento dessa disposição pode sujeitar o empregador a ser autuado pela auditoria fiscal do trabalho com base no descumprimento do art. 166 da CLT (Brasil, 1943), além de responsabilizar civil e penalmente o empregador com relação a eventuais acidentes de trabalho.

16.4 Constituição de Comissão Interna de Prevenção de Acidentes (Cipa)

A definição a respeito de um estabelecimento ser ou não obrigado a constituir Comissão Interna de Prevenção de Acidentes (Cipa) depende da atividade nele exercida e do número de empregados, conforme disposto na NR-5 (Ministério da Economia, 2020c), em especial, seus Quadros I, II e III. A NR-5, no item 5.6.4, menciona que, se o estabelecimento não for obrigado a constituir Cipa, ele terá de designar um responsável pelo cumprimento dos objetivos da NR-5, podendo ser adotados mecanismos de participação dos empregados por meio de negociação coletiva.

Por exemplo, se um empregador possui três estabelecimentos, e em um deles exerce a atividade de supermercado (CNAE 4711-3), com 310 empregados, em outro a atividade de padaria (CNAE 1091-1), com 60 empregados, e no terceiro atua no ramo de comércio de produtos de panificação (CNAE 4721-1), com 40 empregados, o dimensionamento da Cipa será feito da seguinte forma:

Consultando-se o Quadro III da NR-7 (Ministério da Economia, 2020d), são encontradas as seguintes informações: aos CNAE 4711-3 e 4721-1 corresponde o código C-21; ao CNAE 1091-10 corresponde o código C-2. Com esses dois códigos, é feita a consulta ao Quadro I, e para o estabelecimento onde funciona o supermercado, cujo código é C-21 e quantidade de 310 empregados, corresponde uma Cipa composta por três membros escolhidos pelo empregador, com mais três membros suplentes e três membros eleitos pelos empregados, com mais três membros suplentes. Para o estabelecimento onde funciona a padaria, de código C-2 e com 60 empregados, corresponde uma Cipa composta por dois membros escolhidos pelo empregador, com mais dois membros suplentes e dois membros eleitos pelos empregados, com mais dois membros suplentes. Para o terceiro estabelecimento, onde funciona o comércio de produtos de panificação, de código C-21 e 40 empregados, ele não é obrigado a constituir Cipa, tendo apenas de designar um dos empregados para ser o responsável pelo cumprimento dos objetivos da NR-5 (Ministério da Economia, 2020c).

Procedimento na auditoria

Para a verificação da regularidade desse item, o auditor deve identificar quais dos diversos estabelecimentos do empregador auditado têm obrigação de constituir Cipa e, se for o caso, se essa obrigação foi cumprida, incluindo o correto dimensionamento.

Possíveis consequências

O não cumprimento dessa disposição pode sujeitar o empregador a ser autuado pela auditoria fiscal do trabalho com base no descumprimento do art. 164 da CLT (Brasil, 1943).

Efeitos da pandemia da covid-19

O art. 17 da MP n. 927/2020 autorizou que as Cipas em funcionamento no momento da publicação da MP poderão ser mantidas até o encerramento do estado de calamidade pública e os processos eleitorais em curso poderão ser suspensos. Portanto, caso ocorra o término do mandato de cipeiros durante o período de estado de calamidade pública, eles serão prorrogados até o término desse período.

Ressaltamos que essa MP não foi convertida em lei e perdeu sua vigência no dia 19 de julho de 2020. Assim, a partir do dia seguinte, os empregadores voltaram a ser obrigados a realizar as eleições das Cipas cujos mandados terminaram a partir de então. Há dúvidas quanto ao tratamento a ser dado para os mandados terminados durante a vigência da referida MP. Considerando que, de acordo com o disposto no parágrafo 11 do art. 62 da Constituição Federal (Brasil, 1998b), diante de não ter havido publicação de decreto legislativo, as relações jurídicas constituídas e decorrentes de atos praticados durante a vigência da MP não convertida em lei conservar-se-ão por ela regidas, é possível se interpretar que esses mandatos continuam prorrogados até o término do estado de calamidade pública.

16.5 Constituição de Serviço Especializado em Engenharia de Segurança e em Medicina do Trabalho (SESMT)

A definição a respeito de um estabelecimento ser ou não obrigado a constituir Serviço Especializado em Engenharia de Segurança e Medicina do Trabalho (SESMT) depende do grau de risco da atividade nele exercida e do número de empregados, conforme disposto na NR-4 (Ministério da Economia, 2020b), em especial, seus Quadros I e II.

Por exemplo, um empregador atua no ramo de fabricação de cimento (CNAE 2320-6), com 200 empregados. De acordo com o Quadro I da NR-4, o grau de risco desse estabelecimento é 4. O Quadro II dessa mesma NR indica que, com esse grau de risco e para a quantidade de 200 empregados, esse estabelecimento deve constituir SESMT com a seguinte composição: dois técnicos de segurança no trabalho, em tempo integral, um engenheiro de segurança no trabalho e um médico do trabalho, ambos trabalhando em tempo parcial, por, no mínimo, três horas diárias.

Se outro empregador atua no ramo da fabricação de cerâmica (CNAE 2342-7), com os mesmos 200 empregados, o dimensionamento do seu SESMT será feito da seguinte forma: de acordo com o Quadro I da NR-4, o grau de risco desse estabelecimento é 3. O Quadro II dessa mesma NR indica que, com esse grau de risco e para a quantidade de 200 empregados, esse estabelecimento deve constituir SESMT composto por apenas um técnico de segurança no trabalho, em tempo integral.

Procedimento na auditoria

Para a verificação da regularidade desse item, o auditor deve identificar quais dos diversos estabelecimentos do empregador auditado têm obrigação de constituir SESMT e, se for o caso, se essa obrigação foi cumprida, incluindo o correto dimensionamento.

Possíveis consequências

O não cumprimento dessa disposição pode sujeitar o empregador a ser autuado pela auditoria fiscal do trabalho com base no descumprimento do art. 157 da CLT (Brasil, 1943).

16.6 Comunicação de acidente de trabalho (CAT)

De acordo com o que dispõe o art. 22 da Lei n. 8.213, de 24 de julho de 1991 (Brasil, 1991b), a empresa é obrigada a comunicar a ocorrência de acidente de trabalho à Previdência Social, e o prazo para essa comunicação é o primeiro dia útil seguinte ao da ocorrência do acidente ou, se tiver ocasionado morte, essa comunicação deve ser feita de imediato. Tal comunicação, atualmente, é feita mediante o envio da Comunicação de Acidente de Trabalho (CAT).

A definição de acidente de trabalho está contida nos arts. 19 a 21 dessa mesma lei, que inclui o acidente de percurso.

É comum os empregadores se esquivarem de cumprirem essa obrigação em razão de o reconhecimento da ocorrência de acidente de trabalho gerar dois reflexos diretos: a observância da estabilidade do empregado acidentado, caso ele tenha se afastado por mais de 15 dias; a obrigatoriedade do recolhimento do FGTS durante todo o afastamento. Além disso, conforme o item 13.2.1, a ocorrência de acidente do trabalho repercute no cálculo do fator previdenciário da empresa com as respectivas consequências tributárias. Muitas vezes, apesar de o empregador não reconhecer a caracterização do acidente de trabalho, o empregado obtém do Instituto Nacional do Seguro Social (INSS) tal reconhecimento, obrigando o empregador a fazer o recolhimento do FGTS retroativo.

Procedimento na auditoria

Para a verificação da regularidade desse item, o auditor deve examinar se o empregador auditado envia a CAT à Previdência Social.

Possíveis consequências

O não cumprimento dessa disposição pode sujeitar o empregador a ser autuado pelo INSS com base no descumprimento do art. 22 da Lei n. 8.213/1991 (Brasil, 1991b). Além disso, caso ocorra o reconhecimento posterior da caracterização do acidente de trabalho, o empregador pode ser autuado pela auditoria fiscal do trabalho em razão do descumprimento do inciso I do parágrafo 1º do art. 23 da Lei n. 8.036, de 11 de maio de 1990 (deixar de recolher mensalmente o FGTS) e ter o consequente levantamento de débito do FGTS (Brasil, 1990c).

16.7 Gestão de afastamentos motivados por doença ou acidente

Um ponto que tem suscitado muitos questionamentos é o caso do empregado que é considerado apto ao trabalho pelo INSS, tendo seu auxílio-doença cessado, e considerado inapto pelo médico da empresa no exame de retorno ao trabalho, ou mesmo pelo médico assistente do empregado. Muitas vezes, o próprio empregado não se sente em condições de retornar ao trabalho. Daí surge o chamado *limbo previdenciário*.

Pelo disposto no parágrafo 4º do art. 60 da Lei n. 8.213/1991, os 15 primeiros dias de afastamento por doença devem ser atestados por médico da empresa. A partir de 15 dias, a incapacidade para o trabalho deve ser atestada por médico da Previdência Social (Brasil, 1991b).

Assim, retornando o empregado do auxílio-doença, ele deve ser submetido ao exame de retorno ao trabalho. Sendo considerado apto, deve retornar às suas atividades. A orientação dada aos empregadores, visando reduzir a possibilidade de questionamento futuro, é que se o empregado for considerado inapto, o empregador deve envidar esforços para viabilizar o retorno ao trabalho, podendo adotar as seguintes medidas: (a) estudar com o médico do trabalho a situação do empregado, diante do indeferimento do auxílio-doença pelo INSS; (b) avaliar a possibilidade de readaptação em outro setor ou a reabilitação profissional; (c) notificar, via ofício, o INSS a respeito das avaliações feitas pelo seu setor médico; (d) solicitar, via Justiça Federal, o reconhecimento da incapacidade do empregado.

É verdade que o entendimento majoritário é de que o laudo médico do INSS prevalece sobre o laudo do médico do trabalho ou do próprio médico particular. Portanto, cabe ao empregador, como responsável pelo risco da atividade empresarial, receber o trabalhador ofertando-lhe o exercício das funções antes executadas ou, ainda, de atividades compatíveis com as limitações adquiridas. Nesse caso, deve-se atentar para o fato de não agravar a doença.

Destacamos, aqui, a decisão proferida pelo TRT da 9º Região, nos autos do Processo n. 47272-2014-003-09-00-7-ACO-04938-2018, no qual foi reconhecido o seguinte:

> LIMBO JURÍDICO PREVIDENCIÁRIO. PAGAMENTO DOS SALÁRIOS. Para fazer jus ao pagamento dos salários, a Autora deveria ter comprovado que, de fato, manifestou interesse em retornar ao serviço, ônus do qual não se desincumbiu, na medida em que não produzida prova oral e a prova documental é no sentido de que não havia intenção de voltar ao trabalho. TRT-PR-00175-2014-041-09-00-7-ACO-24566-2015–5A. TURMA. Relator: SERGIO GUIMARÃES SAMPAIO. Publicado no DEJT em 18-08-2015.
> **LIMBO JURÍDICO PREVIDENCIÁRIO. TRABALHADORA CONSIDERADA APTA PELO INSS E INAPTA POR MÉDICOS PARTICULARES. AUSÊNCIA DE RESPONSABILIDADE DA RECLAMADA PELOS SALÁRIOS DO PERÍODO DE AFASTAMENTO.** A aptidão atestada pelo INSS faz com que o contrato de trabalho gere seus efeitos, cabendo à reclamante trabalhar e à empregadora pagar os salários do período. Todavia, a reclamante apresentou diversos atestados de médicos particulares atestando sua incapacidade, o que fez com que a empresa não a aceitasse para retorno às suas atividades. No entanto, não se constata descaso da empregadora, que tentou, por duas vezes, discutir o benefício com a autarquia previdenciária, além de ter oferecido trabalhos mais leves compatíveis com a condição da reclamante. Assim, a recusa da reclamante em reassumir suas atividades leva à ausência de responsabilidade da reclamada de pagamento dos salários do período em que não houve prestação de serviços. Ainda, ausente qualquer conduta ilícita ou abusiva por parte da empregadora, não tendo sido caracterizado o alegado ócio forçado, torna-se indevida a pretensão de indenização por danos morais. Recurso ordinário da reclamante a que se nega provimento. **TRT-PR-47272-2014-003-09-00-7-ACO-04938-2018 -2A. TURMA. Relator: CÁSSIO COLOMBO FILHO. Publicado no DEJT em 27-03-2018.** (TRT-9, 2020, grifo do original)

Nesse processo, diante do reconhecimento da boa-fé do empregador, não houve sua condenação no pagamento dos salários. Não é o que acontece, todavia, quando o empregador simplesmente abandona o empregado, não permitindo que ele retome suas atividades.

Procedimento na auditoria

Para a verificação da regularidade desse item, o auditor deve analisar se o empregador adota uma boa política no tratamento dos empregados que retornam de auxílio-doença, sobretudo quando são tidos como inaptos no exame de retorno ao trabalho procedido pela empresa. É importante que o empregador adote e siga protocolos visando minimizar os riscos decorrentes da caracterização do chamado *limbo previdenciário*.

Possíveis consequências

O não cumprimento dessa disposição pode sujeitar o empregador a ser autuado pela auditoria fiscal do trabalho com base no descumprimento do art. 459, parágrafo 1º, da CLT (Brasil, 1943), que consiste em deixar o empregador de efetuar o pagamento do salário no prazo. Está sujeito, ainda, a ser condenado em reclamação trabalhista movida pelo empregado a pagar-lhe os salários relativos ao período em que ficou impossibilitado de trabalhar em razão de ter sido considerado inapto no exame de retorno ao trabalho após a cessação de seu auxílio-doença.

OUTRAS OBRIGAÇÕES TRABALHISTAS E PREVIDENCIÁRIAS

17

Neste capítulo, serão apresentadas outras obrigações trabalhistas e previdenciárias a que estão sujeitos os empregadores.

17.1 Cumprimento de cota de contratação de aprendiz

Os estabelecimentos que contam com mais de seis empregados que exercem cargos que demandam formação profissional são obrigados a cumprir a cota de aprendizagem, correspondente ao percentual mínimo de 5% e máximo de 15% em relação a essa quantidade de empregados, conforme disposto no art. 2º da Instrução Normativa n. 146, de 25 de julho de 2018, da Secretaria de Inspeção do Trabalho (Brasil, 2018g).

O parágrafo 2º desse mesmo artigo entende como *estabelecimento* todo complexo de bens organizado para o exercício de atividade econômica ou social do empregador que se submeta ao regime da Consolidação das Leis do Trabalho (CLT), o que abrange os estabelecimentos mantidos por pessoas físicas (§ 3º) e os estabelecimentos condominiais, associações, sindicatos, igrejas, entidades filantrópicas, cartórios e afins, conselhos profissionais e outros que, embora não exerçam atividades econômicas, estão enquadrados no conceito de estabelecimento, uma vez que exercem atividades sociais e contratam empregados pelo regime da CLT (§ 4º).

Para definir se um cargo demanda formação profissional ou não, deve ser consultada a Classificação Brasileira de Ocupações (CBO). Nela, no campo "Formação e experiência", há a indicação para cada cargo se ele demanda ou não formação profissional.

De acordo com o art. 3º da já mencionada Instrução Normativa n. 146/2018 (Brasil, 2018g), estão legalmente dispensadas do cumprimento da cota de aprendizagem: as microempresas/empresas de pequeno porte (ME/EPP), optantes ou não pelo Simples Nacional, e as entidades sem fins lucrativos que tenham por objetivo a educação profissional na modalidade de aprendizagem, inscritas no Cadastro Nacional de Aprendizagem com curso validado. Ressaltamos que os estabelecimentos que, embora dispensados da obrigação de contratar aprendizes, decidam pela contratação, devem observar todas as normas do instituto, inclusive o percentual máximo previsto no art. 429 da CLT (Brasil, 1943), não estando obrigados, no entanto, ao cumprimento do percentual mínimo. (art. 3º, § 2º, Instrução Normativa n. 146/2018) (Brasil, 2018g). Portanto, elas não podem ultrapassar o percentual máximo de 15% de aprendizes em relação ao número de empregados mantidos pelo estabelecimento.

Procedimento na auditoria

Para a verificação da regularidade desse item, caso o empregador auditado não seja enquadrado como ME/EPP, o auditor deve analisar as quantidades, por estabelecimento, de empregados que exercem cargo que demanda formação profissional. A partir disso, deve fazer o cálculo das cotas mínimas e máximas por estabelecimentos e verificar se, em cada um deles, estão sendo cumpridas tais cotas. Deve, ainda, identificar se as demais disposições contidas na regulamentação aplicável aos aprendizes são observadas pelo empregador auditado.

Possíveis consequências

O não cumprimento dessa disposição pode sujeitar o empregador a ser autuado pela auditoria fiscal do trabalho com base no descumprimento do art. 429 da CLT (Brasil, 1943).

17.2 Cumprimento de cota de contratação de pessoa com deficiência (PCD)

O art. 93 da Lei n. 8.213, de 24 de julho de 1991 (Brasil, 1991b), estatui que a empresa com 100 ou mais empregados está obrigada a preencher, pelo menos, de 2% a 5% de seu quadro de empregados com beneficiários reabilitados ou pessoas com deficiência (PCD), habilitadas, na seguinte proporção:

- I – até 200 empregados: 2%;
- II – de 201 a 500 empregados: 3%;
- III – de 501 a 1.000 empregados: 4%;
- IV – de 1.001 empregados em diante: 5%.

Observe-se que, diferentemente do que ocorre com a cota de aprendizagem, a cota de PCD é definida em função do número total de empregados da empresa.

A fiscalização do cumprimento da cota de PCD é feita com base nos parâmetros e nas diretrizes definidas na Instrução Normativa n. 98, de 15 de agosto de 2012, da Secretaria de Inspeção do Trabalho (Brasil, 2012d).

Para fins de enquadramento na cota de PCD, a pessoa tem de ser caracterizada como com deficiência ou reabilitada pela Previdência Social. O art. 8º da referida instrução normativa elenca as informações e requisitos para essa configuração, do qual destacamos: "VI – concordância do trabalhador para divulgação do laudo à auditoria-fiscal do trabalho e ciência de seu enquadramento na reserva legal" (Brasil, 2012d). Assim, para que a pessoa seja computada na cota de PCD, ela tem de concordar.

Outro ponto que merece destaque é que, por força do parágrafo 1º do art. 93 da Lei n. 8.213/1991 (Brasil, 1991b), a dispensa de pessoa computada na cota de PCD ao final de contrato por prazo determinado de mais de 90 dias e a dispensa imotivada em contrato por prazo indeterminado somente poderão ocorrer após a contratação de outro trabalhador com deficiência ou beneficiário reabilitado da Previdência Social. Nesse sentido, antes de haver a rescisão de uma PCD, a empresa já tem de ter contratado seu substituto.

Procedimento na auditoria

Para a verificação da regularidade desse item, o auditor deve analisar a documentação da empresa para identificar seu número total de empregados e, a partir dele, calcular a cota de PCD e averiguar se ela está sendo cumprida pela empresa. Além disso, deve observar se as rescisões por término de contrato por prazo determinado por mais de 90 dias e as dispensas sem justa causa de PCD foram precedidas de prévia contratação do correspondente substituto.

Possíveis consequências

O não cumprimento dessa disposição pode sujeitar o empregador a ser autuado pela auditoria fiscal do trabalho com base no descumprimento do art. 93 da Lei n. 8.213/1991 (Brasil, 1991b).

17.3 Trabalho da mulher

A legislação trabalhista adota particularidades especiais relacionadas ao trabalho da mulher. Neste item, portanto, demonstraremos as que podem gerar desconformidades por parte dos empregadores que não as cumprem.

17.3.1 Creche

Conforme dispõe o parágrafo 1º do art. 389 da CLT (Brasil, 1943), os estabelecimentos que mantêm pelo menos 30 empregadas com mais de 16 anos de idade devem ter local apropriado para que elas guardem sob vigilância e assistência seus filhos no período da amamentação.

Segundo o parágrafo 2º desse mesmo artigo, essa exigência pode ser suprida por meio de creches distritais mantidas, diretamente ou mediante convênios, com outras entidades públicas ou privadas, pelas próprias empresas, em regime comunitário, ou a cargo do Serviço Social da Indústria (Sesi), do Serviço Social do Comércio (Sesc), da Legião Brasileira de Assistência (LBA) ou de entidades sindicais.

A Portaria n. 3.296, de 3 de setembro de 1986 (Brasil, 1986b), do Ministério do Trabalho, estabelece que mediante Acordo Coletivo de Trabalho/Convenção Coletiva de Trabalho (ACT/CCT), a obrigação pode ser cumprida por meio de reembolso-creche.

Procedimento na auditoria

Para a verificação da regularidade desse item, o auditor deve identificar se o empregador possui estabelecimentos com mais de 30 empregadas com mais de 16 anos e, em caso positivo, se, quanto a eles, a obrigação correspondente à creche é cumprida, seja por meio de local em suas próprias instalações, mediante convênio ou, ainda, por meio de reembolso-creche, conforme descrito.

Possíveis consequências

O não cumprimento dessa disposição pode sujeitar o empregador a ser autuado pela auditoria fiscal do trabalho com base no descumprimento do art. 439 da CLT (Brasil, 1943).

17.3.2 Afastamento de atividade insalubre durante gravidez

O art. 394-A da CLT (Brasil, 1943) estatui que a empregada gestante deve ser afastada de atividade insalubre, independentemente do grau de insalubridade: mínimo, médio ou máximo. Se a atividade for insalubre no grau máximo, o afastamento deverá perdurar durante o período de lactação obrigatória, ou seja, nos seis primeiros meses de vida da criança.

Contudo, durante esse período, o adicional de insalubridade deixa de ser uma despesa da empresa, pois o parágrafo 2º desse artigo menciona que o empregador efetua o pagamento à empregada e abate seu valor quando do recolhimento dos valores relativos à contribuição previdenciária. Para tanto, deve configurar corretamente sua folha de pagamento para que o crédito realmente se efetue.

O parágrafo 3º desse artigo estabelece que, se não houver atividade salubre para a empregada, ela terá concedida, desde o início da gravidez, a licença-maternidade, seguindo o mesmo procedimento aplicável aos demais casos de concessão dessa licença. Portanto, o empregador efetua o pagamento do salário-maternidade e o abate do que tem a recolher de contribuições previdenciárias. A Receita Federal do Brasil (RFB), por meio da Solução de Consulta Cosit n. 287/2019 (Brasil, 2019m), ratificou o procedimento de que a empresa efetua o pagamento do salário-maternidade à empregada e o deduz integralmente, durante todo o período de gestação e lactação, do que ela tem a recolher relativamente à contribuição previdenciária.

Procedimento na auditoria

Para a verificação da regularidade desse item, o auditor deve averiguar a existência de empregadas gestantes ou que retornaram da licença-maternidade a menos de seis meses trabalhando em atividade insalubre. Tal verificação pode ser feita, também, durante a visita do auditor aos locais de trabalho do empregador auditado. Deve analisar, ainda, se as que foram afastadas de atividade insalubre e passaram a trabalhar em atividade salubre continuaram a receber o adicional de insalubridade, mas em rubrica própria, a fim de que o empregador obtenha o devido crédito correspondente ao valor desse adicional pago. Ainda, deve examinar, em caso de inexistência de atividade salubre, se as empregadas tiveram concedida a licença-maternidade e se o empregador está tendo o devido crédito quando do recolhimento dos valores de contribuição previdenciária.

Possíveis consequências

O não cumprimento dessa disposição pode sujeitar o empregador a ser autuado pela auditoria fiscal do trabalho com base no descumprimento do art. 394-A da CLT (Brasil, 1943), e caso o empregador esteja efetuando o pagamento do adicional de insalubridade sem a correta configuração de sua folha de pagamento, é possível que ele não esteja obtendo o correspondente crédito previdenciário.

17.3.3 Proibição de revistas íntimas

De acordo com o que dispõe o inciso VI do art. 373-A da CLT (Brasil, 1943), as empresas não podem fazer revistas íntimas nas empregadas. Há quem defenda que, embora essa vedação seja expressa para as empregadas, ela deve ser observada, também, com relação aos empregados.

Procedimento na auditoria

A verificação da regularidade desse item deve ser feita mediante visita aos locais de acesso dos empregados e empregadas (portarias, recepções etc.), de preferência na hora da saída dos turnos. Pode ser feita, ainda, mediante análise de eventuais cartazes afixados nos ambientes de trabalho e em manuais elaborados e fornecidos pelos empregadores aos empregados.

Possíveis consequências

O não cumprimento dessa disposição pode sujeitar o empregador a ser autuado pela auditoria fiscal do trabalho com base no descumprimento do art. 373-A da CLT (Brasil, 1943), bem como de, eventualmente, vir a ser condenado a pagamento de indenização por danos morais ao trabalhador em sede de reclamação trabalhista.

17.4 Vale-transporte

A Lei n. 7.418, de 16 de dezembro de 1985, e o Decreto n. 95.247, de 17 de novembro de 1987, regulamentam o direito ao vale-transporte (Brasil, 1985b; 1987a). Conforme disposto no item 7.5, o empregado deve assinar um termo mencionando se faz opção ou não pelo vale-transporte. Caso opte pelo vale, o empregador concede mensalmente o vale-transporte ao empregado, baseado nas informações constantes no termo de opção.

O entendimento predominante na Justiça do Trabalho e, também, adotado pela Secretaria de Inspeção do Trabalho, é de que o empregado não tem direito ao vale-transporte relativo ao intervalo do almoço (Precedente administrativo n. 80) (Brasil, 2020l).

O art. 5º do Decreto 95.247/1987 veda que o vale-transporte seja substituído por dinheiro. Esse entendimento é ratificado pelo Precedente Administrativo n. 3 (Brasil, 2020e) e pelo inciso XXI do art. 10 da Instrução Normativa n. 144, de 18 de maio de 2018, da Secretaria de Inspeção do Trabalho (Brasil, 2018d).

A RFB, por sua vez, vem adotando o entendimento de reconhecer a validade do pagamento do vale-transporte em dinheiro, sem que o valor integre o salário de contribuição do empregado.

Nesse sentido, o Ato Declaratório da Procuradoria-Geral da Fazenda Nacional (PGFN) n. 4/2016 (Brasil, 2016), autoriza a dispensa de apresentação de contestação, de interposição de recursos e a desistência dos já interpostos, desde que inexista outro fundamento relevante: "nas ações judiciais fundadas no entendimento de que não há incidência de contribuição previdenciária sobre o vale-transporte pago em pecúnia, considerando o caráter indenizatório da verba".

Além disso, a Solução de Consulta Cosit n. 245/2019 (Brasil, 2019l) reconhece a legalidade do pagamento do vale-transporte em dinheiro, e a Solução de Consulta Cosit n. 313/2019 (Brasil, 2019o) segue o mesmo sentido, estabelecendo que apenas o que ultrapassa 6% do salário base do empregado. Portanto, se a empresa não efetua desconto relativo ao vale-transporte ou o faz em valor inferior ao correspondente a 6% do salário-base, a parte não descontada integra o salário de contribuição do empregado.

Em resumo, o vale-transporte pago em dinheiro integra a base de incidência do Fundo de Garantia do Tempo de Serviço (FGTS), mas não integra o salário de contribuição do empregado. Só integra esse salário a parte não descontada pelo empregador relativa à concessão do vale-transporte.

Procedimento na auditoria

Para a verificação da regularidade desse item, o auditor deve analisar se o empregador concede mensalmente vale-transporte aos empregados que a ele têm direito. Em caso de concessão por meio de dinheiro, o auditor deve averiguar se seu valor está integrando a base de incidência do FGTS e, em caso de o empregador não descontar o correspondente a 6% do valor do salário-base, se a parte que deixou de ser descontada integra o salário de contribuição do empregado.

Possíveis consequências

O não cumprimento dessa disposição pode sujeitar o empregador a ser autuado pela auditoria fiscal do trabalho com base no descumprimento do art. 1º, *caput*, da Lei n. 7.418/1985 (Brasil, 1985b), quando deixa de conceder o vale-transporte. Se o concede em dinheiro e não faz constar na base de cálculo do FGTS, está sujeito a ser autuado pela auditoria fiscal do trabalho com base no descumprimento do inciso IV do parágrafo 1º do art. 23 da Lei n. 8.036, de 11 de maio de 1990 (deixar de computar parcela integrante da remuneração na base de cálculo do FGTS) e ter o consequente levantamento de débito do FGTS feito, bem como a ser condenado em reclamação trabalhista movida pelo empregado a pagar-lhe valores relativos à diferença de remuneração de férias, de décimo terceiro salário ou de FGTS referente ao vale-transporte fornecido em dinheiro (Brasil, 1990c). Esse empregador está sujeito, ainda, a ser autuado pela RFB e a ter levantamento de débito feito relativo a recolhimento de contribuição previdenciária a menor, decorrente de ter deixado de efetuar o desconto relativo ao vale-transporte, correspondente a 6% do salário-base.

17.5 Alimentação

O entendimento predominante no âmbito da Secretaria Especial de Previdência do Trabalho (SEPRT) é de que a alimentação fornecida pela empresa ao empregado só não integrará a remuneração do trabalhador se ela for concedida de acordo com as regras do Programa de Alimentação do Trabalhador (PAT). A RFB, por sua vez, adota o entendimento de que as empresas podem conceder alimentação sob qualquer forma, exceto em dinheiro, sem que seu valor integre o salário de contribuição do trabalhador, conforme disposto na Solução de Consulta Cosit n. 35/2019 (Brasil, 2019h).

Procedimento na auditoria

Para a verificação da regularidade desse item, o auditor deve identificar se o empregador concede alimentação aos seus trabalhadores e, em caso positivo, se ele está inscrito no PAT. Não sendo, ainda que a alimentação não seja concedida em dinheiro, seu valor deve integrar a base de incidência do FGTS. Além disso, deve verificar se as regras do PAT são integralmente atendidas pelo empregador, como, por exemplo, a não utilização do PAT como instrumento de premiação a empregados que não faltam ao serviço ou que não apresentam atestados médicos. Com relação à contribuição previdenciária, a integração do valor da alimentação ao salário de contribuição só ocorrerá se o fornecimento da alimentação for realizado em dinheiro.

Possíveis consequências

O não cumprimento da obrigação de prévio cadastro no PAT para concessão de alimentação, bem como de serem suas regras cumpridas integralmente, pode sujeitar o empregador a ser autuado pela auditoria fiscal do trabalho com base no descumprimento ao contido no inciso IV do parágrafo 1º do art. 23 da Lei n. 8.036/1990 (deixar de computar parcela integrante da remuneração na base de cálculo do FGTS) e ter o consequente levantamento de débito do FGTS feito, além de ser condenado em reclamação trabalhista movida pelo empregado a pagar-lhe valores relativos à diferença de remuneração de férias, de décimo terceiro salário ou de FGTS referente à alimentação fornecida por empregador não cadastrado no PAT ou sem que suas regras sejam integralmente cumpridas (Brasil, 1990c). Caso o fornecimento da alimentação seja feito em dinheiro, o empregador está sujeito, também, a ser autuado pela RFB, com o consequente levantamento de débito da contribuição previdenciária relativa ao valor da alimentação fornecida em dinheiro.

17.6 Educação

De acordo com o que dispõe o inciso II do parágrafo 2º do art. 458 da CLT (Brasil, 1943), não integra o salário do empregado o fornecimento pelo empregador de educação, em estabelecimento de ensino próprio ou de terceiros, compreendendo os valores relativos a elementos como matrícula, mensalidade, anuidade, livros e material didático. Nessa mesma linha segue o inciso XXXV do art. 10 da Instrução Normativa n. 144/2018 (Brasil, 2018d), no qual não foi feita nenhuma diferenciação entre o grau da educação.

A RFB, por sua vez, por meio da Solução de Consulta Cosit n. 286/2018, adota o seguinte entendimento:

> 27. Diante do que se expôs, soluciona-se a presente Consulta respondendo à consulente nos seguintes termos:
> 27.1 O custo da empresa relativo ao pagamento de **educação superior** (graduação e pós-graduação) de que trata o Capítulo IV, arts. 43 a 57 da Lei nº 9.394, de 1996, em benefício de seus empregados, **integra o salário de contribuição** para efeito de incidência de contribuição previdenciária. Vale dizer, esse valor não é alcançado pela exclusão prevista na alínea 't', § 9º, art. 28 da Lei nº 8.212, de 1991, pelo que se enquadra como valor pago, devido ou creditado a 'qualquer título', conforme previsto no inciso I do art. 28 da Lei nº 8.212, de 1991;
> 27.2 Os custos relativos aos cursos legalmente denominados de **nível básico** (inclusive os de educação profissional técnica de nível médio, quando ministrado de modo integrado e articulado com o curso básico, conforme prevê o inciso I do art. 36-B da Lei nº 9.394, de 1996) e aos **cursos profissionalizantes de nível superior, de graduação e pós-graduação** de que trata o inciso III, § 2º, art. 39 da Lei nº 9.394, de 1996 (e somente esses cursos, dentre os demais cursos superiores), **são passíveis de não incidência de contribuição previdenciária** nos termos da alínea "t", § 9º, art. 28 da Lei nº 8.212, de 1991, **desde que atendidos os demais requisitos da Lei**. (Brasil, 2018h, grifo nosso)

Portanto, apenas os valores concedidos pelo empregador relacionados ao custeio de educação de nível básico e de cursos profissionalizantes de nível superior, de graduação e pós-graduação é que não integram o salário de contribuição do empregado beneficiado.

Procedimento na auditoria

Para a verificação da regularidade desse item, o auditor deve identificar se o empregador custeia a educação de seus empregados e, em caso positivo, deve analisar se esse custeio abrange a educação superior. Caso abranja esse nível e não seja curso profissionalizante, de graduação ou de pós-graduação, deve averiguar se o valor está sendo computado no salário de contribuição do empregado.

Possíveis consequências

O não cumprimento da obrigação de integração no salário de contribuição do valor relacionado à educação, na forma descrita, pode sujeitar o empregador a ser autuado na RFB em razão de recolhimento de contribuição previdenciária a menor, com o consequente levantamento de débito.

17.7 Assistência à saúde

O parágrafo 3º do art. 458 da CLT (Brasil, 1943) estabelece que o valor relativo à assistência prestada por serviço médico ou odontológico, próprio ou não, inclusive o reembolso de despesas com medicamentos, óculos, aparelhos ortopédicos, próteses, órteses, despesas médico-hospitalares e outras similares, mesmo quando concedido em diferentes modalidades de planos e coberturas, não integra o salário do empregado para qualquer efeito nem o salário de contribuição, para efeitos do previsto na alínea "q" do parágrafo 9º do art. 28 da Lei n. 8.212, de 24 de julho de 1991 (Brasil, 1991a).

A posição da RFB segue essa mesma linha, conforme entendimento constante na Solução de Consulta Cosit n. 156/2016, que assim menciona: "O reembolso de despesas com medicamentos, aparelhos corretivos e terapias, não integrará o salário-de-contribuição para fins de apuração da contribuição previdenciária desde que a cobertura abranja a totalidade dos empregados e dirigentes da empresa" (Brasil, 2017d). Nesse mesmo sentido é a conclusão da Solução de Consulta Cosit n. 292/2019 (Brasil, 2019n), que prevê, em resumo, que não integram o salário de contribuição as despesas médicas, desde que a cobertura abranja a totalidade dos empregados e dirigentes da empresa.

Procedimento na auditoria

Para a verificação da regularidade desse item, o auditor deve averiguar se a empresa garante o benefício de assistência à saúde a todos os empregados e dirigentes da empresa. Caso não seja garantido a todos, o valor da assistência à saúde deve integrar o salário de contribuição dos empregados que a recebem.

Possíveis consequências

O não cumprimento da obrigação de integração no salário de contribuição do valor relacionado à assistência à saúde, quando não garantida à totalidade dos empregados e dirigentes, pode sujeitar o empregador a ser autuado RFB em razão de recolhimento de contribuição previdenciária a menor, com o consequente levantamento de débito.

17.8 Observância de legislação relativa a profissões regulamentadas

O empregador deve cumprir, quando for o caso, as disposições constantes na legislação trabalhista aplicáveis às diversas profissões regulamentadas. No portal da Legistrab, acessível no *link* <https://www.legistrab.com.br/category/profissoes-regulamentadas>, são encontradas as legislações relativas a 130 profissões.
Elas tratam de disposições especiais, tais como: salário profissional, jornada especial, necessidade de cumprimento de requisitos para o exercício da profissão, entre outras.

Procedimento na auditoria

Para a verificação da regularidade desse item, o auditor deve identificar se no empregador auditado há empregados que exercem cargos cuja legislação impõe condições especiais e, em caso positivo, deve averiguar se o empregador cumpre com essas condições.

Possíveis consequências

O não cumprimento dessa disposição pode sujeitar o empregador a ser autuado pela auditoria fiscal do trabalho com base no descumprimento das diversas condições especiais, conforme indicado nas legislações próprias. Pode, ainda, eventualmente, ser alvo de fiscalização por parte de conselhos e entidades encarregadas da fiscalização do exercício de determinadas profissões, como, por exemplo, o Conselho Regional de Contabilidade (CRC), a Ordem dos Advogados do Brasil (OAB) e o Conselho Regional de Engenharia e Agronomia (Crea). Está sujeito, ainda, a ser condenado em reclamação trabalhista movida pelo empregado a pagar-lhe eventuais direitos previstos nessa legislação e que não foram pagos ao longo do contrato de trabalho.

17.9 Constituição de comissão de representantes de empregados

O art. 510-A da CLT (Brasil, 1943), introduzido pela reforma trabalhista, impôs às empresas que mantêm mais de 200 empregados a obrigatoriedade de constituir uma comissão para representar seus empregados. O dimensionamento da comissão depende da quantidade de empregados e deve seguir o regramento contido no parágrafo 1º desse mesmo artigo.

Procedimento na auditoria

Para a verificação da regularidade desse item, o auditor deve averiguar se o empregador mantém mais de 200 empregados e, se for o caso, se foi constituída a comissão de representantes nos termos contidos na legislação pertinente.

Possíveis consequências

O não cumprimento dessa disposição pode sujeitar o empregador a ser autuado pela auditoria fiscal do trabalho com base no descumprimento do art. 510-A da CLT (Brasil, 1943).

AUDITORIA TRABALHISTA E PREVIDENCIÁRIA E A IMPLANTAÇÃO DO eSOCIAL

18

O eSocial é um projeto desenvolvido pelo governo federal para ser utilizado pelos empregadores para prestar informações trabalhistas, previdenciárias e tributárias aos órgãos governamentais. Sua implantação teve início em janeiro de 2018 e, atualmente, continua sendo implantado. Os obrigados ao eSocial foram divididos em seis grupos, conforme definido na Portaria n. 1.419, de 23 de dezembro de 2019, da Secretaria Especial de Previdência do Trabalho (SEPRT) (Brasil, 2019g), em função do porte da empresa e de suas atividades.

As informações a serem prestadas são enviadas por meio de arquivos, que representam eventos e podem ser classificados em quatro tipos: (1) eventos de tabelas, por meio dos quais os empregadores prestam informações relacionadas aos seus dados, como tabela de estabelecimentos, tabela de rubricas etc.; (2) eventos não periódicos, por meio dos quais são informados os dados cadastrais e contratuais dos trabalhadores, tais como: data de admissão, data de desligamento, alteração contratual, afastamentos temporários etc.; (3) eventos periódicos, que contemplam as informações de remuneração dos trabalhadores; (4) os eventos de segurança e saúde do trabalho (SST), que servem para a prestação de informações relacionadas à ocorrência de acidentes de trabalho, realização de exames médicos e indicação de riscos ocupacionais a que os empregados estão expostos.

A expectativa é que o eSocial, a médio prazo, simplifique o cumprimento das obrigações dos empregadores, já que unifica a forma como as informações são prestadas.

18.1 Saneamento de cadastros

A implantação do eSocial exigiu, por parte dos empregadores, um esforço no sentido de sanear as informações cadastrais e contratuais de seus empregados, bem como dos próprios empregadores, pois esse sistema se baseia na existência de regras de validação, as quais impedem que informações sejam prestadas quando elas apresentam inconsistências. Esse procedimento visa à melhoria da qualidade das informações constantes nos bancos de dados disponíveis aos órgãos governamentais.

Por outro lado, o eSocial fez com que os empregadores tivessem de sanear as informações constates em seus próprios cadastros.

Por exemplo, o eSocial não recebe a informação de admissão de um empregado se os dados desse empregado, CPF, nome e data de nascimento, não correspondem aos constantes no cadastro do CPF da Receita Federal do Brasil (RFB).

O eSocial disponibiliza uma ferramenta de consulta para a qualificação cadastral, a fim de que os empregadores possam previamente já identificar trabalhadores que constam com alguma divergência cadastral que impede o envio de informações a eles referentes.

18.2 Substituição de obrigações

A implantação do eSocial já possibilitou a substituição de algumas das obrigações trabalhistas e previdenciárias dos empregadores, e outras ainda serão substituídas.

18.2.1 Cadastro Geral de Empregados e Desempregados (Caged)

De acordo com o que dispõe a Portaria n. 1.127, de 14 de outubro de 2019, da SEPRT (Brasil, 2019e), os obrigados ao eSocial dos grupos 1, 2 e 3 passaram, a partir da competência janeiro de 2020, a cumprir a obrigação relativa ao Cadastro Geral de Empregados e Desempregados (Caged), prevista na Lei n. 4.923, de 23 de dezembro de 1965 (Brasil, 1965c), por meio do envio dos eventos não periódicos ao eSocial.

Registramos, contudo, que não se trata de uma opção dada ao empregador, e sim de obrigação do cumprimento por meio do envio das informações ao eSocial.

18.2.2 Relação Anual de Informações Sociais (Rais)

A Portaria n. 1.127/2019, da SEPRT (Brasil, 2019e), estabeleceu que, a partir do ano-base 2019, os empregadores dos grupos 1 e 2 passam a cumprir a obrigação relacionada à Relação Anual de Informações Sociais (Rais) prevista no art. 24 da Lei n. 7.998, de 11 de janeiro de 1990 (Brasil, 1990), combinada com o Decreto n. 76.900, de 23 de dezembro de 1975 (Brasil, 1975a), por meio do envio dos eventos não periódicos e periódicos ao eSocial. Ressaltamos que esses empregadores não têm opção de deixar de enviar informações ao eSocial e de cumprir a obrigação mediante envio da Rais.

Os empregadores do grupo 3, embora já estejam obrigados a enviar eventos não periódicos ao eSocial, ainda não estão obrigados ao envio dos eventos periódicos, razão pela qual continuam a cumprir a obrigação prevista no art. 24 da Lei n. 7.998/1990 (Brasil, 1990b) por meio do envio da Rais. Apenas farão a substituição pelo envio de informações ao eSocial a partir do ano em que tiverem obrigados ao envio dos eventos periódicos relativamente a todo o ano-base. O mesmo ocorre com relação aos obrigados dos grupos 4, 5 e 6.

18.2.3 Carteira de Trabalho e Previdência Social (CTPS)

A Lei n. 13.874, de 20 de setembro de 2019 (Brasil, 2019a) – a chamada *Lei da Liberdade Econômica* –, alterou a redação do art. 14 da Consolidação das Leis do Trabalho (CLT) e estabeleceu que a Carteira de Trabalho e Previdência Social (CTPS) será emitida preferencialmente em meio eletrônico.

A Portaria n. 1.065, de 23 de setembro de 2019, da SEPRT (Brasil, 2019d), regulamentando o referido artigo, dispõe que a CTPS digital está previamente emitida para todas as pessoas que tem CPF. Portanto, se o empregado possui CPF, ele também tem uma CTPS digital, bastando que ele apresente apenas o CPF. Os empregados precisam habilitar-se no aplicativo da CTPS digital, mas só para consultar as informações lançadas em sua CTPS.

As anotações na CTPS digital são feitas a partir das informações enviadas pelos empregadores ao eSocial.

Apenas os empregadores integrantes dos grupos 4, 5 e 6 é que ainda precisam anotar a CTPS física de seus empregados, já que ainda não enviam informações ao eSocial. Os empregadores dos grupos 1, 2 e 3 não precisam mais anotar as CPTS físicas de seus empregados quanto aos fatos ocorridos do dia 20 de setembro de 2019 em diante (data do início da vigência da Lei da Liberdade Econômica), tampouco dar baixa nos contratos nelas anotados.

18.2.4 Registro de empregados

A partir da publicação da Portaria n. 1.195/2019, da SEPRT (Brasil, 2019f), os empregadores que desejarem adotar registro eletrônico de empregados cumprirão a obrigação relativa ao registro de empregados por meio do envio das informações ao eSocial, bastando que enviem o evento S-1000 ao eSocial contendo essa opção. Para os empregadores que já haviam feito essa opção quando do envio do evento S-1000, a substituição ocorreu no dia 31 de outubro de 2019. Os empregadores que ainda não tinham feito essa opção podem, a qualquer momento, enviar um novo evento S-1000 com a opção, e, nesse caso, seus efeitos têm início no primeiro dia do mês desse envio.

Destacamos que os empregadores que optaram por continuar a adotar registro de empregados em livro ou fichas tiveram de até 31 de outubro de 2020 para substituírem seus antigos livros ou fichas por novos modelos que atendessem aos requisitos da Portaria n. 1.195/2019, da SEPRT (Brasil, 2019f). Salientamos que essa opção não desobriga o empregador do envio das informações ao eSocial, já que esse envio se dá para o cumprimento de outras obrigações, tais como anotação da CTPS digital, Rais, Caged etc.

18.2.5 Guia de Recolhimento do FGTS e de Informações à Previdência Social (GFIP)

A Guia de Recolhimento do FGTS e de Informações à Previdência Social (GFIP) tem duas finalidades: guia de recolhimento do Fundo de Garantia do Tempo de Serviço (FGTS) e prestação de informações à previdência social. A RFB, por meio da Instrução Normativa n. 1.787, de 7 de fevereiro de 2018 (Brasil, 2018c), já substituiu a GFIP para fins previdenciários pela Declaração de Débitos e Créditos Tributários Federais Previdenciários e de Outras Entidades e Fundos (DCTFWeb), a partir de agosto de 2018, para os empregadores do grupo 1, e a partir de abril de 2019, para os do grupo 2 que tiveram faturamento no ano-calendário de 2017 acima de R$ 4.800.000,00. Portanto, esses empregadores atualmente enviam GFIP só com a finalidade de recolhimento do FGTS. A RFB não processa mais as GFIP desses empregadores e não as leva em consideração como instrumento de confissão de dívida e de constituição do crédito previdenciário. Portanto, um empregador do grupo 1 não precisa mais inserir em sua GFIP os valores, por exemplo, de retenção previdenciária incidente sobre tomada de serviços mediante cessão de mão de obra, já que essa informação tem fins meramente previdenciários.

Com relação ao recolhimento do FGTS, embora haja previsão de sua substituição pelo eSocial, ainda não há data prevista para que ela ocorra a todos os empregadores. Também não há previsão de quando ocorrerá a substituição da GFIP para fins previdenciários relativamente aos demais empregadores (grupo 2 com faturamento inferior a 4.800.000,00 em 2017 e grupo 3).

18.3 Possibilidades de malhas trabalhistas e previdenciárias

A partir dos dados do eSocial, passaram a existir inúmeras possibilidades de cruzamento desses dados, possibilitando aos órgãos fiscalizadores condições de identificar com facilidade empregadores que descumprem obrigações trabalhistas e previdenciárias, sem que seja necessária a realização de uma ação fiscal no local de trabalho. No entanto, os empregadores podem utilizar cruzamentos dos dados por eles mesmo produzidos visando fazer um diagnóstico de sua situação perante a legislação trabalhista e previdenciária. Os trabalhos de auditoria também poderão valer-se desse instrumento. Na realidade, é possível que, a médio prazo, boa parte do trabalho de auditoria seja feito sem a necessidade de exame de documentos. A seguir, apresentamos alguns exemplos de cruzamentos possíveis:

- **Identificação de ausência de pagamento de adicional noturno:** o evento S-2200 (admissão de trabalhador) contém indicação de que o empregado trabalha em horário noturno, mas nos eventos S-1200 (remuneração) não consta nenhuma rubrica com natureza 1205 (adicional noturno).

- **Identificação de ausência de pagamento de reflexo de horas extras em descanso semanal remunerado (DSR):** nos eventos mensais S-1200 (remuneração) do empregado, constam valores em rubrica com natureza 1003 (horas extras), mas não há valores em rubrica com natureza 1002 (descanso semanal remunerado).
- **Identificação de não observância de estabilidades:** envio do evento S-2230 (afastamento temporário), informando retorno de afastamento de auxílio-doença acidentário ou de licença-maternidade, e envio do evento S-2299 (desligamento), com o motivo "02 Rescisão sem justa causa, por iniciativa do empregador" ou "06 Rescisão por término do contrato a termo" sem que tenha sido observado o período mínimo de garantia de emprego.

PARTE 3

REALIZAÇÃO DA AUDITORIA

PAPÉIS DE TRABALHO

19

Durante os trabalhos de auditoria, são colhidos dados e informações nos diversos documentos examinados e nos procedimentos realizados pelo auditor. O fruto dessa coleta deve ser devidamente registrado no que chamamos de *papéis de trabalho*.

Atualmente, o conceito de papéis de trabalho extrapola sua literalidade, já que eles podem constituir-se em formulários, planilhas e outros documentos em meio eletrônico.

O auditor prepara diversos tipos de papéis de trabalho conforme o objetivo da auditoria, o item que está sendo averiguado e os tipos de informações e dados a serem colhidos. A utilização dos papéis de trabalho não afasta a necessidade de, em alguns casos, o auditor fazer fotocópias ou digitalizar documentos por ele considerados importantes.

É com base nos papéis de trabalho que o auditor tem uma memória do trabalho realizado e, assim, pode tirar suas conclusões e elaborar seu relatório da auditoria.

19.1 Elaboração e revisão dos papéis de trabalho

Apresentamos, a seguir, nos quadros 19.1, 19.2 e 19.3, alguns exemplos de papéis de trabalho, elaborados de acordo com o objetivo da investigação do item a ser verificado.

Quadro 19.1 – Contrato em tempo parcial de 30 horas e trabalho em jornada extraordinária

Nº	Nome do empregado	Jornada semanal (horas)	Existência de pagamento de horas extras em folha	Irregularidade constatada
1	João Gomes	30	Não	Não
2	Felipe Costa	30	Sim	Sim
3	Josefa Inácio	30	Não	Não

Quadro 19.2 – Observância de garantia de emprego após retorno de auxílio-doença acidentário

Nº	Nome do empregado	Data retorno	Data rescisão	Motivo	Irregularidade
1	Luiz Fernando	23/10/2019	-		Não
2	José Lisboa	15/09/2019	-		Não
3	Paulo Castro	25/11/2019	24/04/2020	Desligamento sem justa causa	Sim

Quadro 19.3 – Existência de autorização escrita para desconto relativo a convênio

Nº	Nome do empregado	Desconto relativo a convênio	Existência de autorização escrita	Irregularidade
1	Luiz Fernando	Sim	Não	Sim
2	José Lisboa	Sim	Sim	Não
3	Paulo Castro	Sim	Não	Sim

RELATÓRIO
DE AUDITORIA

20

Ao final dos trabalhos da auditoria, o auditor deve elaborar o relatório de auditoria, identificando o empregador auditado e, quando for o caso, os diversos estabelecimentos objeto da auditoria, além dos profissionais que participaram desse trabalho.

Nesse relatório, devem ser informados os documentos analisados, os procedimentos realizados durante os trabalhos de auditoria e, ainda, os itens objeto de verificação, com a indicação de eventual irregularidade detectada e as possíveis consequências a que o empregador está sujeito. Em tais casos, o relatório deve indicar as sugestões a serem adotadas com vistas à eliminação das irregularidades detectadas, incluindo, se for o caso, a necessidade de mudança de processos internos. Quando a irregularidade detectada for relativa a apenas um estabelecimento ou unidade específica do empregador, o relatório deverá fazer a correta identificação do local onde ela ocorre, com o objetivo de facilitar a adoção de medidas corretivas.

O relatório de auditoria deve indicar eventuais dificuldades encontradas na realização dos trabalhos de auditoria e, também, possíveis necessidades de melhoria nos controles internos.

PARTE 4

DESDOBRAMENTOS DA AUDITORIA TRABALHISTA E PREVIDENCIÁRIA

PLANEJAMENTO DAS CORREÇÕES (CRONOGRAMA DE AÇÕES) E APERFEIÇOAMENTO DOS CONTROLES INTERNOS

21

Conforme indicado no item anterior, o relatório de auditoria deve apresentar sugestões de ações corretivas, visando eliminar as irregularidades detectadas. Além disso, o relatório deve sugerir um cronograma para a implantação dessas ações, a fim de que o empregador auditado possa programar a sua realização. Da mesma forma, é importante haver a indicação de necessidade de melhoria e aperfeiçoamento dos processos e controles internos, pois eles podem ser um importante aliado na gestão dos empregadores, visando à prevenção de formação de passivos trabalhistas e de sujeição a autuações.

Um ponto que merece destaque e que pode constar no relatório de auditoria é a inclusão de sugestão da criação e adoção de manuais de procedimento. Tais documentos têm um importante papel para a orientação das pessoas que trabalham na gestão de pessoal e que nem sempre têm o devido conhecimento acerca das vastas legislações trabalhistas e previdenciárias. Com esses manuais, é possível, facilmente, consultar quais procedimentos devem ser adotados quando da realização de ações relacionadas a, por exemplo, contratação de empregado, concessão de férias, pagamento de salário-família, contratação de empresa terceirizada etc.

21.1 *Compliance* relativo à auditoria trabalhista e previdenciária

Não é de muito tempo que o tema *compliance* vem sendo discutido no Brasil. Ele passou a ganhar mais destaque após o advento da Lei n. 12.846, de 1º de agosto de 2013 – a chamada *Lei Anticorrupção* (Brasil, 2013).

O termo *compliance* significa conformidade. O *compliance* trabalhista compõe o *compliance*, já que este abarca todos os ramos do direito e de atuação das empresas.

Para Carloto (2019, p. 12), *compliance* trabalhista consiste

> na conformidade com as normas, tanto internas como externas, com o principal objetivo de trazer credibilidade, ética e transparência à empresa e de evitar passivos em ações individuais e coletivas, multas e sanções para a empresa, pela prática de atos ilícitos por seus representantes, funcionários e outros colaboradores.

Na esteira dessa afirmação, Silva (Silva; Pinheiro, 2020, p. 71, grifo do original) aponta três funções do *compliance* trabalhista:

> Nesse contexto, o compliance trabalhista é uma ferramenta essencial para prevenção e gestão de riscos na área trabalhista, cuidando de garantir o cumprimento das normas trabalhistas (**função de cumprimento**), evitando que os riscos previstos ocorram (**função de prevenção**) e estimulando a adoção de boas práticas destinadas à valorização do capital humano das empresas (**função de existência laboral**).

Observe que o *compliance* engloba o cumprimento tanto de normas internas quanto externas, abrangendo, portanto, os regulamentos internos e códigos de ética e de conduta elaborados e implementados pela própria empresa.

Por meio desses documentos internos, é possível combater as práticas de ilegalidades por parte de colaboradores, as quais, muitas vezes, sequer são do conhecimento da alta administração da empresa. Por isso, um bom programa de *compliance* deve prever a existência de canais de denúncia, a fim de que os empregados e colaboradores eventualmente prejudicados possam relatar abusos ocorridos no âmbito da empresa.

Não há como negar que a efetiva implantação de um programa de *compliance* trabalhista proporciona às empresas a diminuição de formação de passivos trabalhistas e de sujeição à aplicação de penalidades e multas em âmbito administrativo.

Por fim, é de se lembrar que uma importante aliada ao programa de *compliance* trabalhista e previdenciário é a auditoria trabalhista e previdenciária, pois ela tem como um dos objetivos a fiscalização com vistas a verificar se as diversas normas trabalhistas e previdenciárias estão sendo aplicadas e respeitadas no âmbito das empresas.

CONSIDERAÇÕES FINAIS

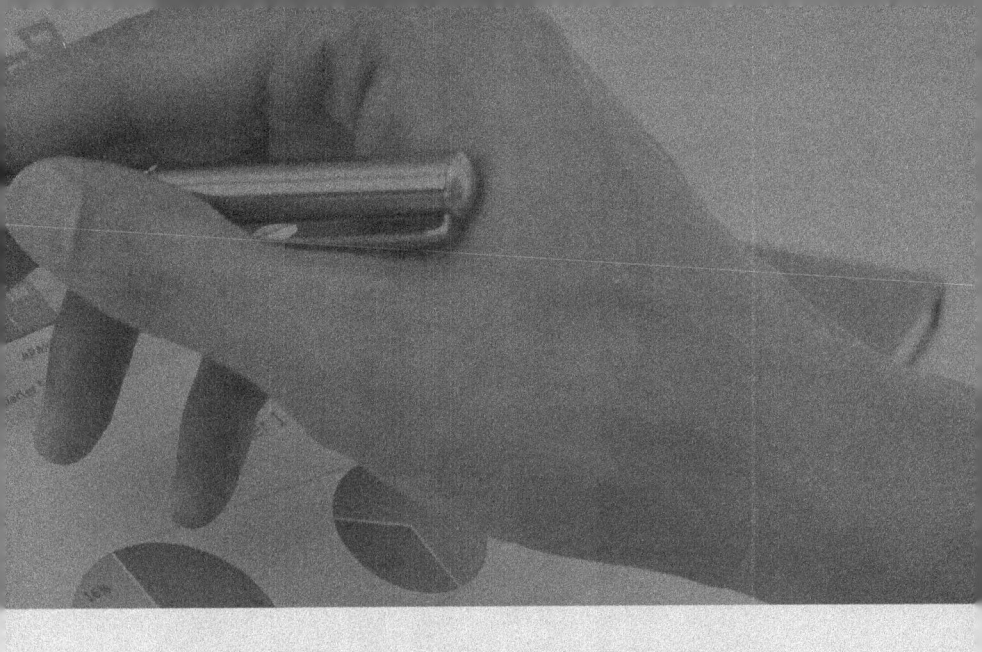

Como demonstramos ao longo desta obra, a atividade de auditoria trabalhista e previdenciária é de suma importância. No entanto, justamente por seu caráter fundamental, sua realização exige que o profissional dessa área detenha um vasto conhecimento a respeito dos diversos procedimentos de auditoria, bem como das legislações trabalhistas e previdenciárias.

Sob essa ótica, podemos assumir que um bom trabalho, realizado em conformidades com essas exigências inerentes à função, contribui sobremaneira para o bom andamento das empresas, uma vez que o auditor da seara trabalhista previdenciária atua no sentido de prevenir a formação de passivos trabalhistas e de autuações administrativas, além de fiscalizar e, quando necessário, corrigir as organizações, a fim de que elas cumpram satisfatoriamente essas legislações.

Por todo o exposto, esperamos que esta obra contribua com o aprofundamento da discussão e agregue conhecimento necessário ao exercício dessa importante atividade.

LISTA DE SIGLAS

ACT – Acordo Coletivo de Trabalho
ADCT – Ato das Disposições Constitucionais Transitórias da Constituição Federal
Caged – Cadastro Geral de Empregados e Desempregados
CAT – Comunicação de Acidente de Trabalho
CBO – Classificação Brasileira de Ocupações
CCT – Convenção Coletiva de Trabalho
Cipa – Comissão Interna de Prevenção de Acidentes
CLT – Consolidação das Leis do Trabalho
CNAE – Classificação Nacional de Atividades Econômicas
CNES – Cadastro Nacional de Entidades Sindicais
CRC – Conselho Regional de Contabilidade
Crea – Conselho Regional de Engenharia e Agronomia
CTPS – Carteira de Trabalho e Previdência Social
CVM – Comissão de Valores Mobiliários
DCTFWeb – Declaração de Débitos e Créditos Tributários Federais Previdenciários e de Outras Entidades e Fundos
DOU – Diário Oficial da União
DSR – Descanso semanal remunerado

EFD-REINF – Escrituração Fiscal Digital de Retenções e Outras Informações Fiscais
EPC – Equipamento de Proteção Coletiva
EPI – Equipamento de Proteção Individual
EPP – Empresa de Pequeno Porte
FGTS – Fundo de Garantia do Tempo de Serviço
FPAS – Fundo da Previdência e Assistência Social
GFIP – Guia de Recolhimento do FGTS e de Informações à Previdência Social
GILRAT – Grau de Incidência de Incapacidade Laborativa decorrente dos Riscos Ambientais do Trabalho
GRRF – Guia de Recolhimento Rescisório do FGTS
INSS – Instituto Nacional do Seguro Social
IRRF – Imposto de Renda Retido na Fonte
LBA – Legião Brasileira de Assistência
LTCAT – Laudo Técnico de Condições Ambientais de Trabalho
ME – Microempresa
MEI – Microempreendedor individual
MP – Medida Provisória
NR – Norma Regulamentadora
OAB – Ordem dos Advogados do Brasil
PAT – Programa de Alimentação do Trabalhador
PCD – Pessoa com deficiência
PCMSO – Programa de Controle Médico e Saúde Ocupacional
PGFN – Procuradoria-Geral da Fazenda Nacional
PGR – Programa de Gerenciamento de Riscos
PLR – Participação nos lucros ou resultados
PPRA – Programa de Prevenção de Riscos Ambientais
Rais – Relação Anual de Informações Sociais
RFB – Receita Federal do Brasil
RPA – Recibo de pagamento a autônomo
RSR – Repouso semanal remunerado
SDC – Seção de Dissídios Coletivos do Tribunal Superior do Trabalho
SDI – Seção de Dissídios Individuais do Tribunal Superior do Trabalho
SEPRT – Secretaria Especial de Previdência e Trabalho

Sesc – Serviço Social do Comércio
Sesi – Serviço Social da Indústria
SESMT – Serviço Especializado em Engenharia de Segurança e Medicina do Trabalho
SIT – Secretaria de Inspeção do Trabalho, atual Sub-Secretaria de Inspeção do Trabalho
SPC – Serviço de Proteção ao Crédito
SRT – Superintendência Regional do Trabalho
SST – Segurança e Saúde no Trabalho
STF – Supremo Tribunal Federal
TRCT – Termo de Rescisão de Contrato de Trabalho
TST – Tribunal Superior do Trabalho

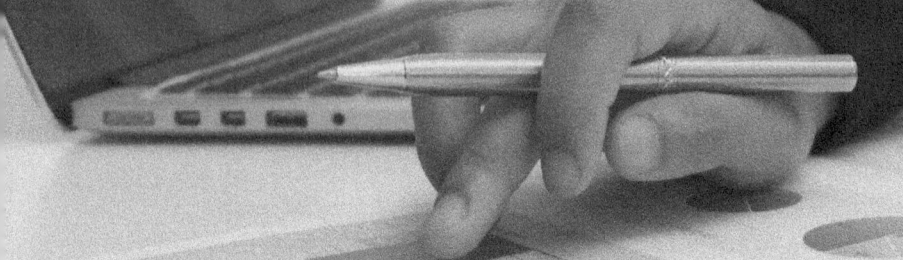

REFERÊNCIAS

ALMEIDA, M. C. Auditoria: um curso moderno e completo. 7. ed. São Paulo: Atlas, 2010.

AMORIM, H. S. A terceirização na reforma trabalhista. Revista do Tribunal Superior do Trabalho, São Paulo, v. 83, n. 2, jun. 2017. Disponível em: <https://juslaboris.tst.jus.br/bitstream/handle/20.500.12178/109918/2017_rev_tst_v083_n002.pdf?sequence=1&isAllowed=y>. Acesso em: 17 dez. 2020.

ARAUJO, L. A. M. de. Compliance trabalhista: a preocupação continua após a reforma trabalhista. In: MADRUGA, E. (Coord.). Compliance tributário: práticas, riscos e atualidades. Santos: Realejo, 2018. p. 159-168.

ARAUJO, L. A. M. de. O contrato de trabalho, seus sujeitos e evocações normativas: uma análise à luz do eSocial. In: ARAUJO, L. A. M. de (Coord.). eSocial: origem e conceitos – a visão de seus construtores. São Paulo: LTr, 2019. p. 81-91.

ATTIE, W. Auditoria: conceitos e aplicações. 4. ed. São Paulo: Atlas, 2009.

BRASIL. Câmara dos Deputados. Centro de Documentação e Informação. Ato das Disposições Constitucionais Transitórias, de 1988. Diário Oficial da União, Poder Legislativo, Brasília, DF, 5 out. 1988a. Disponível em:

<https://www2.camara.leg.br/legin/fed/conadc/1988/constituicao. adct-1988-5-outubro-1988-322234-norma-pl.html>. Acesso em: 17 dez. 2020.

BRASIL. Comissão de Valores Mobiliários. Instrução n. 308, de 14 de maio de 1999. Diário Oficial da União, Brasília, DF, 19 maio 1999a. Disponível em: <http://www.cvm.gov.br/legislacao/instrucoes/inst308.html>. Acesso em: 17 dez. 2020.

BRASIL. Congresso Nacional. Medida Provisória n. 927, de 22 de março de 2020. Diário Oficial da União, Poder Executivo, Brasília, DF, 22 mar. 2020a. Disponível em: <https://www.in.gov.br/en/web/dou/-/medida-provisoria-n-927-de-22-de-marco-de-2020-249098775>. Acesso em: 17 dez. 2020.

BRASIL. Congresso Nacional. Medida Provisória n. 936, de 1º de abril de 2020. Diário Oficial da União, Poder Executivo, Brasília, DF, 1º abr. 2020b. Disponível em: <https://www.in.gov.br/en/web/dou/-/medida-provisoria-n-936-de-1-de-abril-de-2020-250711934>. Acesso em: 17 dez. 2020.

BRASIL. Constituição (1988). Diário Oficial da União, Brasília, DF, 5 out. 1988b. Disponível em: <http://www.planalto.gov.br/ccivil_03/constituicao/constituicao.htm>. Acesso em: 17 dez. 2020.

BRASIL. Decreto n. 1.232, de 22 de junho de 1962. Diário Oficial da União, Poder Executivo, Brasília, DF, 22 jun. 1962a. Disponível em: <http://www.planalto.gov.br/ccivil_03/decreto/historicos/dcm/dcm1232.htm>. Acesso em: 17 dez. 2020.

BRASIL. Decreto n. 3.048, de 6 de maio de 1999. Diário Oficial da União, Poder Executivo, Brasília, DF, 7 maio 1999b. Disponível em: <http://www.planalto.gov.br/ccivil_03/decreto/d3048.htm>. Acesso em: 17 dez. 2020.

BRASIL. Decreto n. 4.552, de 27 de dezembro de 2002. Diário Oficial da União, Poder Executivo, Brasília, DF, 30 dez. 2002a. Disponível em: <http://www.planalto.gov.br/ccivil_03/decreto/2002/d4552.htm>. Acesso em: 17 dez. 2020.

BRASIL. Decreto n. 6.481, de 12 de junho de 2008. Diário Oficial da União, Poder Executivo, Brasília, DF, 13 jun. 2008a. Disponível em:

<http://www.planalto.gov.br/ccivil_03/decreto/d95247.htm>. Acesso em: 17 dez. 2020.

BRASIL. Decreto n. 9.579, de 22 de novembro de 2018. **Diário Oficial da União**, Poder Executivo, Brasília, DF, 23 nov. 2018a. Disponível em: <http://www.planalto.gov.br/ccivil_03/_Ato2015-2018/2018/Decreto/D9579.htm>. Acesso em: 17 dez. 2020.

BRASIL. Decreto n. 9.580, de 22 de novembro de 2018. **Diário Oficial da União**, Poder Executivo, Brasília, DF, 23 nov. 2018b. Disponível em: <http://www.planalto.gov.br/ccivil_03/_Ato2015-2018/2018/Decreto/D9580.htm>. Acesso em: 17 dez. 2020.

BRASIL. Decreto n. 27.048, de 12 de agosto de 1949. **Diário Oficial da União**, Poder Executivo, Brasília, DF, 16 ago. 1949a. Disponível em: <http://www.planalto.gov.br/ccivil_03/decreto/1930-1949/d27048.htm>. Acesso em: 17 dez. 2020.

BRASIL. Decreto n. 57.155, de 3 de novembro de 1965. **Diário Oficial da União**, Poder Executivo, Brasília, DF, 4 nov. 1965a. Disponível em: <http://www.planalto.gov.br/ccivil_03/decreto/1950-1969/d57155.htm>. Acesso em: 17 dez. 2020.

BRASIL. Decreto n. 76.900, de 23 de dezembro de 1975. **Diário Oficial da União**, Poder Executivo, Brasília, DF, 24 dez. 1975a. Disponível em: <http://www.planalto.gov.br/ccivil_03/decreto/Antigos/D76900.htm>. Acesso em: 17 dez. 2020.

BRASIL. Decreto n. 92.790, de 17 de junho de 1986. **Diário Oficial da União**, Poder Executivo, Brasília, DF, 18 jun. 1986a. Disponível em: <http://www.planalto.gov.br/ccivil_03/decreto/D92790.htm>. Acesso em: 17 dez. 2020.

BRASIL. Decreto n. 95.247, de 17 de novembro de 1987. **Diário Oficial da União**, Poder Executivo, Brasília, DF, 18 nov. 1987a. Disponível em: <http://www.planalto.gov.br/ccivil_03/decreto/d95247.htm>. Acesso em: 17 dez. 2020.

BRASIL. Decreto n. 99.684, de 8 de novembro de 1990. **Diário Oficial da União**, Poder Executivo, Brasília, DF, 12 nov. 1990a. Disponível em: <http://www.planalto.gov.br/ccivil_03/decreto/d99684.htm>. Acesso em: 17 dez. 2020.

BRASIL. Decreto-Lei n. 368, de 19 de dezembro de 1968. **Diário Oficial da União**, Poder Executivo, Brasília, DF, 20 dez. 1968. Disponível em: <http://www.planalto.gov.br/ccivil_03/decreto-lei/del0368.htm>. Acesso em: 17 dez. 2020.

BRASIL. Decreto-Lei n. 972, de 17 de outubro de 1969. **Diário Oficial da União**, Poder Executivo, Brasília, DF, 21 out. 1969. Disponível em: <http://www.planalto.gov.br/ccivil_03/decreto-lei/del0972.htm>. Acesso em: 17 dez. 2020.

BRASIL. Decreto-Lei n. 5.425, de 1 de maio de 1943. **Diário Oficial da União**, Poder Executivo, Brasília, DF, 9 ago. 1943. Disponível em: <https://www2.camara.leg.br/legin/fed/declei/1940-1949/decreto-lei-5452-1-maio-1943-415500-publicacaooriginal-1-pe.html>. Acesso em: 17 dez. 2020.

BRASIL. Instrução Normativa RFB n. 917, de 9 de fevereiro de 2009. **Diário Oficial da União**, Brasília, DF, 11 fev. 2009a. Disponível em: <http://normas.receita.fazenda.gov.br/sijut2consulta/link.action?visao=anotado&idAto=15878>. Acesso em: 17 dez. 2020.

BRASIL. Instrução Normativa RFB n. 971, de 13 de novembro de 2009. **Diário Oficial da União**, Brasília, DF, 17 nov. 2009b. Disponível em: <http://normas.receita.fazenda.gov.br/sijut2consulta/link.action?idAto=15937>. Acesso em: 17 dez. 2020.

BRASIL. Instrução Normativa RFB n. 1.027, de 22 de abril de 2010. **Diário Oficial da União**, Brasília, DF, 23 abr. 2010a. Disponível em: <http://normas.receita.fazenda.gov.br/sijut2consulta/link.action?visao=anotado&idAto=15992>. Acesso em: 17 dez. 2020.

BRASIL. Instrução Normativa RFB n. 1.500, de 29 de outubro de 2014. **Diário Oficial da União**, Brasília, DF, 30 out. 2014a. Disponível em: <http://normas.receita.fazenda.gov.br/sijut2consulta/link.action?idAto=57670&visao=anotado>. Acesso em: 17 dez. 2020.

BRASIL. Instrução Normativa RFB n. 1.787, de 7 de fevereiro de 2018. **Diário Oficial da União**, Brasília, DF, 8 fev. 2018c. Disponível em: <http://normas.receita.fazenda.gov.br/sijut2consulta/link.action?visao=anotado&idAto=89949>. Acesso em: 17 dez. 2020.

BRASIL. Instrução Normativa SIT n. 144, de 18 de maio de 2018. **Diário Oficial da União**, Brasília, DF, 21 maio 2018d. Disponível em:

<http://www.normaslegais.com.br/legislacao/instrucao-normativa-sit-144-2018.htm>. Acesso em: 17 dez. 2020.

BRASIL. Instrução Normativa SRT n. 1, de 7 de novembro de 1989. Diário Oficial da União, Brasília, DF, 13 nov. 1989. Disponível em: <https://www.legisweb.com.br/legislacao/?id=74146>. Acesso em: 17 dez. 2020.

BRASIL. Lei Complementar n. 123, de 14 de dezembro de 2006. Diário Oficial da União, Poder Legislativo, Brasília, DF, 15 dez. 2006a. Disponível em: <http://www.planalto.gov.br/ccivil_03/leis/lcp/lcp123.htm>. Acesso em: 17 dez. 2020.

BRASIL. Lei n. 605, de 5 de janeiro de 1949. Diário Oficial da União, Poder Legislativo, Brasília, DF, 14 jan. 1949b. Disponível em: <http://www.planalto.gov.br/ccivil_03/leis/l0605.htm>. Acesso em: 17 dez. 2020.

BRASIL. Lei n. 2.959, de 17 de novembro de 1956. Diário Oficial da União, Poder Legislativo, Brasília, DF, 21 nov. 1956. Disponível em: <http://www.planalto.gov.br/ccivil_03/LEIS/L2959.htm>. Acesso em: 17 dez. 2020.

BRASIL. Lei n. 3.270, de 30 de setembro de 1957. Diário Oficial da União, Poder Legislativo, Brasília, DF, 3 out. 1957. Disponível em: <http://www.planalto.gov.br/ccivil_03/LEIS/1950-1969/L3270.htm>. Acesso em: 17 dez. 2020.

BRASIL. Lei n. 3.857, de 22 de dezembro de 1960. Diário Oficial da União, Poder Legislativo, Brasília, DF, 23 dez. 1960. Disponível em: <http://www.planalto.gov.br/ccivil_03/leis/l3857.htm>. Acesso em: 17 dez. 2020.

BRASIL. Lei n. 3.999, de 15 de dezembro de 1961. Diário Oficial da União, Poder Legislativo, Brasília, DF, 21 dez. 1961. Disponível em: <http://www.planalto.gov.br/ccivil_03/leis/1950-1969/l3999.htm>. Acesso em: 17 dez. 2020.

BRASIL. Lei n. 4.090, de 13 de julho de 1962. Diário Oficial da União, Poder Legislativo, Brasília, DF, 26 jul. 1962b. Disponível em: <http://www.planalto.gov.br/ccivil_03/leis/l4090.htm>. Acesso em: 17 dez. 2020.

BRASIL. Lei n. 4.749, de 12 de agosto de 1965. **Diário Oficial da União**, Poder Legislativo, Brasília, DF, 13 ago. 1965b. Disponível em: <http://www.planalto.gov.br/ccivil_03/leis/l4090.htm>. Acesso em: 17 dez. 2020.

BRASIL. Lei n. 4.923, de 23 de dezembro de 1965. **Diário Oficial da União**, Poder Legislativo, Brasília, DF, 29 dez. 1965c. Disponível em: <http://www.planalto.gov.br/ccivil_03/leis/l4923.htm>. Acesso em: 17 dez. 2020.

BRASIL. Lei n. 5.811, de 11 de outubro de 1972. **Diário Oficial da União**, Poder Legislativo, Brasília, DF, 16 out. 1972. Disponível em: <http://www.planalto.gov.br/ccivil_03/Leis/1970-1979/L5811.htm>. Acesso em: 17 dez. 2020.

BRASIL. Lei n. 5.889, de 8 de junho de 1973. **Diário Oficial da União**, Poder Legislativo, Brasília, DF, 11 jun. 1973a. Disponível em: <http://www.planalto.gov.br/ccivil_03/leis/l5889.htm>. Acesso em: 17 dez. 2020.

BRASIL. Lei n. 5.929, de 30 de outubro de 1973. **Diário Oficial da União**, Poder Legislativo, Brasília, DF, 31 out. 1973b. Disponível em: <http://www.planalto.gov.br/ccivil_03/leis/l5929.htm>. Acesso em: 17 dez. 2020.

BRASIL. Lei n. 6.019, de 3 de janeiro de 1974. **Diário Oficial da União**, Poder Legislativo, Brasília, DF, 4 jan. 1974. Disponível em: <http://www.planalto.gov.br/ccivil_03/leis/L6019.htm>. Acesso em: 17 dez. 2020.

BRASIL. Lei n. 6.224, de 14 de julho de 1975. **Diário Oficial da União**, Poder Legislativo, Brasília, DF, 15 jul. 1975b. Disponível em: <http://www.planalto.gov.br/ccivil_03/leis/1970-1979/L6224.htm>. Acesso em: 17 dez. 2020.

BRASIL. Lei n. 6.404, de 15 de dezembro de 1976. **Diário Oficial da União**, Poder Legislativo, Brasília, DF, 17 dez. 1976. Disponível em: <http://www.planalto.gov.br/ccivil_03/leis/l6404consol.htm>. Acesso em: 17 dez. 2020.

BRASIL. Lei n. 6.533, de 24 de maio de 1978. **Diário Oficial da União**, Poder Legislativo, Brasília, DF, 26 maio 1978a. Disponível em:

<http://www.planalto.gov.br/ccivil_03/leis/L6533.htm>. Acesso em: 17 dez. 2020.

BRASIL. Lei n. 6.615, de 16 de dezembro de 1978. Diário Oficial da União, Poder Legislativo, Brasília, DF, 19 dez. 1978b. Disponível em: <http://www.planalto.gov.br/ccivil_03/leis/l6615.htm>. Acesso em: 17 dez. 2020.

BRASIL. Lei n. 7.102, de 20 de junho de 1983. Diário Oficial da União, Poder Legislativo, Brasília, DF, 21 jun. 1983a. Disponível em: <http://www.planalto.gov.br/ccivil_03/leis/l7102.htm>. Acesso em: 17 dez. 2020.

BRASIL. Lei n. 7.238, de 29 de outubro de 1984. Diário Oficial da União, Poder Legislativo, Brasília, DF, 31 out. 1984. Disponível em: <http://www.planalto.gov.br/ccivil_03/leis/1980-1988/L7238.htm>. Acesso em: 17 dez. 2020.

BRASIL. Lei n. 7.369, de 20 de setembro de 1985. Diário Oficial da União, Poder Legislativo, Brasília, DF, 23 set. 1985a. Disponível em: <http://www.planalto.gov.br/ccivil_03/leis/l7369.htm>. Acesso em: 17 dez. 2020.

BRASIL. Lei n. 7.418, de 16 de dezembro de 1985. Diário Oficial da União, Poder Legislativo, Brasília, DF, 17 dez. 1985b. Disponível em: <http://www.planalto.gov.br/ccivil_03/leis/l7418.htm>. Acesso em: 17 dez. 2020.

BRASIL. Lei n. 7.998, de 11 de janeiro de 1990. Diário Oficial da União, Poder Legislativo, Brasília, DF, 12 jan. 1990b. Disponível em: <http://www.planalto.gov.br/ccivil_03/leis/l7998.htm>. Acesso em: 17 dez. 2020.

BRASIL. Lei n. 8.036, de 11 de maio de 1990. Diário Oficial da União, Poder Legislativo, Brasília, DF, 14 maio 1990c. Disponível em: <http://www.planalto.gov.br/ccivil_03/leis/l8036consol.htm>. Acesso em: 17 dez. 2020.

BRASIL. Lei n. 8.212, de 24 de julho de 1991. Diário Oficial da União, Poder Legislativo, Brasília, DF, 25 jul. 1991a. Disponível em: <http://www.planalto.gov.br/ccivil_03/leis/l8212cons.htm>. Acesso em: 17 dez. 2020.

BRASIL. Lei n. 8.213, de 24 de julho de 1991. Diário Oficial da União, Poder Legislativo, Brasília, DF, 25 jul. 1991b. Disponível em: <http://www.planalto.gov.br/ccivil_03/leis/l8213cons.htm>. Acesso em: 17 dez. 2020.

BRASIL. Lei n. 8.662, de 7 de junho de 1993. Diário Oficial da União, Poder Legislativo, Brasília, DF, 8 jul. 1993. Disponível em: <http://www.planalto.gov.br/ccivil_03/leis/l8662.htm>. Acesso em: 17 dez. 2020.

BRASIL. Lei n. 8.856, de 1 de março de 1994. Diário Oficial da União, Poder Legislativo, Brasília, DF, 2 mar. 1994a. Disponível em: <http://www.planalto.gov.br/ccivil_03/leis/l8856.htm>. Acesso em: 17 dez. 2020.

BRASIL. Lei n. 8.906, de 4 de julho de 1994. Diário Oficial da União, Poder Legislativo, Brasília, DF, 7 jul. 1994b. Disponível em: <http://www.planalto.gov.br/ccivil_03/leis/l8906.htm>. Acesso em: 17 dez. 2020.

BRASIL. Lei n. 9.029, de 13 de abril de 1995. Diário Oficial da União, Poder Legislativo, Brasília, DF, 17 abr. 1995a. Disponível em: <http://www.planalto.gov.br/ccivil_03/leis/l9029.htm>. Acesso em: 17 dez. 2020.

BRASIL. Lei n. 9.032, de 28 de abril de 1995. Diário Oficial da União, Poder Legislativo, Brasília, DF, 29 abr. 1995b. Disponível em: <http://www.planalto.gov.br/ccivil_03/leis/l9032.htm>. Acesso em: 17 dez. 2020.

BRASIL. Lei n. 10.101, de 19 de dezembro de 2000. Diário Oficial da União, Poder Legislativo, Brasília, DF, 20 dez. 2000. Disponível em: <https://www.planalto.gov.br/ccivil_03/LEIS/L10101.htm>. Acesso em: 17 dez. 2020.

BRASIL. Lei n. 10.406, de 10 de janeiro de 2002. Diário Oficial da União, Poder Legislativo, Brasília, DF, 11 jan. 2002b. Disponível em: <http://www.planalto.gov.br/ccivil_03/leis/2002/L10406compilada.htm>. Acesso em: 17 dez. 2020.

BRASIL. Lei n. 10.593, de 6 de dezembro de 2002. Diário Oficial da União, Poder Legislativo, Brasília, DF, 9 dez. 2002c. Disponível em: <http://www.planalto.gov.br/ccivil_03/leis/2002/l10593.htm>. Acesso em: 17 dez. 2020.

BRASIL. Lei n. 10.820, de 17 de dezembro de 2003. Diário Oficial da União, Poder Legislativo, Brasília, DF, 18 dez. 2003a. Disponível em: <http://www.planalto.gov.br/ccivil_03/leis/2003/l10.820.htm>. Acesso em: 17 dez. 2020.

BRASIL. Lei n. 11.788, de 25 de setembro de 2008. Diário Oficial da União, Poder Legislativo, Brasília, 26 jun. 2008b. Disponível em: <http://www.planalto.gov.br/ccivil_03/_ato2007-2010/2008/lei/l11788.htm>. Acesso em: 17 dez. 2020.

BRASIL. Lei n. 11.901, de 12 de janeiro de 2009. Diário Oficial da União, Poder Legislativo, Brasília, DF, 13 jan. 2009c. Disponível em: <http://www.planalto.gov.br/ccivil_03/_ato2007-2010/2009/lei/l11901.htm>. Acesso em: 17 dez. 2020.

BRASIL. Lei n. 12.009, de 29 de julho de 2009. Diário Oficial da União, Poder Legislativo, Brasília, DF, 30 jul. 2009d. Disponível em: <http://www.planalto.gov.br/ccivil_03/_ato2007-2010/2009/lei/l12009.htm>. Acesso em: 17 dez. 2020.

BRASIL. Lei n. 12.506, de 11 de outubro de 2011. Diário Oficial da União, Poder Legislativo, Brasília, DF, 13 out. 2011a. Disponível em: <http://www.planalto.gov.br/ccivil_03/_ato2011-2014/2011/lei/l12506.htm>. Acesso em: 17 dez. 2020.

BRASIL. Lei n. 12.619, de 30 de abril de 2012. Diário Oficial da União, Poder Legislativo, Brasília, DF, 2 fev. 2012a. Disponível em: <http://www.planalto.gov.br/ccivil_03/_ato2011-2014/2012/lei/l12619.htm>. Acesso em: 17 dez. 2020.

BRASIL. Lei n. 12.690, de 19 de julho de 2012. Diário Oficial da União, Poder Legislativo, Brasília, DF, 20 jul. 2012b. Disponível em: <http://www.planalto.gov.br/ccivil_03/_Ato2011-2014/2012/Lei/L12690.htm>. Acesso em: 17 dez. 2020.

BRASIL. Lei 12.740, de 8 de dezembro de 2012. Diário Oficial da União, Poder Legislativo, Brasília, DF, 10 dez. 2012c. Disponível em: <http://www.planalto.gov.br/ccivil_03/_ato2011-2014/2012/lei/l12740.htm>. Acesso em: 17 dez. 2020.

BRASIL. Lei n. 12.846, de 1 de agosto de 2013. Diário Oficial da União, Poder Legislativo, Brasília, DF, 2 ago. 2013. Disponível em: <http://www.planalto.gov.br/ccivil_03/_ato2011-2014/2013/lei/l12846.htm>. Acesso em: 17 dez. 2020.

BRASIL. Lei n. 13.103, de 2 de março de 2015. Diário Oficial da União, Poder Legislativo, Brasília, DF, 3 mar. 2015a. Disponível em: <http://www.planalto.gov.br/ccivil_03/_ato2015-2018/2015/lei/l13103.htm>. Acesso em: 17 dez. 2020.

BRASIL. Lei n. 13.429, de 31 de março de 2017. Diário Oficial da União, Poder Legislativo, Brasília, DF, 31 mar. 2017a. Disponível em: <http://www.planalto.gov.br/ccivil_03/_ato2015-2018/2017/lei/L13429.htm>. Acesso em: 17 dez. 2020.

BRASIL. Lei n. 13.467, de 13 de julho de 2017. Diário Oficial da União, Poder Legislativo, Brasília, 14 jul. 2017b. Disponível em: <http://www.planalto.gov.br/ccivil_03/_ato2015-2018/2017/lei/L13467.htm>. Acesso em: 17 dez. 2020.

BRASIL. Lei n. 13.475, de 28 de agosto de 2017. Diário Oficial da União, Poder Legislativo, Brasília, DF, 29 ago. 2017c. Disponível em: <http://www.planalto.gov.br/ccivil_03/_ato2015-2018/2017/lei/l13475.htm>. Acesso em: 17 dez 2020.

BRASIL. Lei n. 13.874, de 20 de setembro de 2019. Diário Oficial da União, Poder Legislativo, Brasília, DF, 20 set. 2019a. Disponível em: <http://www.planalto.gov.br/ccivil_03/_ato2019-2022/2019/lei/L13874.htm>. Acesso em: 17 dez. 2020.

BRASIL. Lei n. 13.932, de 11 de dezembro de 2019. Diário Oficial da União, Poder Legislativo, Brasília, 12 dez. 2019b. Disponível em: <http://www.planalto.gov.br/ccivil_03/_ato2019-2022/2019/lei/L13932.htm>. Acesso em: 17 dez. 2020.

BRASIL. Medida Provisória n. 905, de 11 de novembro de 2019. Diário Oficial da União, Brasília, DF, 12 nov. 2019c. Disponível em: <http://www.planalto.gov.br/ccivil_03/_ato2019-2022/2019/Mpv/mpv905.htm>. Acesso em: 17 dez. 2020.

BRASIL. Ministério da Economia. Caixa Econômica Federal. Circular n. 897, de 24 de março de 2020. Diário Oficial da União, Brasília, DF, 31 mar. 2020c. Disponível em: <https://www.in.gov.br/en/web/dou/-/circular-n-897-de-24-de-marco-de-2020-250404127#>. Acesso em: 17 dez. 2020.

BRASIL. Ministério da Economia. Secretaria Especial de Previdência e Trabalho. Portaria n. 1.065, de 23 de setembro de 2019. Diário

Oficial da União, Brasília, DF, 24 set. 2019d. Disponível em: <https://www.in.gov.br/en/web/dou/-/portaria-n-1.065-de-23-de-setembro-de-2019-217773828>. Acesso em: 17 dez. 2020.

BRASIL. Ministério da Economia. Secretaria Especial de Previdência e Trabalho. Portaria n. 1.127, de 14 de outubro de 2019. Diário Oficial da União, Brasília, DF, 15 out. 2019e. Disponível em: <https://www.in.gov.br/en/web/dou/-/portaria-n-1.127-de-14-de-outubro-de-2019-221811213>. Acesso em: 17 dez. 2020.

BRASIL. Ministério da Economia. Secretaria Especial de Previdência e Trabalho. Portaria n. 1.195, de 30 de outubro de 2019. Diário Oficial da União, Brasília, DF, 30 out. 2019f. Disponível em: <https://www.in.gov.br/en/web/dou/-/portaria-n-1.195-de-30-de-outubro-de-2019-*-224956334>. Acesso em: 17 dez. 2020.

BRASIL. Ministério da Economia. Secretaria Especial de Previdência e Trabalho. Portaria n. 1.419, de 23 de dezembro de 2019. Diário Oficial da União, Brasília, DF, 24 dez. 2019g. Disponível em: <https://www.in.gov.br/en/web/dou/-/portaria-n-1.419-de-23-de-dezembro-de-2019-235209348>. Acesso em: 17 dez. 2020.

BRASIL. Ministério da Economia. Secretaria Especial de Previdência e Trabalho. Portaria n. 3.659, de 10 de fevereiro de 2020. Diário Oficial da União, Brasília, DF, 11 fev. 2020d. Disponível em: <https://www.in.gov.br/en/web/dou/-/portaria-n-3.659-de-10-de-fevereiro-de-2020-242573505>. Acesso em: 17 dez. 2020.

BRASIL. Ministério da Fazenda. Procuradoria-Geral da Fazenda Nacional. Ato Declaratório n. 4, de 31 de março de 2016. Diário Oficial da União, Brasília, DF, 5 abr. 2016. Disponível em: <https://www.in.gov.br/materia/-/asset_publisher/Kujrw0TZC2Mb/content/id/21406801/do1-2016-04-05-ato-declaratorio-n-4-de-31-de-marco-de-2016-21406754>. Acesso em: 17 dez. 2020.

BRASIL. Ministério da Previdência e Assistência Social. Portaria n. 3.040, de 15 de julho de 1982. Diário Oficial da União, Brasília, DF, 15 jul. 1982a. Disponível em: <https://www.unesp.br/crh/mostra_arq_multi.php?arquivo=5562>. Acesso em: 17 dez. 2020.

BRASIL. Ministério da Previdência Social. Instituto Nacional do Seguro Social. Instrução Normativa n. 77, de 21 de janeiro de 2015.

Diário Oficial da União, Brasília, DF, 22 jan. 2015b. Disponível em: <https://www.in.gov.br/materia/-/asset_publisher/Kujrw0TZC2Mb/content/id/32120879/do1-2015-01-22-instrucao-normativa-n-77-de-21-de-janeiro-de-2015-32120750>. Acesso em: 17 dez. 2020.

BRASIL. Ministério de Estado do Trabalho. Portaria n. 3.296, de 3 de setembro de 1986. Diário Oficial da União, Brasília, DF, 5 set. 1986b. Disponível em: <https://www.legisweb.com.br/legislacao/?id=181137>. Acesso em: 17 dez. 2020.

BRASIL. Ministério do Trabalho e Emprego. Parecer da Consultoria Jurídica n. 2, de 2018. Diário Oficial da União, Brasília, DF, 26 mar. 2018e. Disponível em: <https://www.legistrab.com.br/850-parecer-002-de-2018-conjur-mtb-teletrabalho-e-enquadramento-no-art-62-inciso-iii-da-clt/>. Acesso em: 17 dez. 2020.

BRASIL. Ministério do Trabalho e Emprego. Portaria n. 373, de 25 de fevereiro de 2011. Diário Oficial da União, Brasília, DF, 28 fev. 2011b. Disponível em: <https://www.normaslegais.com.br/legislacao/portariamte373_2011.htm>. Acesso em: 17 dez. 2020.

BRASIL. Ministério do Trabalho e Emprego. Portaria n. 349, de 23 de maio de 2018. Diário Oficial da União, Brasília, DF, 24 maio 2018f. Disponível em: <http://www.normaslegais.com.br/legislacao/portariamtb349_2018.htm>. Acesso em: 17 dez. 2020.

BRASIL. Ministério do Trabalho e Emprego. Portaria n. 702, de 28 de maio de 2015. Diário Oficial da União, Brasília, DF, 29 maio 2015c. Disponível em: <http://www.normaslegais.com.br/legislacao/Portaria-mte-702-2015.htm>. Acesso em: 17 dez. 2020.

BRASIL. Ministério do Trabalho e Emprego. Portaria n. 945, de 8 de julho de 2015. Diário Oficial da União, Brasília, DF, 9 jul. 2015d. Disponível em: <http://www.anamt.org.br/site/upload_arquivos/legislacao_2015_247201511555301948.pdf>. Acesso em: 17 dez. 2020.

BRASIL. Ministério do Trabalho e Emprego. Portaria n. 1.510, de 21 de agosto de 2009. Diário Oficial da União, Brasília, DF, 25 ago. 2009e. Disponível em: <http://www.normaslegais.com.br/legislacao/portaria1510_2009.htm>. Acesso em: 17 dez. 2020.

BRASIL. Ministério do Trabalho e Emprego. Portaria n. 1.621, de 14 de julho de 2010. Diário Oficial da União, Brasília, DF, 15 jul.

2010b. Disponível em: <https://www.legisweb.com.br/legislacao/?id=228355>. Acesso em: 17 dez. 2020.

BRASIL. Ministério do Trabalho e Emprego. Secretaria de Inspeção do Trabalho. Instrução Normativa n. 98, de 15 de agosto de 2012. Diário Oficial da União, Brasília, DF, 16 ago. 2012d. Disponível em: <http://www.anamt.org.br/site/upload_arquivos/legislacao_-_instrucoes_normativas_2012_181220131710287055475.pdf>. Acesso em: 17 dez. 2020.

BRASIL. Ministério do Trabalho e Previdência Social. Portaria n. 417, de 10 de junho de 1966. Diário Oficial da União, Brasília, DF, 21 jun. 1966. Disponível em: <https://www.normaslegais.com.br/legislacao/Portaria-mtps-417-1966.htm>. Acesso em: 17 dez. 2020.

BRASIL. Ministério do Trabalho. Secretaria de Inspeção do Trabalho. Precedentes administrativos da Secretaria de Inspeção do Trabalho. Precedente Administrativo n. 3. Disponível em: <https://www.legistrab.com.br/precedentes-administrativos-da-secretaria-de-inspecao-do-trabalho>. Acesso em: 17 dez. 2020e.

BRASIL. Ministério do Trabalho. Secretaria de Inspeção do Trabalho. Precedentes administrativos da Secretaria de Inspeção do Trabalho. Precedente Administrativo n. 30. Disponível em: <https://www.legistrab.com.br/precedentes-administrativos-da-secretaria-de-inspecao-do-trabalho>. Acesso em: 17 dez. 2020f.

BRASIL. Ministério do Trabalho. Secretaria de Inspeção do Trabalho. Precedentes administrativos da Secretaria de Inspeção do Trabalho. Precedente Administrativo n. 33. Disponível em: <https://www.legistrab.com.br/precedentes-administrativos-da-secretaria-de-inspecao-do-trabalho>. Acesso em: 17 dez. 2020g.

BRASIL. Ministério do Trabalho. Secretaria de Inspeção do Trabalho. Precedentes administrativos da Secretaria de Inspeção do Trabalho. Precedente Administrativo n. 49. Disponível em: <https://www.legistrab.com.br/precedentes-administrativos-da-secretaria-de-inspecao-do-trabalho>. Acesso em: 17 dez. 2020h.

BRASIL. Ministério do Trabalho. Secretaria de Inspeção do Trabalho. Precedentes administrativos da Secretaria de Inspeção do Trabalho.

Precedente Administrativo n. 55. Disponível em: <https://www.legistrab.com.br/precedentes-administrativos-da-secretaria-de-inspecao-do-trabalho>. Acesso em: 17 dez. 2020i.

BRASIL. Ministério do Trabalho. Secretaria de Inspeção do Trabalho. Precedentes administrativos da Secretaria de Inspeção do Trabalho. Precedente Administrativo n. 61. Disponível em: <https://www.legistrab.com.br/precedentes-administrativos-da-secretaria-de-inspecao-do-trabalho>. Acesso em: 17 dez. 2020j.

BRASIL. Ministério do Trabalho. Secretaria de Inspeção do Trabalho. Precedentes administrativos da Secretaria de Inspeção do Trabalho. Precedente Administrativo n. 76. Disponível em: <https://www.legistrab.com.br/precedentes-administrativos-da-secretaria-de-inspecao-do-trabalho>. Acesso em: 17 dez. 2020k.

BRASIL. Ministério do Trabalho. Secretaria de Inspeção do Trabalho. Precedentes administrativos da Secretaria de Inspeção do Trabalho. Precedente Administrativo n. 80. Disponível em: <https://www.legistrab.com.br/precedentes-administrativos-da-secretaria-de-inspecao-do-trabalho>. Acesso em: 17 dez. 2020l.

BRASIL. Ministério do Trabalho. Secretaria de Inspeção do Trabalho. Precedentes administrativos da Secretaria de Inspeção do Trabalho. Precedente Administrativo n. 101. Disponível em: <https://www.legistrab.com.br/precedentes-administrativos-da-secretaria-de-inspecao-do-trabalho>. Acesso em: 17 dez. 2020m.

BRASIL. Ministério do Trabalho. Secretaria de Inspeção do Trabalho. Instrução Normativa n. 146, de 25 de julho de 2018. Diário Oficial da União, Brasília, DF, 31 jul. 2018g. Disponível em: <https://www.in.gov.br/materia/-/asset_publisher/Kujrw0TZC2Mb/content/id/34730621/do1-2018-07-31-instrucao-normativa-n-146-de-25-de-julho-de-2018-34730599>. Acesso em: 17 dez. 2020.

BRASIL. Norma Regulamentadora 17: anexo II. 2007. Disponível em: <http://www.guiatrabalhista.com.br/legislacao/nr/nr17_anexoII.htm>. Acesso em: 17 dez. 2020.

BRASIL. Receita Federal. Solução de Consulta Cosit n. 31, de 23 de janeiro de 2019. Diário Oficial da União, 25 jan. 2019h. Disponível em:

<http://normas.receita.fazenda.gov.br/sijut2consulta/link.action?idAto=98261&visao=anotado>. Acesso em: 17 dez. 2020.

BRASIL. Receita Federal. Solução de Consulta Cosit n. 35, de 23 de janeiro de 2019. Diário Oficial da União, 25 jan. 2019i. Disponível em: <http://normas.receita.fazenda.gov.br/sijut2consulta/link.action?visao=anotado&idAto=98262>. Acesso em: 17 dez. 2020.

BRASIL. Receita Federal. Solução de Consulta Cosit n. 54, de 20 de fevereiro de 2014. Diário Oficial da União, 24 fev. 2014b. Disponível em: <http://normas.receita.fazenda.gov.br/sijut2consulta/link.action?idAto=50174&visao=anotado>. Acesso em: 17 dez. 2020.

BRASIL. Receita Federal. Solução de Consulta Cosit n. 151, de 14 de maio de 2019. Diário Oficial da União, 21 maio 2019j. Disponível em: <http://normas.receita.fazenda.gov.br/sijut2consulta/link.action?visao=anotado&idAto=100859>. Acesso em: 17 dez. 2020.

BRASIL. Receita Federal. Solução de Consulta Cosit n. 156, de 7 de dezembro de 2016. Diário Oficial da União, 31 mar. 2017d. Disponível em: <http://normas.receita.fazenda.gov.br/sijut2consulta/link.action?idAto=81713&visao=anotado>. Acesso em: 17 dez. 2020.

BRASIL. Receita Federal. Solução de Consulta Cosit n. 158, de 16 de maio de 2019. Diário Oficial da União, 21 maio 2019k. Disponível em: <http://normas.receita.fazenda.gov.br/sijut2consulta/link.action?idAto=100861&visao=anotado>. Acesso em: 17 dez 2020.

BRASIL. Receita Federal. Solução de Consulta Cosit n. 245, de 20 de agosto de 2019. Diário Oficial da União, Brasília, DF, 13 set. 2019l. Disponível em: <http://normas.receita.fazenda.gov.br/sijut2consulta/link.action?visao=anotado&idAto=103517>. Acesso em: 17 dez. 2020.

BRASIL. Receita Federal. Solução de Consulta Cosit n. 286, de 26 de dezembro de 2018. Diário Oficial da União, 28 dez. 2018h. Disponível em: <http://normas.receita.fazenda.gov.br/sijut2consulta/link.action?idAto=97725&visao=anotado>. Acesso em: 17 dez. 2020.

BRASIL. Receita Federal. Solução de Consulta Cosit n. 287, de 14 de outubro de 2019. Diário Oficial da União, 21 out. 2019m. Disponível em: <http://normas.receita.fazenda.gov.br/sijut2consulta/link.action?visao=anotado&idAto=100859>. Acesso em: 17 dez. 2020.

BRASIL. Receita Federal. Solução de Consulta Cosit n. 292, de 7 de novembro de 2019. **Diário Oficial da União**, 6 dez. 2019n. Disponível em: <http://normas.receita.fazenda.gov.br/sijut2consulta/link.action?visao=anotado&idAto=105357>. Acesso em: 17 dez. 2020.

BRASIL. Receita Federal. Solução de Consulta Cosit n. 313, de 19 de dezembro de 2019. **Diário Oficial da União**, 26 dez 2019o. Disponível em: <http://normas.receita.fazenda.gov.br/sijut2consulta/link.action?visao=anotado&idAto=105814>. Acesso em: 17 dez. 2020.

BRASIL. Superior Tribunal Federal. Súmula n. 666, de 9 de outubro de 2003b. Disponível em: <https://www.legjur.com/sumula/busca?tri=stf&num=666>. Acesso em: 17 dez. 2020.

BRASIL. Tribunal Superior do Trabalho. Justiça do Trabalho. **Variações de até cinco minutos não justificam pagamento integral do intervalo intrajornada**. Disponível em: <http://www.tst.jus.br/noticias/-/asset_publisher/89Dk/content/variacoes-de-ate-cinco-minutos-nao-justificam-pagamento-integral-do-intervalo-intrajornada>. Acesso em: 17 dez. 2020n.

BRASIL. Tribunal Superior do Trabalho. Orientação Jurisprudencial n. 17, da SDC, de 25 de maio de 1998. Disponível em: <https://www.jurisway.org.br/v2/sumula.asp?pagina=11&idarea=1&idmodelo=4779>. Acesso em: 17 dez. 2020.

BRASIL. Tribunal Superior do Trabalho. Orientação Jurisprudencial 177, da SDI, de 30 de outubro de 2006b. Disponível em: <https://www.legjur.com/sumula/busca?tri=tst-sdi-i&num=177>. Acesso em: 17 dez. 2020.

BRASIL. Tribunal Superior do Trabalho. Orientação Jurisprudencial 259, da SDI, de 27 de setembro de 2002d. Disponível em: <https://www.legjur.com/sumula/busca?tri=tst-sdi-i&num=259>. Acesso em: 17 dez. 2020.

BRASIL. Tribunal Superior do Trabalho. Orientação Jurisprudencial 360, da SDI, de 14 de março de 2008c. Disponível em: <https://www.jurisway.org.br/v2/sumula.asp?pagina=1&idarea=1&idmodelo=12648>. Acesso em: 17 dez. 2020.

BRASIL. Tribunal Superior do Trabalho. Orientação Jurisprudencial 386, da SDI, de 11 de junho de 2010c. Disponível em: <https://www.legjur.com/sumula/busca?tri=tst-sdi-i&num=386>. Acesso em: 17 dez. 2020.

BRASIL. Tribunal Superior do Trabalho. Orientação Jurisprudencial 410, da SDI, de 22 de outubro de 2010d. Disponível em: <https://www.jurisway.org.br/v2/sumula.asp?pagina=6&idarea=1&idmodelo=23526>. Acesso em: 17 dez. 2020.

BRASIL. Tribunal Superior do Trabalho. Súmula n. 91, de 26 de maio de 1978c. Disponível em: <https://www.legjur.com/sumula/busca?tri=tst&num=91>. Acesso em: 17 dez. 2020.

BRASIL. Tribunal Superior do Trabalho. Súmula n. 110, de 25 de setembro de 1980. Disponível em: <https://www.legjur.com/sumula/busca?tri=tst&num=110>. Acesso em: 17 dez. 2020.

BRASIL. Tribunal Superior do Trabalho. Súmula n. 118, de 19 de março de 1981. Disponível em: <https://www.legjur.com/sumula/busca?tri=tst&num=118>. Acesso em: 17 dez. 2020.

BRASIL. Tribunal Superior do Trabalho. Súmula n. 146, de 11 de outubro de 1982b. Disponível em: <https://www.legjur.com/sumula/busca?tri=tst&num=146>. Acesso em: 17 dez. 2020.

BRASIL. Tribunal Superior do Trabalho. Súmula n. 182, de 19 de outubro de 1983b. Disponível em: <https://www.legjur.com/sumula/busca?tri=tst&num=182>. Acesso em: 17 dez. 2020.

BRASIL. Tribunal Superior do Trabalho. Súmula n. 191, de 9 de novembro de 1983c. Disponível em: <https://www.legjur.com/sumula/busca?tri=tst&num=191>. Acesso em: 17 dez. 2020.

BRASIL. Tribunal Superior do Trabalho. Súmula n. 199, de 10 de maio de 1985c. Disponível em: <https://www.legjur.com/sumula/busca?tri=tst&num=199>. Acesso em: 17 dez. 2020.

BRASIL. Tribunal Superior do Trabalho. Súmula n. 230, de 19 de setembro de 1985d. Disponível em: <https://www.legjur.com/sumula/busca?tri=tst&num=230>. Acesso em: 17 dez. 2020.

BRASIL. Tribunal Superior do Trabalho. Súmula n. 242, de 5 de dezembro de 1985e. Disponível em: <https://www.legjur.com/sumula/busca?tri=tst&num=242>. Acesso em: 17 dez. 2020.

BRASIL. Tribunal Superior do Trabalho. Súmula n. 244, de 5 de dezembro de 1985f. Disponível em: <https://www.legjur.com/sumula/busca?tri=tst&num=244>. Acesso em: 17 dez. 2020.

BRASIL. Tribunal Superior do Trabalho. Súmula n. 265, de 20 de janeiro de 1987b. Disponível em: <https://www.legjur.com/sumula/busca?tri=tst&num=265>. Acesso em: 17 dez. 2020.

BRASIL. Tribunal Superior do Trabalho. Súmula n. 276, de 1º de março de 1988c. Disponível em: <https://www.legjur.com/sumula/busca?tri=tst&num=276>. Acesso em: 17 dez. 2020.

BRASIL. Tribunal Superior do Trabalho. Súmula n. 338, de 18 de novembro de 1994c. Disponível em: <https://www.legjur.com/sumula/busca?tri=tst&num=338>. Acesso em: 17 dez. 2020.

BRASIL. Tribunal Superior do Trabalho. Súmula n. 339, de 20 de dezembro de 1994d. Disponível em: <https://www.legjur.com/sumula/busca?tri=tst&num=339>. Acesso em: 17 dez. 2020.

BRASIL. Tribunal Superior do Trabalho. Súmula n. 340, de 17 fev. 1995c. Disponível em: <https://www.legjur.com/sumula/busca?tri=tst&num=340>. Acesso em: 17 dez. 2020.

BRASIL. Tribunal Superior do Trabalho. Súmula n. 342, de 20 abr. 1995d. Disponível em: <https://www.legjur.com/sumula/busca?tri=tst&num=342>. Acesso em: 17 dez. 2020.

BRASIL. Tribunal Superior do Trabalho. Súmula n. 374, de 20 de abril de 2005a. Disponível em: <https://www.legjur.com/sumula/busca?tri=tst&num=374>. Acesso em: 17 dez. 2020.

BRASIL. Tribunal Superior do Trabalho. Súmula n. 376, de 20 abr. 2005b. Disponível em: <https://www.legjur.com/sumula/busca?tri=tst&num=376>. Acesso em: 17 dez. 2020.

BRASIL. Tribunal Superior do Trabalho. Súmula n. 378, de 20 de abril de 2005c. Disponível em: <https://www.legjur.com/sumula/busca?tri=tst&num=378>. Acesso em: 17 dez. 2020.

BRASIL. Tribunal Superior do Trabalho. Súmula n. 438, de 25 de setembro de 2012e. Disponível em: <https://www.legjur.com/sumula/busca?tri=tst&num=438>. Acesso em: 17 dez. 2020.

BRASIL. Tribunal Superior do Trabalho. Súmula n. 460, de 1º de junho de 2015e. Disponível em: <https://www.legjur.com/sumula/busca?tri=tst&num=460>. Acesso em: 17 dez. 2020.

CARLOTO, S. Compliance trabalhista. São Paulo: Atlas, 2019.

CFC – Conselho Federal de Contabilidade. Resolução CFC n. 1.203, de 27 de novembro de 2009. Disponível em: <http://www.oas.org/juridico/portuguese/mesicic3_bra_res1203.pdf>. Acesso em: 17 dez. 2020.

CFC – Conselho Federal de Contabilidade. Resolução CFC n. 986, de 2003. Disponível em: <http://www.portaldecontabilidade.com.br/nbc/res986.htm>. Acesso em: 17 dez. 2020.

CORREIO FORENSE. TST fixa teses sobre dano moral por exigência de certidão de antecedentes criminais. 2016. Disponível em: <https://correio-forense.jusbrasil.com.br/noticias/450540075/tst-fixa-teses-sobre-dano-moral-por-exigencia-de-certidao-de-antecedentes-criminais>. Acesso em: 17 dez. 2020.

DELGADO, M. G. Curso de direito do trabalho. 18. ed. São Paulo: LTr, 2019.

GONÇALVES, N. O. Manual de auditoria trabalhista: teoria e prática na auditoria trabalhista. São Paulo: LTr, 2006.

JOBIM, R. K. Compliance e trabalho: entre o poder diretivo do empregador e os direitos inespecíficos do empregado. Florianópolis: Tiran lo Blanch, 2018.

MINISTÉRIO DA ECONOMIA. Secretaria Especial de Previdência e Trabalho. Normas regulamentadoras. Norma Regulamentadora n. 1: disposições gerais e gerenciamento de riscos ocupacionais. 2020a. Disponível em: <https://www.gov.br/trabalho/pt-br/inspecao/seguranca-e-saude-no-trabalho/normas-regulamentadoras/nr-01-atualizada-2020.pdf/view>. Acesso em: 17 dez. 2020.

MINISTÉRIO DA ECONOMIA. Secretaria Especial de Previdência e Trabalho. Normas regulamentadoras. Norma Regulamentadora n. 4: serviços especializados em engenharia de segurança e em medicina do trabalho. 2020b. Disponível em: <https://www.gov.br/trabalho/pt-br/inspecao/seguranca-e-saude-no-trabalho/normas-regulamentadoras/nr-04.pdf/view>. Acesso em: 17 dez. 2020.

MINISTÉRIO DA ECONOMIA. Secretaria Especial de Previdência e Trabalho. Normas regulamentadoras. Norma Regulamentadora n. 5: comissão interna de prevenção de acidentes. 2020c. Disponível em: <https://www.gov.br/trabalho/pt-br/inspecao/seguranca-e-saude-no-trabalho/normas-regulamentadoras/nr-05.pdf/view>. Acesso em: 17 dez. 2020.

MINISTÉRIO DA ECONOMIA. Secretaria Especial de Previdência e Trabalho. Normas regulamentadoras. Norma Regulamentadora n. 7: programa de controle médico de saúde ocupacional. 2020d. Disponível em: <https://www.gov.br/trabalho/pt-br/inspecao/seguranca-e-saude-no-trabalho/normas-regulamentadoras/nr-07_atualizada_2020.pdf/view>. Acesso em: 17 dez. 2020.

MINISTÉRIO DA ECONOMIA. Secretaria Especial de Previdência e Trabalho. Normas regulamentadoras. Norma Regulamentadora n. 9: avaliação e controle das exposições ocupacionais a agentes físicos, químicos e biológicos. 2020e. Disponível em: <https://www.gov.br/trabalho/pt-br/inspecao/seguranca-e-saude-no-trabalho/normas-regulamentadoras/nr-09-atualizada-2020.pdf/view>. Acesso em: 17 dez. 2020.

OIT – Organização Internacional do Trabalho. C081 – Inspeção do Trabalho na Indústria e no Comércio. Genebra, 1947. Disponível em: <https://www.ilo.org/brasilia/convencoes/WCMS_235131/lang--pt/index.htm>. Acesso em: 17 dez. 2020.

SILVA, F. L.; PINHEIRO, I. Manual do compliance trabalhista: teoria e prática. Salvador: JusPodivm, 2020.

STF – Superior Tribunal Federal. Segunda Turma. Reclamação n. 36.185/RJ. Relatora: Ministra Cármen Lúcia. Diário Oficial da União, Brasília, DF, 27 abr. 2020. Disponível em: <http://redir.stf.jus.br/paginadorpub/paginador.jsp?docTP=TP&docID=752568101>. Acesso em: 17 dez. 2020.

STF – Superior Tribunal Federal. Súmula Vinculante n. 4. Diário Oficial da União, Brasília, DF, 9 maio 2008. Disponível em: <https://jurisprudencia.stf.jus.br/pages/search/seq-sumula740/false>. Acesso em: 17 dez. 2020.

STF – Superior Tribunal Federal. Súmula Vinculante n. 40. Diário Oficial da União, Brasília, DF, 20 mar. 2015. Disponível em: <https://jurisprudencia.stf.jus.br/pages/search/seq-sumula740/false>. Acesso em: 17 dez. 2020.

STF – Supremo Tribunal Federal. Ação Direta de Inconstitucionalidade n. 1.721. Diário Oficial da União, Brasília, DF, 11 out. 2006. Disponível em: <http://redir.stf.jus.br/paginadorpub/paginador.jsp?docTP=AC&docID=469598>. Acesso em: 17 dez. 2020.

TRT-9 – Tribunal Regional do Trabalho da 9ª região. Processo n. 47272-2014-003-09-00-7-ACO-04938-2018. Diário Oficial [do] Estado do Paraná, 2 mar. 2020. Disponível em: <https://www.jusbrasil.com.br/diarios/286407399/trt-9-judiciario-05-03-2020-pg-2700>. Acesso em: 17 dez. 2020.

TST – Tribunal Superior do Trabalho. Processo n. E-RR-1964-3.2013.5.09.0009. Relator: Ministro Hugo Carlos Scheuermann. 2013. Disponível em: <http://aplicacao4.tst.jus.br/consultaProcessual/consultaTstNumUnica.do?conscsjt=&numeroTst=1964&digitoTst=73&anoTst=2013&orgaoTst=5&tribunalTst=09&varaTst=0009&consulta=Consultar>. Acesso em: 17 dez. 2020.

VIEIRA, R. B. Manual de auditoria trabalhista: teoria e prática na auditoria trabalhista. Curitiba: CRV, 2015.

APÊNDICE

Exemplo de roteiro de solicitação e de verificação de documentos

(Item 4.3.2 Montagem de roteiros)
01.01 - Cartão CNPJ e lista de estabelecimentos
Setor responsável: setor contábil
O que pode ser verificado nesse documento:
- Visão geral acerca de todos os estabelecimentos do empregador

01.02 - Contrato social e/ou atos constitutivos do empregador
Setor responsável: setor contábil
O que pode ser verificado nesse documento:
- Definição de quem detém poderes de gestão no empregador

01.03 - Lista de estabelecimentos com número de empregados
Setor responsável: setor pessoal
O que pode ser verificado nesse documento:
- Identificação dos estabelecimentos que são obrigados a adotar controle de ponto (item 9.14)

01.04 - Lista de distribuição da quantidade, por estabelecimento, de empregados por cargo

Setor responsável: setor pessoal

O que pode ser verificado nesse documento:
- Identificação dos estabelecimentos do empregador que mantém mais de sete empregados que exercem cargo que demanda formação profissional (item 17.1)

01.05 - Normas coletivas aplicáveis ao empregador auditado

Setor responsável: setor pessoal e/ou pode ser obtida também no Sistema Mediador da Secretaria do Trabalho

O que pode ser verificado nesse documento:
- Condições e direitos especiais (item 7.9)
- Autorização para prorrogação de jornada de trabalho (item 9.2.1)
- Autorização para adoção de banco de horas anual (item 9.3)
- Autorização para adoção de sistema alternativo de controle eletrônico de ponto, constante em ACT (item 9.14.1.2)
- Existência de garantia de emprego no período da pré-aposentadoria (item 14.8.5)

05.01 - Anúncios de emprego

Setor responsável: setor pessoal

O que pode ser verificado nesse documento:
- Exigência de experiência profissional superior à legalmente permitida (item 7.1)
- Exigências discriminatórias (item 7.1)

05.02 - Lista de documentos que os candidatos a emprego devem apresentar

Setor responsável: setor pessoal

O que pode ser verificado nesse documento:
- Exigência de atestados de gravidez ou de esterilização (item 7.2)
- Exigência de nada consta no SPC/Serasa (item 7.3)
- Exigência de atestado de antecedentes criminais (item 7.4)

05.03 - Termo de opção ou de não opção pelo vale-transporte

Setor responsável: setor pessoal

O que pode ser verificado nesse documento:
- Opção ou não do empregado pelo vale-transporte (item 7.5)

05.04 - Documentação relativa ao salário-família
Setor responsável: setor pessoal
O que pode ser verificado nesse documento:
- Cumprimento de exigências para pagamento do salário-família (item 7.7)

05.05 - Declaração de múltiplos vínculos
Setor responsável: setor pessoal
O que pode ser verificado nesse documento:
- Existência de outros vínculos laborais do trabalhador (item 7.6)

05.06 - Declaração de existência ou inexistência de dependentes para efeito do IRRF
Setor responsável: setor pessoal
O que pode ser verificado nesse documento:
- Existência de dependentes que podem influenciar o cálculo do IRRF (itens 7.8 e 12.2.2)

10.01 - Contrato de trabalho escrito
Setor responsável: setor pessoal
O que pode ser verificado nesse documento:
- Se há contrato de trabalho escrito celebrado para empregados contratados por prazo determinado (item 8.3)
- Se há contrato de trabalho escrito celebrado para empregados intermitentes (item 15.3)

10.02 - Acordo individual para prorrogação de jornada
Setor responsável: setor pessoal
O que pode ser verificado nesse documento:
- Autorização para prorrogação de jornada, caso não haja autorização em ACT/CCT (item 9.2.1)

10.03 - Acordo individual para adoção de banco de horas semestral
Setor responsável: setor pessoal
O que pode ser verificado nesse documento:
- Autorização para adoção de banco de horas semestral (item 9.3)

10.04 - Acordo individual para adoção de jornada 12 × 36
Setor responsável: setor pessoal
O que pode ser verificado nesse documento:
- Autorização para adoção de jornada 12 × 36 (item 9.16.1)

10.05 - Acordo individual para adoção de registro de ponto por exceção

Setor responsável: setor pessoal

O que pode ser verificado nesse documento:
- Autorização para adoção de registro de ponto por exceção (item 9.14.1.3)

10.06 - Acordo individual para definição da forma do gozo da pausa para amamentação

Setor responsável: setor pessoal

O que pode ser verificado nesse documento:
- Se a forma de gozo da pausa para amamentação foi objeto de acordo individual (item 9.7.1)

15.01 - Escalas de revezamento ou de serviço

Setor responsável: setor pessoal

O que pode ser verificado nesse documento:
- Concessão de folga semanal, no máximo, no sétimo dia (item 9.10.1)
- Coincidência da folga semanal com o domingo na periodicidade legal (item 9.10.2)

15.02 - Documentação comprobatória de ocorrência de necessidade imperiosa

Setor responsável: setor pessoal

O que pode ser verificado nesse documento:
- Se o empregador dispõe de documentação comprobatória da existência dos casos que configuram necessidade imperiosa (item 9.2.3)

20.01 - Registro de empregados

Setor responsável: setor pessoal

O que pode ser verificado nesse documento:
- Idade mínima para o trabalho em determinados cargos, atividades e horários (item 8.1)
- Se houve formalização dos empregados que laboram para o empregador (item 8.2)
- Se os dados constantes estão corretos e atualizados (item 8.2)

- Se os contratos por prazo determinado foram celebrados nas hipóteses e limites legais previstos (item 8.3)
- Se as alterações contratuais são precedidas de prévio consentimento dos empregados e se não lhe trazem prejuízos (item 8.4)
- Se as contratações em tempo parcial obedecem aos limites legais: em conjunto com os documentos 25.01 e 40.01, pode ser verificado se os empregados contratados em tempo parcial para 30 horas semanais laboram em jornada extraordinária (item 8.5)
- Equiparação salarial: esse exame deve ser feito em conjunto com o documento 40.01 (item 8.6)
- Identificar data de retorno de empregada após a licença-maternidade para que seja verificado se foi concedida a pausa para amamentação (item 9.7.1)
- Identificar empregados que exercem atividade de telemarketing (item 9.7.3)
- Identificar empregados que exercem atividade externa incompatível com fixação de jornada a fim de verificar se eles se enquadram no art. 62 da CLT (item 9.13.1)
- Identificar empregados que exercem cargo ou função de gerente a fim de verificar se eles se enquadram no art. 62 da CLT (item 9.13.2)
- Identificar empregados que trabalham no regime de teletrabalho a fim de verificar se eles se enquadram no art. 62 da CLT (item 9.13.3)
- Identificar empregados que tiveram concedida a aposentadoria especial (item 14.9.3)
- Identificar os empregados intermitentes (item 15.3)
- Identificar os empregados aprendizes contratados (item 17.1)
- Identificar os empregados PCD contratados (item 17.2)
- Identificar as empregadas grávidas e verificar se aquelas que trabalham em atividade insalubre foram afastadas dessa atividade durante a gravidez/lactação (item 17.3.2)
- Identificar os empregados afastados durante o período fiscalizado (itens 14.8 e 16.7)

Observação: nos casos em que o empregador adota registro eletrônico de empregados e dependendo do sistema utilizado, as verificações ora referidas podem ser feitas mediante a análise de relatórios emitidos pelo próprio sistema, sem necessidade de o auditor verificar o registro de cada empregado individualmente.

25.01 - Registro de ponto

Setor responsável: setor pessoal

O que pode ser verificado nesse documento:
- Identificar se o registro eletrônico adotado atende aos requisitos da Portaria n. 1.510/2009 ou da Portaria n. 373/2011 (item 9.14.1.1)
- Se contratados em tempo parcial para 30 horas semanais laboram em jornada extraordinária: esse exame deve ser feito em conjunto com os documentos 20.01 e 40.01 (item 8.5)
- Aplicação correta da regra dos minutos residuais (item 9.1.1)
- Observância do limite diário para prorrogação de jornada de trabalho e se não é o caso de aplicação do previsto no item 9.2.3 (item 9.2.2)
- Prorrogação de jornada por empregados que não podem em jornada extraordinária: esse exame pode precisar ser feito em conjunto com o documento 40.01 (item 9.2.4)
- Adoção de compensação de jornada mediante cumprimento das obrigações legais (item 9.3)
- Concessão de intervalo intrajornada: caso não seja, deve ser verificado no documento 40.01 se há pagamento da indenização correspondente (itens 9.4 e 9.16.2)
- Concessão de intervalo interjornadas: caso não seja, deve ser verificado no documento 40.01 se há pagamento da indenização correspondente (item 9.5)
- Concessão de intervalos não previstos em lei: em caso positivo, se o tempo a ele relativo é considerado como jornada de trabalho (item 9.6)
- Existência de empregados que laboram em turno ininterrupto de revezamento e se a jornada máxima de seis horas é respeitada (item 9.8)

- Se a contagem da quantidade de horas noturna observa a hora ficta (item 9.9.1)
- Se, em caso de prorrogação de jornada noturna, são aplicadas as disposições relativas ao horário noturno (item 9.9.2)
- Se, em caso de horário misto, são aplicadas as disposições relativas ao horário noturno sobre as horas trabalhadas nesse horário (item 9.9.3)
- Concessão da folga semanal, no máximo, no sétimo dia (item 9.10.1)
- Coincidência da folga semanal com o domingo na periodicidade legal (9.10.2)
- Concessão de folga em feriados (item 9.11)
- Caso haja trabalho em feriado e se não tiver havido concessão de folga em outro dia, deve ser verificado no documento 40.01 se houve o pagamento da dobra (item 9.12)

25.02 - Controle de pausas para amamentação
Setor responsável: setor pessoal
O que pode ser verificado nesse documento:
- Se as pausas para amamentação estão sendo concedidas: esse exame deve ser feito em conjunto com o documento 10.06 (item 9.7.1)

25.03 - Controle de pausas de empregados que laboram em telemarketing
Setor responsável: setor pessoal
O que pode ser verificado nesse documento:
- Se as pausas dos empregados que laboram em ambiente frio estão sendo concedidas (item 9.7.3)

25.04 - Controle de pausas de empregados que laboram em ambiente frio
Setor responsável: setor pessoal
O que pode ser verificado nesse documento:
- Se as pausas dos empregados que laboram em ambiente frio estão sendo concedidas (item 9.7.2)

30.01 - Documentação relativa a fornecimento de creche
Setor responsável: setor pessoal
O que pode ser verificado nesse documento:
- Se a empresa disponibiliza creche diretamente, mediante convênio ou por meio de pagamento de auxílio-creche (item 17.3.1)

30.02 - Cardápio utilizado no salão do restaurante
Setor responsável: setor responsável pelo salão do restaurante
O que pode ser verificado nesse documento:
- Se o empregador cobra taxa de serviço dos clientes (item 12.1.7)

30.03 - Mapa demonstrativo de vendas mensais por empregado
Setor responsável: setor financeiro
O que pode ser verificado nesse documento:
- Os valores das vendas realizadas pelos empregados (item 12.1.6)

30.04 - Convocação de empregado intermitente
Setor responsável: setor pessoal
O que pode ser verificado nesse documento:
- Se o empregador convoca os empregados intermitentes com a antecedência mínima legal: esse documento não tem de ser escrito, pois a lei determina que a convocação seja feita por qualquer meio eficaz (item 15.3)

35.01 - Aviso e recibo de férias
Setor responsável: setor pessoal
O que pode ser verificado nesse documento:
- Se a concessão de férias ocorreu durante o correspondente período concessivo (item 10.1)
- Se houve o aviso de férias com antecedência mínima de 30 dias do dia início do gozo (item 10.2.1)
- Se houve a observância mínima de dois dias para o início do gozo em relação ao DSR e aos feriados (item 10.2.2)
- Se o fracionamento de férias foi previamente consentido pelo empregado: esse exame deve ser feito em conjunto com o documento 35.02 (item 10.2.3)

- Se o fracionamento de férias observou o limite máximo de três períodos e a duração mínima de 14 dias de um deles e de 5 dias dos demais (item 10.2.3)
- Se, na concessão das férias, houve o pagamento da remuneração correspondente (item 10.2)
- Se, no caso de concessão das férias após o período concessivo, houve o pagamento da dobra da remuneração das férias (item 10.2)
- Se o pagamento da remuneração das férias observou a antecedência mínima de dois dias antes do início do gozo (item 10.2.4)
- Se a conversão de parte das férias em abono pecuniário foi devidamente consentida pelo empregado (item 10.3)
- Se, nos casos em que foi considerada perda de período aquisitivo de férias, eles ocorreram em observância às disposições legais (item 10.5)
- Se as férias coletivas abrangeram a totalidade de empregados de um setor, de um estabelecimento ou da empresa (item 10.4)
- Se, no caso de empregados com menos de um ano de tempo de serviço na empresa, as férias coletivas a eles concedidas foram proporcionais, iniciando-se novo período aquisitivo de férias, e se os dias excedentes foram considerados como licença remunerada (item 10.4)

35.02 - Termo de concordância do empregado com fracionamento de férias

Setor responsável: setor pessoal
O que pode ser verificado nesse documento:
- Se houve autorização prévia e expressa do empregado para o fracionamento de férias (item 10.2.3)

35.03 - Requerimento de conversão de parte de férias em abono pecuniário

Setor responsável: setor pessoal
O que pode ser verificado nesse documento:
- Se, nos casos em que os empregados apresentaram o requerimento no prazo de 15 dias de antecedência do término do período

aquisitivo, o empregador fez a conversão em abono pecuniário (item 10.3)

35.04 - Comunicação de concessão de férias coletivas aos empregados

Setor responsável: setor pessoal

O que pode ser verificado nesse documento:
- Se foi feita a devida comunicação aos empregados, com antecedência mínima de 15 dias (item 10.4)

35.05 - Comunicação de concessão de férias coletivas à SRT

Setor responsável: setor pessoal

O que pode ser verificado nesse documento:
- Se foi feita a devida comunicação à SRT, com antecedência mínima de 15 dias (item 10.4)

35.06 - Comunicação de concessão de férias coletivas aos sindicatos

Setor responsável: setor pessoal

O que pode ser verificado nesse documento:
- Se foi feita a devida comunicação aos sindicatos, com antecedência mínima de 15 dias (item 10.4)

40.01 - Folha de pagamento

Setor responsável: setor pessoal

O que pode ser verificado nesse documento:
- Se a folha de pagamento contempla todos os segurados que prestam serviço ao empregador (item 12.1)
- Se a folha de pagamento contempla todos os valores entregues pelo empregador aos empregados, ainda que relativos a verbas que não compõem sua remuneração (item 12.1)
- Se o valor do salário pago aos empregados observa o limite mínimo fixado no contrato de trabalho, em ACT/CCT ou nos casos de empregados que tem piso fixado em lei (item 12.1.1)
- Se as horas extras apuradas no registro de ponto foram pagas, observando os quantitativos e o valor correto (item 12.1.2)
- Se as horas noturnas apuradas no registro de ponto foram pagas, observando os quantitativos e o valor correto (item 12.1.3)

- Se houve pagamento do adicional de insalubridade para os empregados cujo laudo de insalubridade foram apontados como sujeitos às condições que geram direito a essa parcela e se o pagamento ocorreu observando o percentual correto: esse exame deve ser feito em conjunto com o documento 75.04 (item 12.1.4)
- Se houve pagamento do adicional de periculosidade para os empregados cujo laudo de periculosidade foram apontados como sujeitos às condições que geram direito a essa parcela: esse exame deve ser feito em conjunto com o documento 75.05 (item 12.1.5)
- Se houve pagamento de comissões aos empregados cujo contrato ou ACT/CCT garante esse direito e se ele foi no valor devido: esse exame deve ser feito em conjunto com o documento 30.03 (item 12.1.6)
- Se houve pagamento do adicional de horas extras para os empregados comissionistas: esse exame deve ser feito em conjunto com o documento 25.01 (item 12.1.6.1)
- Se houve pagamento de gorjetas aos empregados cujo contrato, ACT/CCT ou assembleia geral dos empregados garante esse direito e se ele foi no valor devido: esse exame deve ser feito em conjunto com o documento 50.07 (item 12.1.7)
- Se houve pagamento do DSR aos empregados diaristas e horistas e, ainda, os mensalistas que recebem habitualmente valores variáveis de verbas, calculadas em função do efetivo trabalho (item 12.1.8)
- Se houve pagamento do valor relativo a feriado trabalhado, sem concessão de folga compensatória (item 12.1.9)
- Se há pagamento de prêmios e se esse pagamento obedece às disposições legais aplicáveis (item 12.1.10)
- Se há pagamento de PLR e se esse pagamento obedece às disposições legais aplicáveis (item 12.1.11)
- Se há pagamento de ajuda de custo e se esse pagamento obedece às disposições legais aplicáveis (item 12.1.12)
- Se há pagamento de diárias para viagem e se esse pagamento obedece às disposições legais aplicáveis (item 12.1.13)

- Se há pagamento de alimentação e se esse pagamento obedece às disposições legais aplicáveis (item 17.5)
- Se há pagamento de educação e se esse pagamento obedece às disposições legais aplicáveis (item 17.6)
- Se há pagamento de assistência à saúde e se esse pagamento obedece às disposições legais aplicáveis (item 17.7)
- Se o empregador efetua o pagamento do salário-maternidade nos casos em que essa obrigação recai sobre ele e se os valores são calculados de acordo com as disposições legais (item 12.1.14)
- Se o empregador efetua o pagamento do salário-família nos casos em que essa obrigação recai sobre ele e se os valores são calculados de acordo com as disposições legais (item 12.1.15)
- Se contratados em tempo parcial para 30 horas semanais laboram em jornada extraordinária: esse exame deve ser feito em conjunto com os documentos 20.01 e 25.01 (item 8.5)
- Equiparação salarial: esse exame deve ser feito em conjunto com o documento 20.01 (item 8.6)
- Pagamento de indenização correspondente à não concessão de intervalo intrajornada (item 9.4)
- Pagamento de indenização correspondente à não concessão de intervalo interjornadas (item 9.5)
- Pagamento da dobra do feriado em caso de trabalho nesse dia sem folga compensatória (item 9.12)
- Se o trabalho dos intermitentes está sendo feito com observância da necessária intermitência (item 15.3)
- Se o desconto relativo à contribuição previdenciária é feito no valor efetivamente devido, observando, quando for o caso, a existência de múltiplos vínculos do trabalhador: esse exame deve ser feito em conjunto com o documento 05.05 (item 12.2.1)
- Se o desconto relativo ao IRRF é feito no valor efetivamente devido: esse exame deve ser feito em conjunto com o documento 50.06 (item 12.2.2)
- Se o desconto relativo ao vale-transporte é feito no valor efetivamente devido: esse exame deve ser feito em conjunto com o documento 05.03 (item 12.2.3)

- Se o desconto relativo a convênios foi autorizado pelo empregado e se foram feitos no valor correto: esse exame deve ser feito em conjunto com o documento 45.02 (item 12.2.4)
- Se o desconto relativo a valores em favor de sindicatos foi autorizado pelo empregado e se foram feitos no valor correto: esse exame deve ser feito em conjunto com o documento 45.01 (item 12.2.5)
- Se o desconto relativo a empréstimos consignados foi autorizado pelo empregado e se foram feitos no valor correto: esse exame deve ser feito em conjunto com o documento 45.03 (item 12.2.6)
- Se o desconto relativo a danos causados pelo empregado foi autorizado pelo empregado e se foram feitos no valor correto: esse exame deve ser feito em conjunto com o documento 45.04 (item 12.2.7)
- Se consta na folha de pagamento verbas que caracterizam salario complessivo (item 12.4.1)

40.02 - Recibos de pagamento de salário ou documentação comprobatória de depósito bancário

Setor responsável: setor pessoal ou financeiro
O que pode ser verificado nesse documento:
- Se o pagamento dos salários de um mês ocorre no máximo até o quinto dia útil do mês seguinte (item 12.3)
- Se os recibos de pagamento são devidamente datados e assinados pelos próprios empregados (item 12.4)
- Se o pagamento dos empregados intermitentes acontece ao final do período de convocação (item 15.3)

40.03 - RPA

Setor responsável: setor pessoal ou financeiro
O que pode ser verificado nesse documento:
- Se o pagamento a autônomo está sendo feito em conformidade com as normas legais aplicáveis, incluindo as retenções previdenciárias e do IRRF (item 15.1)

40.04 - Recibos de pagamentos relativos a honorários, pró-labore, distribuição de lucros ou qualquer outro tipo de retribuição ou retirada a seus diretores, sócios etc.

Setor responsável: setor financeiro

O que pode ser verificado nesse documento:
- Se, mesmo o empregador estando em atraso com recolhimento do FGTS, está fazendo algum dos pagamentos (item 13.1.5)

40.05 - Folha de pagamento do adiantamento do décimo terceiro salário

Setor responsável: setor pessoal

O que pode ser verificado nesse documento:
- Se o empregador efetuou o pagamento do adiantamento do décimo terceiro salário até o dia 30 de novembro do correspondente ano (item 11)

40.06 - Folha de pagamento do adiantamento da parcela final do décimo terceiro salário

Setor responsável: setor pessoal

O que pode ser verificado nesse documento:
- Se o empregador efetuou o pagamento da parcela final do décimo terceiro salário até o dia 20 de dezembro do correspondente ano (item 11)

40.07 - Folha de pagamento do adiantamento do ajuste do décimo terceiro salário

Setor responsável: setor pessoal

O que pode ser verificado nesse documento:
- Se o empregador efetuou o pagamento do ajuste do décimo terceiro salário até o dia 10 de janeiro do ano seguinte aos empregados que recebem remuneração variável (item 11)

45.01 - Autorização para desconto de valores em favor de sindicato

Setor responsável: setor pessoal

O que pode ser verificado nesse documento:
- Se os descontos em favor de sindicatos são devidamente autorizados pelos empregados (item 12.2.5)

45.02 - Autorização para desconto de convênios
Setor responsável: setor pessoal
O que pode ser verificado nesse documento:
- Se os descontos relativos a convênios são devidamente autorizados pelos empregados (item 12.2.4)

45.03 - Autorização para desconto de empréstimo consignado
Setor responsável: setor pessoal
O que pode ser verificado nesse documento:
- Se os descontos relativos a empréstimos consignados são devidamente autorizados pelos empregados (item 12.2.6)

45.04 - Autorização para desconto de danos causados pelo empregado
Setor responsável: setor pessoal
O que pode ser verificado nesse documento:
- Se os descontos decorrentes de danos causados ao empregador são devidamente autorizados pelos empregados (item 12.2.7)

50.01 - Documentação relativa a fornecimento de alimentação
Setor responsável: setor pessoal
O que pode ser verificado nesse documento:
- Se o empregador que fornece alimentação aos seus empregados é inscrito no PAT (item 17.5)

50.02 - Documentação relativa a fornecimento de assistência à saúde
Setor responsável: setor pessoal ou financeiro
O que pode ser verificado nesse documento:
- Se o fornecimento de assistência à saúde aos empregados atende aos requisitos legais (item 17.7)

50.03 - Documentação relativa a fornecimento de educação
Setor responsável: setor pessoal ou financeiro
O que pode ser verificado nesse documento:
- Se o fornecimento de educação aos empregados atende aos requisitos legais (item 17.6)

50.04 - Documentação relativa a fornecimento de vale-transporte
Setor responsável: setor pessoal
O que pode ser verificado nesse documento:
- Se a forma de concessão do vale-transporte atende aos requisitos legais (item 17.4)

50.05 - Documento no qual são definidas regras para pagamento de PLR

Setor responsável: setor pessoal

O que pode ser verificado nesse documento:
- Identificar se a PLR é paga conforme as regras definidas (item 12.1.11)

50.06 - Documento no qual são definidas regras para pagamento de prêmios

Setor responsável: setor pessoal

O que pode ser verificado nesse documento:
- Identificar se os prêmios são pagos conforme as regras definidas (item 12.1.10)

50.07 - Documento no qual são definidas regras para pagamento de gorjetas

Setor responsável: setor pessoal

O que pode ser verificado nesse documento:
- Identificar se as gorjetas são pagas conforme as regras definidas (item 12.1.7)

50.08 - Comprovantes de pagamento de ajuda de custo

Setor responsável: setor pessoal ou financeiro

O que pode ser verificado nesse documento:
- Se o pagamento de ajuda de custo atende aos requisitos legais (item 12.1.12)

50.09 - Comprovantes de pagamento de diárias

Setor responsável: setor pessoal ou financeiro

O que pode ser verificado nesse documento:
- Se os empregados que recebem diárias para viagem, efetivamente viajam (item 12.1.13)

55.01 - Aviso-prévio

Setor responsável: setor pessoal

O que pode ser verificado nesse documento:
- Se o empregado assinou o aviso-prévio dado pelo empregador: esse exame deve ser em conjunto com o documento 55.05 (item 14.1)

55.02 - Termo de pedido de demissão
Setor responsável: setor pessoal
O que pode ser verificado nesse documento:
- Se houve formalização do pedido de demissão, de preferência, em documento escrito de próprio punho e assinado pelo empregado (item 14.6.1)

55.03 - Rescisão por acordo entre as partes
Setor responsável: setor pessoal
O que pode ser verificado nesse documento:
- Prévia concordância do empregado para que ocorra rescisão por acordo entre as partes (item 14.2)

55.04 - Comprovação de obtenção de novo emprego
Setor responsável: setor pessoal
O que pode ser verificado nesse documento:
- Se o empregado apresentou documentação comprobatória acerca da obtenção de novo emprego, de preferência, além de declaração assinada pelo novo empregador, que o empregado faça uma carta de próprio punho, solicitando a dispensa, devidamente assinada (item 14.6.2)

55.05 - TRCT
Setor responsável: setor pessoal
O que pode ser verificado nesse documento:
- Se o valor do aviso-prévio indenizado foi calculado considerando a proporcionalidade do tempo de serviço (item 14.1.1)
- Se, no caso de aviso-prévio trabalhado, o trabalho ocorreu por mais de 30 dias (item 14.1.2)
- Se, no caso de aviso-prévio trabalhado, houve trabalho em jornada extraordinária: esse exame deve ocorrer em conjunto com o documento 25.01 (item 14.1.3)
- Se houve concessão de aviso-prévio a empregado durante período de garantia de emprego (item 14.1.4)
- Se, no caso de rescisões por acordo entre as partes, há, além do TRCT, um acordo assinado pelas partes (item 14.2)
- Se o cálculo do valor da remuneração para fins rescisórios é feito de acordo com as disposições legais (item 14.4.1)

- Se o valor do aviso-prévio indenizado leva em conta a proporcionalidade e a remuneração para fins rescisórios (item 14.4.2)
- Se o valor do saldo de salários é calculado de forma correta, bem como o de outras parcelas de natureza salarial (item 14.4.3)
- Se o valor do décimo terceiro salário proporcional é calculado de forma correta (item 14.4.4)
- Se o valor do décimo terceiro salário indenizado é calculado de forma correta (item 14.4.5)
- Se o valor das férias vencidas e proporcionais, incluindo os casos em que é devida a dobra, é calculado de forma correta (item 14.4.6)
- Se o valor das férias indenizadas – aviso-prévio indenizado – é calculado de forma correta (item 14.4.7)
- Se o valor da multa do art. 9º da Lei nº 7.238/1984 é calculado de forma correta (item 14.4.8)
- Se o valor da indenização do art. 479 da CLT é calculado de forma correta (item 14.4.9)
- Se o valor dos descontos rescisórios é calculado de forma correta (item 14.5)
- Se o valor do desconto referente à contribuição previdenciária leva em conta as definições dadas pela RFB acerca das incidências e não incidências sobre verbas rescisórias (item 14.5.1)
- Se o valor do desconto referente à indenização do art. 480 da CLT é feito apenas nos casos legalmente permitidos (item 14.5.2)
- Se o valor do desconto referente a empréstimos consignados é feito apenas nos casos legalmente permitidos (item 14.5.3)
- Se o TRCT contém as assinaturas do empregado e se foram quitados no prazo legal (item 14.6)
- Se, no caso de verbas rescisórias pagas a adolescente, o recebimento foi assistido pelo responsável legal (item 14.6.3)
- Se, no caso de rescisão a pedido do empregado, há documento assinado por ele (documento 55.02) (item 14.6.1)
- Em caso de rescisão sem justa causa com aviso-prévio trabalhado em que o empregado pede dispensa do cumprimento do restante do aviso, se o empregado apresentou documentação

comprobatória acerca dessa obtenção (documento 55.04) (item 14.6.2)
- Se foi feito o recolhimento do FGTS decorrente da rescisão contratual: esse exame deve ser em conjunto com os documentos 60.02 ou 60.04, a depender de seu motivo (item 14.7)
- Se houve rescisão de empregada sem que tenha sido respeitada a garantia de emprego da gestante (item 14.8.1)
- Se houve rescisão de empregado sem que tenha sido respeitada a garantia de emprego do empregado acidentado: esse exame deve ser feito em conjunto com o documento 20.01 (item 14.8.2)
- Se houve rescisão de empregado sem que tenha sido respeitada a garantia de emprego do cipeiro: esse exame deve ser feito em conjunto com o documento 75.09 (item 14.8.3)
- Se houve rescisão de empregado sem que tenha sido respeitada a garantia de emprego do dirigente sindical: esse exame deve ser feito em conjunto com o documento 80.01 (item 14.8.4)
- Se houve rescisão de empregado sem que tenha sido respeitada a garantia de emprego relativa ao período pré-aposentadoria (item 14.8.5)
- Se as rescisões a pedido de empregado em gozo de estabilidade tiveram a devida assistência do sindicato laboral (item 14.8)
- Se há rescisão de empregado aposentado por invalidez: esse exame deve ser feito em conjunto com o documento 20.01 (item 14.9.1)
- Se há rescisão de empregado aposentado por idade ou por tempo de contribuição (item 14.9.2)

60.01 - Tabela de rubricas, com indicação de incidências e não incidências sobre FGTS, CP e IRRF

Setor responsável: setor pessoal

O que pode ser verificado nesse documento:
- Se há a correta indicação de incidências fundiárias, tributárias e previdenciárias (itens 13 e 14.3)

60.02 - Guias de recolhimento e informação à Previdência Social (GFIP)

Para as empresas já obrigadas à DCTFWeb, a GFIP contém informações apenas para fins de recolhimento do FGTS. As informações com fins previdenciários são prestadas ao eSocial e deságuam na DCTFWeb.

Setor responsável: setor pessoal

O que pode ser verificado nesse documento:
- Se os valores de remuneração informados correspondem ao devido e se abrangem todos os segurados que prestam serviço para o empregador (item 13.1)
- Se os empregados afastados nos casos em que é devido o recolhimento do FGTS foram informados na GFIP: esse exame deve ser feito em conjunto com o documento 20.01 (item 13.1.3)
- Se, com relação aos empregados que laboram em condições que geram direito à aposentadoria especial, é indicada essa condição: esse exame deve ser feito em conjunto com o documento 75.03 (item 13.2.3)
- Se consta na GFIP o valor da remuneração relativa ao mês da rescisão nos casos de rescisão a pedido, por justa causa ou por morte do empregado (item 14.7)
- Se a GFIP é encaminhada até o dia 7 do mês subsequente ao vencido (item 13.1.2)
- Se o CNAE preponderante informado corresponde ao representativo da atividade preponderante do estabelecimento (item 13.2.1)
- Se o código de terceiros informado corresponde ao representativo da atividade preponderante da empresa (item 13.2.2)

60.03 - Guias de recolhimento do FGTS (GRF) autenticadas

Setor responsável: setor pessoal

O que pode ser verificado nesse documento:
- Se a GRF é quitada até o dia 7 do mês subsequente ao vencido (item 13.1.2)

60.04 - Guias de recolhimento rescisório do FGTS (GRRF) autenticadas

Setor responsável: setor pessoal

O que pode ser verificado nesse documento:
- Se foi emitida GRRF para o empregado com contrato rescindido, exceto a pedido, por justa causa e por morte do empregado, para recolhimento do FGTS incidente sobre as verbas rescisórias (item 14.7)

- Se, na GRRF referente à rescisão sem justa causa ou à rescisão antecipada de contrato por iniciativa do empregador, constou o valor do depósito da indenização relativa a 40% do FGTS (item 14.7)

60.05 - Guias da Previdência Social (GPS ou DARF Previdenciário) autenticados
Setor responsável: setor pessoal
O que pode ser verificado nesse documento:
- Se a GPS ou o DARF Previdenciário é quitado até o dia 20 do mês subsequente ao vencido (item 13.2.1)

60.06 - Extrato das guias do FGTS emitido pela Caixa Econômica Federal
Setor responsável: setor pessoal ou pode ser obtido diretamente na Caixa Econômica Federal
O que pode ser verificado nesse documento:
- Se as GRF e GRRF apresentadas quitadas efetivamente constam como processadas no sistema da Caixa (item 13.1.2)

60.07 - Extratos das GPS e dos DARF emitidos pela RFB
Setor responsável: setor pessoal ou pode ser obtido diretamente na RFB
O que pode ser verificado nesse documento:
- Se as GPS e os DARF Previdenciários apresentadas quitados efetivamente constam como processados no sistema da RFB (item 13.2.1)

60.08 - Acordos e sentenças judiciais trabalhistas
Setor responsável: setor pessoal ou setor jurídico
O que pode ser verificado nesse documento:
- Se consta FGTS quitado diretamente ao empregado (item 13.1.4)

65.01 - Contrato de prestação de serviços celebrado com a empresa prestadora de serviços ou empresa de trabalho temporário
Setor responsável: setor de gestão de contratos
O que pode ser verificado nesse documento:
- Se o contrato prevê fiscalização por parte do empregador auditado e, se for o caso, se essa fiscalização é feita (item 15.5)

65.02 - Proposta comercial apresentada por empresa prestadora de serviços ou empresa de trabalho temporário
Setor responsável: setor de gestão de contratos

O que pode ser verificado nesse documento:
- Se a proposta contém valores exequíveis para a prestação dos serviços, incluindo o cumprimento das obrigações legais (item 15.5)

65.03 - Histórico das fiscalizações realizadas pela auditoria-fiscal do trabalho na empresa prestadora de serviços ou empresa de trabalho temporário

Setor responsável: pode ser obtido diretamente mediante consulta no portal www.trabalho.gov.br

O que pode ser verificado nesse documento:
- No histórico das fiscalizações, identificar se a empresa contratada é autuada constantemente por descumprimento à legislação trabalhista (item 15.5)

65.04 - Contrato social da empresa prestadora de serviços ou empresa de trabalho temporário

Setor responsável: setor de gestão de contratos

O que pode ser verificado nesse documento:
- Se a empresa contratada tem o capital social mínimo exigido e se atende às demais exigências legais (item 15.5)

65.05 - Folha de pagamento de salários, GFIP e demais documentações relativas à comprovação do cumprimento da legislação trabalhista e previdenciária por parte da empresa prestadora de serviços ou empresa de trabalho temporário

Setor responsável: setor de gestão de contratos

O que pode ser verificado nesse documento:
- No caso de empresa de trabalho temporário, se o valor do salário dos trabalhadores temporários é igual ao dos empregados do empregador auditado (item 15.5.1)
- Cumprimento das obrigações relativas a pagamento de salário no prazo, pagamento de horas extraordinárias, adicionais legais, recolhimento de FGTS e de contribuição previdenciária (item 15.5)
- Se, no caso de empregados de empresa prestadora de serviços e quando eles são executados nas dependências da tomadora, são a eles garantidas as mesmas condições relativas

a: (a) alimentação garantida aos empregados da contratante, quando oferecida em refeitórios; (b) direito de utilizar os serviços de transporte; (c) atendimento médico ou ambulatorial existente nas dependências da contratante ou local por ela designado; (d) treinamento adequado, fornecido pela contratada, quando a atividade o exigir; (e) sanitárias, de medidas de proteção à saúde e de segurança no trabalho e de instalações adequadas à prestação do serviço (item 15.5.1)

65.06 - Notas fiscais de serviços tomados
Setor responsável: setor de gestão de contratos
O que pode ser verificado nesse documento:
- Se, nos casos de serviços tomados mediante cessão de mão de obra, houve a devida retenção previdenciária (item 13.2.4)

65.07 - Documentação relativa à cooperativa contratada para prestação de serviços
Setor responsável: setor de gestão de contratos
O que pode ser verificado nesse documento:
- Se a legislação aplicável à terceirização por meio de cooperativa está sendo cumprida (item 15.5.3)

70.01 - Termo de compromisso de concessão de estágio
Setor responsável: setor pessoal
O que pode ser verificado nesse documento:
- Se o termo foi assinado pelo estagiário, instituição de ensino e empresa (item 15.2)

70.02 - Apólice de seguro em favor do estagiário
Setor responsável: setor pessoal
O que pode ser verificado nesse documento:
- Se a apólice foi emitida conforme o regramento legal, incluindo a definição do valor da cobertura (item 15.2)

75.01 - PPRA
Setor responsável: setor pessoal ou SESMT
O que pode ser verificado nesse documento:
- Identificar exercentes de cargos que laboram em ambientes frios (item 9.7.2)

- Identificar empregados que exercem atividade de telemarketing (item 9.7.3)
- Identificar os riscos ocupacionais a que os empregados exercentes dos diversos cargos estão sujeitos (item 16.1)
- Identificar os EPI recomendados a ser utilizados pelos empregados (item 16.3)

75.02 - PCMSO

Setor responsável: setor pessoal ou SESMT

O que pode ser verificado nesse documento:
- Identificar os exames médicos e demais procedimentos a que os empregados devem submeter-se (item 16.1)

75.03 - LTCAT

Setor responsável: setor pessoal ou SESMT

O que pode ser verificado nesse documento:
- Identificar os empregados que trabalham em condições que geram direito a aposentadoria especial (item 13.2.3)

75.04 - Laudo de insalubridade

Setor responsável: setor pessoal ou SESMT

O que pode ser verificado nesse documento:
- Identificar os empregados que laboram em condição insalubre e o correspondente grau de exposição

75.05 - Laudo de periculosidade

Setor responsável: setor pessoal ou SESMT

O que pode ser verificado nesse documento:
- Identificar os empregados que laboram em condição perigosa

75.06 - ASO

Setor responsável: setor pessoal ou SESMT

O que pode ser verificado nesse documento:
- Identificar se os empregados foram submetidos aos exames médicos, conforme indicado na NR-7 e no PCMSO (item 16.2)
- Identificar se os empregados estão aptos a exercer os cargos para os quais foram contratados (item 16.2)

75.07 - CAT
Setor responsável: setor pessoal ou SESMT
O que pode ser verificado nesse documento:
- Se o empregador emitiu CAT nos casos de ocorrência de acidentes de trabalho (item 16.6)

75.08 - Documentação relativa a EPI
Setor responsável: setor pessoal ou SESMT
O que pode ser verificado nesse documento:
- Identificar se o empregador adquire os EPI que devem ser entregues aos empregados, conforme estabelecido no PPRA (item 16.3)
- Identificar se os empregados receberam os EPI conforme estabelecido no PPRA e, quando for o caso, se houve a devida substituição periódica (item 16.3)
- Identificar se os empregados receberam o devido treinamento para utilização dos EPI (item 16.3)
- Identificar se o empregador adota medidas visando obrigar a utilização dos EPI fornecidos (item 16.3)

75.09 - Documentação relativa à Cipa
Setor responsável: setor pessoal ou SESMT
O que pode ser verificado nesse documento:
- Se o empregador, estando obrigado a constituir Cipa, fez a devida constituição, com a composição adequada: esse exame deve ser feito em conjunto com o documento 01.03 (item 16.4)
- Verificar se a Cipa mantém seu funcionamento regular (item 16.4)

75.10 - Documentação relativa ao SESMT
Setor responsável: setor pessoal ou SESMT
O que pode ser verificado nesse documento:
- Se o empregador, estando obrigado a dispor de SESMT, mantém regularmente: esse exame deve ser feito em conjunto com o documento 01.03 (item 16.5)

80.01 - Documentação relativa à composição da diretoria do sindicato representativo da categoria laboral

Setor responsável: Consulta ao CNES

O que pode ser verificado nesse documento:
- Se há empregados que goza da garantia de emprego decorrente de exercício de cargo de dirigente sindical (item 18.8.4)

85.01 - Documentação comprobatória do envio de informações ao eSocial e EFD-Reinf

Setor responsável: setor pessoal e setor financeiro

O que pode ser verificado nesse documento:
- Se foi enviada a informação relativa à contratação de empregado (evento S-2200) e as correspondentes atualizações (eventos S-2205, S-2206, S-2230) (item 8.2)
- Se, nos casos cabíveis, foi enviada a informação relativa às remunerações dos trabalhadores (eventos S-1200 e S-1210)
- Se foi enviada a informação relativa ao desligamento de empregado (evento S-2299)
- Se foi enviada a informação relativa ao início e ao término de prestação de serviços de trabalhadores sem vínculos (evento S-2300 e S-2399)

SOBRE O AUTOR

Luiz Antônio Medeiros de Araújo é bacharel em Direito e em Ciências Contábeis e pós-graduado em Direito e Processo do Trabalho. Trabalha como auditor fiscal do trabalho. É integrante do grupo técnico do eSocial. Coordenador do MBA Legislação Trabalhista-Previdenciária da BSSP Centro Educacional. É autor dos seguintes artigos:

- "O contrato de trabalho, seus sujeitos e evocações normativas – uma análise à luz do eSocial", publicado no livro *eSocial: origem e conceitos – a visão de seus construtores*, Editora LTr, 2019, obra da qual é o coordenador.
- "As incertezas jurídicas decorrentes da reforma trabalhista", publicado no livro *Reforma trabalhista: uma reflexão dos auditores-fiscais do trabalho sobre os efeitos da Lei n. 13.467/2017 para os trabalhadores*, Editora LTr, 2019.
- "O direito administrativo do trabalho e sua relação com o compliance trabalhista", publicado no livro *Compliance trabalhista: prática, riscos e atualidades*, Editora BSSP, 2019.

- "*Compliance* trabalhista: a preocupação continua após a reforma trabalhista", publicado no livro *Compliance tributário: prática, riscos e atualidades*, Realejo Edições, 2018.

Também é coautor do livro *Tudo sobre o novo empregado doméstico e o eSocial*, Editora Legistrab, 2017, e do livro *Empregado doméstico: o guia prático e acessível do empregador*, Editora Método, 2008.

Além disso, escreveu diversos artigos publicados em revistas e jornais especializados em direito do trabalho. É conteudista e mantenedor do *site* www.legistrab.com.br.

Os papéis utilizados neste livro, certificados por instituições ambientais competentes, são recicláveis, provenientes de fontes renováveis e, portanto, um meio responsável e natural de informação e conhecimento.

FSC
www.fsc.org
MISTO
Papel | Apoiando
o manejo florestal
responsável
FSC® C103535

Impressão: Reproset